中高生のための
ブックガイド

佐藤理絵 監修

探究活動・課題研究のために

日外アソシエーツ

Guide to Books for
Junior and Senior High School Students

Inquiry Activities and Project Studies

Compiled by

Nichigai Associates,Inc.

©2019 by Nichigai Associates,Inc.

Printed in Japan

本書はディジタルデータでご利用いただくことが
できます。詳細はお問い合わせください。

●編集担当●石田 翔子
装 丁：赤田 麻衣子

まえがき

　本書は『中高生のためのブックガイド　進路・将来を考える』（2016 日外アソシエーツ刊）の姉妹編となります。前書では中高生が将来を考える上で役立つ本を「学校生活から将来へ」「仕事・職業を知る」「進路・進学先を選ぶ」「受験術・アドバイス」の4テーマ別に紹介しました。刊行後、思いがけないことに、2017年度日立市学校図書館教育夏季指導法研修会（茨城県）をはじめ、第26回学校図書館講座（沖縄県）、第41回全国学校図書館研究大会（富山県）等での実践発表や『図書館雑誌』（日本図書館協会）、「図書館教育ニュース」（少年写真新聞社）からの執筆依頼が相次ぎました。また、訪問先の学校図書館に配架されているのを目にする度に、望外の喜びを隠しきれませんでした。この場を借りて御礼申し上げます。

　前書刊行から3年が経ち、現行の「総合的な学習の時間」は「総合的な探究の時間」へ、「探究」と付された科目が複数新設されるなど、学びの質が大きく変わろうとしています。文部科学省より公表された高等学校学習指導要領解説「総合的な探究の時間編」(2018)では、探究を「問題解決的な学習が発展的に繰り返されていく」と定義しています。具体的には「①日常生活や社会に目を向けた時に湧き上がってくる疑問や関心に基づいて、自ら課題を見つけ、②そこにある具体的な問題について情報を収集し、③その情報を整理・分析したり、知識や技能に結びつけたり、考えを出し合ったりしながら問題の解決に取り組み、④明らかになった考えや意見などをまとめ・表現し、そこからまた新たな課題を見つけ、さらなる問題の解決を始めるといった学習活動を発展的に繰り返していく」ことです。

　こうした「総合的な探究の時間」と各教科で取り組む探究学習は、2020年度からはじまる大学入学共通テスト（旧大学入試センター試験）など大学入試改革のひとつとして、既に高大接続ポータルサイト「JAPAN e-Portfolio」等を活用した選抜入試の選考対象となっています。高校卒業後の進路実現に向けて探究学習はどのようにあるべきか、高等学校はもとより小中学校でも喫緊の課題として近年多くの関連図書が刊行されており、本書では監修者の勤務校で利用の多い資料を中心に選書を心がけました。編集部から送られてくる膨大な候補冊数の中から掲載資料を迷うときにはいつも、生徒たちと共に試行錯誤しながら取り組んできた課題研究の

日々を思い出しました。更に多くの教育現場で一助となれば幸いです。

　最後に、本務ご多忙のなか続編発行に携わりました諸氏に、深甚の謝意を表します。特に、一般社団法人Glocal Academy代表理事・岡本尚也氏、茨城県高等学校教育研究会図書館部司書部会長の柏秀子氏（茨城県立水戸桜ノ牧高等学校）の素晴らしい実践がなければ、本書監修は叶いませんでした。また、企画から出版にいたるまで、日外アソシエーツ編集部の関係各位、なかでも石田翔子氏、児山政彦氏の献身的な編集作業に今回も支えられています。そして、茨城キリスト教学園中学校高等学校理科主任・サイエンス部顧問の宇佐美綾子、同じく理科・高等学校教頭の大川通昭、元中高図書館部長・国語科の馬目泰宏各教諭に指導願いました。心から御礼申し上げます。

2019年4月

佐藤　理絵

茨城キリスト教学園中学校高等学校「課題研究」主な実践紹介

茨城県学生ビジネスプランコンテスト2018
（茨城大学）

日本原子力文化財団高校生課題研究
活動成果発表会2018（東京大学）

高校1学年課題研究成果発表会

講評　学校長ランドル・W・ヴォス

目　　次

探究活動・課題研究入門 …………… 1
　中高生向け …………… 2
　スタディスキル（大学初年度）……… 19
　教員向け …………… 25

課題を設定する …………… 33
　テーマを見つける …………… 34
　ニュースを知ろう …………… 36
　考える力を育てる …………… 46

情報を集める …………… 61
　情報を集める …………… 62
　図書館の使い方 …………… 66
　インターネットの使い方 …………… 77
　博物館・美術館へ行こう …………… 81
　実験・観察 …………… 87
　フィールドワーク …………… 96

教科別参考図書 …………… 105
　総　　記 …………… 106
　国　　語 …………… 107
　数　　学 …………… 113
　理　　科 …………… 117
　　物　理 …………… 120
　　化　学 …………… 121
　　生　物 …………… 123
　　地　学 …………… 127
　社会・地理歴史・公民 …………… 130
　　地　理 …………… 130
　　歴　史 …………… 137
　　公　民 …………… 141
　外　国　語 …………… 146
　　英　語 …………… 148
　　その他の言語 …………… 151
　芸　　術 …………… 152
　　音　楽 …………… 152
　　美　術 …………… 158
　保健体育 …………… 162

情　　報 …………… 168
技術・家庭 …………… 171
　技　　術 …………… 171
　家　　庭 …………… 175

情報の整理と分析 …………… 181
　情報の整理と分析 …………… 182
　論理的に読む …………… 191
　グラフ・統計 …………… 195

まとめ・表現 …………… 209
　まとめ・表現 …………… 210
　レポート・論文を書く …………… 217
　プレゼンテーション …………… 227
　ディベート・ディスカッション … 230
　著　作　権 …………… 232

索引 …………… 239
　書名索引 …………… 240
　キーワード索引 …………… 249

（5）

凡　　例

1．本書の内容

　本書は、中学生や高校生が課題探究型学習に取り組む上で参考になる図書を集め、テーマ別にまとめた図書目録である。

2．収録の対象

(1) 中高生や大学初年次の学生が、自ら課題を見つけ、情報を収集し、その情報を整理・分析したり、考えや意見などをまとめ・表現する際に参考となるような図書635冊を収録した。

(2) 国内で刊行された図書から、文庫や新書を中心に、刊行が新しく比較的手に入りやすいものを選定した。刊行年が古くても、長く読み継がれている有用な図書も収録している。

(3) 初版と改訂版、年刊ものなどの場合は、最新版を収録した。

3．見出し

(1) 全体を「探究活動・課題研究入門」「課題を設定する」「情報を集める」「教科別参考図書リスト」「情報の整理と分析」「まとめ・表現」に大別し、大見出しを立てた。

(2) 上記の区分の下に、各図書の主題によって分類し、42の中見出し・小見出しを立てた。

4．図書の排列

　各見出しの下では、NDC順に排列した。NDCが同じ場合は出版年月が新しいものから古いものの順に排列した。出版年月も同じ場合は書名の五十音順に排列した。

5．図書の記述

　記述の内容および記載の順序は以下の通りである。

　　『書名―副書名　巻次　各巻書名』版表示
　　　著者表示

(6)

内容
目次
出版地（東京以外を表示）出版社 出版年月 ページ数または冊
数 大きさ（叢書名 叢書番号）〈注記〉定価（刊行時）ISBN（Ⓘ
で表示）NDC（Ⓝで表示）

　シリーズものは原則巻次順に並べ、巻次と各巻書名などを記載した。
但し絶版の巻、本書のテーマと関連が薄い巻は対象外とした。

６．索引
（1）書名索引
　　各参考図書を書名の五十音順に排列し、所在を掲載ページで示し
た。
（2）キーワード索引
　　本文の各見出しに関する用語、テーマなどを五十音順に排列し、
その見出しと掲載ページを示した。指示先の見出しが複数ある場合
は、本文の出現ページの早い順に示した。

７．典拠・参考資料
　各図書の書誌事項は、主にデータベース「bookplus」に拠ったが、
掲載にあたっては編集部で記述形式などを改めたものがある。

（7）

探究活動・課題研究入門

中高生向け

スタディスキル（大学初年度）

教員向け

探究活動・課題研究入門

探究活動・課題研究入門

　これから課題研究に取り組もうという人は、単なる調べ学習とは一線を画すことを、最初に理解する必要があるでしょう。内容はカブトムシの観察や工作、工場見学だけにとどまりません。課題研究とは過去の研究業績に学び、自ら設定した課題に問いを立て、客観的なデータを基に様々な研究手法を用いて、新しい未来を創造していくことです。

中高生向け

『リベラルアーツの学び―理系的思考のすすめ』

芳沢光雄著

内容　古代ギリシア・ローマ時代にその起源をもつ「自由七科」を基礎とするリベラルアーツ。広範な諸問題について、垣根を越えた複合的視点からまとめ解決を目指す教育はいかにあるべきか。長年にわたりリベラルアーツ教育に携わってきた著者が、具体的な事例を紹介しながら、論理的に考え幅広い視野を養う学びのあり方を語る。

目次　1章 リベラルアーツ教育，2章「学問基礎」の授業―リベラルアーツの授業実践から（数とは何か―数字の性質を知る，あみだくじ―偶数と奇数の意義を知る，昔の玩具で遊ぼう―2次元と3次元の違いを知る，結論だけでなく言葉の定義にも目を向けよう，くじ引きとじゃんけん大会―日常生活のなかの確率と期待値，人間の癖と自然の癖），3章 リベラルアーツを念頭に置いたゼミナール（発見的問題解決法―リベラルアーツ的思考を深める13の方法，「例えば」の用法―言葉を正しく使って論理的に説明する，マークシート式問題と記述式問題），4章 深い視点と広い視点をもつこと―教育問題2つの提言（「すべて(all)」と「ある(some)」などの論理的な言葉の学び，3桁同士の掛け算を学ぶ意義）

岩波書店 2018.4 206p 18cm（岩波ジュニア新書）860円 ①978-4-00-500871-1 Ⓝ002

『質問する、問い返す―主体的に学ぶということ』

名古谷隆彦著

内容　各地の学校でアクティブ・ラーニングが積極的に導入されるなど、教育現場では「主体的・対話的な学び」のあり方に注目が集まっている。自ら問いを立て能動的に学ぶためには何が必要なのか。多くの学校現場を歩いてきた経験をもとに、主体的に学ぶことの意味を探る。

目次　第1章 記者の仕事がなくなる？，第2章「正解主義」を超えて，第3章 何のために学ぶのか，第4章 主体的な学びって何？，第5章 未知なるものに会いに

行こう，第6章「考え続ける」に意味がある，第7章 哲学する、世界が変わる，第8章 そしてまた問い返す

岩波書店 2017.5 211p 18cm（岩波ジュニア新書）860円 ⓘ978-4-00-500854-4 Ⓝ002

『はじめての研究レポート作成術』

沼崎一郎著

内容 「研究ってどうやるの？」「資料の探し方は？」「レポートの書き方にルールはあるの？」…。初めて自分で何かを調べてレポートにまとめる人のために、図書館とインターネットを使って入手できる資料を用いた研究レポート作成術を懇切丁寧に解説。研究への取り組み方から、コピペ不要の文章の組みたて方の技術まで網羅した一冊。

目次 第1章 研究をはじめる前に（研究するとは、何をすることか？，どこまでも事実に基づいて研究するために，どこまでも誠実に研究するために），第2章 研究を進める（研究の流れ，小さなトピックを見つける，大きなテーマを見つける，問いを立て，答えを見とおす，事実が書かれた資料を探す，資料のなかからデータを集める，データに事実を語らせる），第3章 研究レポートを書く（どこまでも誠実に書くために，どこまでも論理的に書くために，研究レポートの組み立て方を知る，序論を書く，本論を書く，結論を書く，形式を整え、提出する）

岩波書店 2018.1 242p 18cm（岩波ジュニア新書）900円 ⓘ978-4-00-500865-0 Ⓝ002.7

『はじめよう！アクティブ・ラーニング１自分で課題を見つけよう』

白石範孝監修

内容 1課題を見つけて解決しよう！（「ハテナ？」を「なるほど！」に変えよう！，将来、役に立つアクティブ・ラーニング，課題から解決までの6つのステップ），2課題を決めよう！（何を調べるのかを自分たちで決めよう！，疑問から課題を見つけだそう！，7つのレベルをくわしく見てみよう！），3情報を集めよう！（課題にあった調べ方がある，調べて集めた情報はホントかな？，情報リテラシーを身につけよう！，集めた情報を整理しよう！），4まとめて発表しよう！（集めた情報にあったまとめ方を考えよう！，発表するときの3つのポイントをおさえよう！）

ポプラ社 2016.4 47p 29×22cm 2900円 ⓘ978-4-591-14859-4 Ⓝ002.7

続刊
『2 図書館に行って調べよう』青木伸生監修 2016.4
『3 現地取材で情報を集めよう』二瓶弘行監修 2016.4
『4 メディアを使って調べよう』青山由紀監修 2016.4
『5 情報をまとめて発表しよう』桂聖監修 2016.4

『理科課題研究ガイドブック―どうやって進めるか、どうやってまとめるか』第3版

小泉治彦著

内容 このガイドブックの使い方，第1部 課題研究を始める（1. 課題研究によってつく力，2. 研究テーマの決め方，3. 他の活動との両立，4. 個人研究とグループ研究，5. 基礎学力と課題研究），第2部 文献を調べる（1. 文献による先行研究の調査，2. 書籍とインターネット，3. 書籍・論文の検索），第3部 研究計画を立てる（1. 研究計画の立て方，2. 予備実験，3. 実験のデザイン，4. 仮説と検証，5. 野外調査と野外活動），第4部 研究を進める（1.「定性的」と「定量的」，2. 測定値と誤差，3. 標本調査の原理 ほか），第5部 成果を発表する（1. 研究を発表する，2. ポスター発表の方法，3. 口頭発表の方法），第6部 成果をまとめる（1. レポート・論文の要素，2.「考察」で書くべきこと，3. 理系の作文技術 ほか），おわりに：課題研究の指導にあたられる先生方へ，参考文献

（千葉）千葉大学先進科学センター 2015.2 78p 30cm Ⓝ002.7

『学びの技―14歳からの探究・論文・プレゼンテーション』

後藤芳文，伊藤史織，登本洋子著

内容 調べる、まとめる、書く、発表する。中学生から大人まで、学校や職場で使える技をまるごと紹介。

目次 0 目標設定の技，1 論題設定の技，2 情報収集の技，3 情報整理の技，4 論理的に考える技，5 発表の技，6 論文の技

（町田）玉川大学出版部 2014.11 145p 21cm（A5）
（YOUNG ADULT ACADEMIC SERIES）1600円
Ⓘ978-4-472-40497-9 Ⓝ002.7

『「読む・書く・話す」を一瞬でモノにする技術』

齋藤孝著

内容 あなたの常識を引っ繰り返す情報の読み方、活かし方！家庭で、会社で、学校で、誰にでも使える「いいことずくめ」の知的生活、25のアイディア。

目次 1章 選ぶ力をつける5つの手法（出会った瞬間に勝負する，収集に"ムダな"エネルギーを使わない ほか），2章 本をとことん使う7つの手法（読書は"錬金術"である，本をどんどん読むコツ ほか），3章 記憶を深める5つの手法（「自分の言葉」で再生してみる，幅広く、深く見る ほか），4章 道具を使いこなす5つの手法（三つの色分けで情報をつかむ，手帳は「三〇分刻み」のものを使う ほか），5章 編集力をつける3つの手法（自分の経験とからみ合わせる，ヒット企画は編集から生み出される ほか）

大和書房 2013.9 223p 15cm（A6）（だいわ文庫）650円 Ⓘ978-4-479-30450-0 Ⓝ002.7

探究活動・課題研究入門

『問題解決スキルノート─5ステップで情報整理！』

桑田てるみ著

内容 困った時にすぐに役立つ、書き込み式ノート。問題解決のステップごとに、知っておくべき必須のスキルを厳選し、ワークシート形式で身につけられるように構成。頭の中で考えるだけではなく、思考を行動に変える、思考を可視化することを目的としている。

目次 1 アイデアをふくらます（テーマの全体像をつかむ！，知識を出しつくす！ほか），2 テーマをしぼる（テーマを焦点化する！，ピントを合わせる！ ほか），3 リサーチ＆セレクト（テーマを深めて情報収集！，メディアを見極める！ ほか），4 情報を分析する（情報をモノにする！，分ければ見える！ ほか），5 説得する（まとめて表現する！，論理を組み立てる！ ほか）

明治書院 2011.8 143p 21cm（A5）1200円 ①978-4-625-68609-2 ⓝ002.7

『問いをつくるスパイラル─考えることから探究学習をはじめよう！』

日本図書館協会図書館利用教育委員会図書館利用教育ハンドブック学校図書館（高等学校）版作業部会編著

内容 探究学習において重要なのは，生徒自身が自らの興味や疑問に基づいて「問いをつくる」ことである。そのことに焦点を当ててそのためのワークとワークシートを中心に構成し，高校生や大学初年次の学生向けに作られた。教師や図書館員にとっては，生徒たちに適切なタイミングで効果的なアドバイスを与えるために有用である。

日本図書館協会 2011.7 123p 26cm 1000円 ①978-4-8204-1104-8 ⓝ002.7

『調べ学習の基礎の基礎─だれでもできる赤木かん子の魔法の図書館学』改訂版

赤木かん子著

内容 本や図書館や調べかた…は、"図書館学"という学問なんだけど、これがわかると、調べものは、簡単で！楽しく！だれにでも！できるようになるんだよ。調べかたの一つ一つは難しくないんだけど、目で読むと難しいと思うときもあるかもしれない。そういうときは、だれかに声に出して読んでもらってみて！そうすると、不思議なことにわかるようになるんだ。この本を、最後までクリアできたら…、きみは"調べもの名人"だ。

目次 1 本のしくみ（本が生まれるまでを見てみよう，目次ってなあに？ ほか），2 百科事典（百科事典ってなあに？，百科事典の引きかた ほか），3 調べかた（調べて報告するってどうしたらいいの？，謎を決めるにはどうしたらいいの？ ほか），4 図書館のしくみ（図書館では本をどうやって分類してるの？，レファレンス・ツール コンピュータ ほか），5 レポートの書きかた（著作権というものがあ

5

探究活動・課題研究入門

ります！，要約ってどうやってするの？ ほか）

ポプラ社 2011.2 63p 30cm（A4）2000円 Ⓘ978-4-591-12402-4 Ⓝ010

『しらべる力をそだてる授業！』

赤木かん子，塩谷京子著

内容 テーマを決める！百科事典で調べる！調べたことをまとめる！「調べ学習」指導の決定版。白熱の授業ライブ。

目次 本の成り立ち・目次と索引，百科事典の使い方，テーマの3点決め，人に聞こう，図書館に行こう，やってみよう，本の分類，webで調べよう，著作権・要約，参考文献の書き方，奥付，探し方を考える&ウラをとる，引用，かん子のSPECIAL LESSON（レファレンス実習について，レポートを書く，本論を書く）

ポプラ社 2007.3 159p 19cm（B6）1500円 Ⓘ978-4-591-09698-7 Ⓝ017.2

『なぜと問うのはなぜだろう』

吉田夏彦著

内容 心とは何か？ある/ないとはどういうことか？人は死んだらどこに行くのか—好奇心に導かれて人類が問いつづけてきた永遠の謎に、自分の答えを見つけるための、哲学的思考への誘い。

目次 第1章 科学というものと哲学というもの（ねこの好奇心と人間の好奇心，好奇心こそ学問のはじまり ほか），第2章 哲学という考え方（アリストテレスの考え方，数学的な証明の歴史 ほか），第3章「ある」「なし」の問題（宇宙人はいるか，ネッシーや雪男はいるか ほか），第4章 人間の「心」とはなにか（ねこの「心」とコンピュータ，人間の欲望にかぎりはない ほか），第5章 答えは一つではない（人の答えとじぶんの答え，じぶんの学問と人の学問）

筑摩書房 2017.11 140p 18cm（ちくまプリマー新書）700円 Ⓘ978-4-480-68990-0 Ⓝ100

『TOK（知の理論）を解読する—教科を超えた知識の探究』

Wendy Heydorn,Susan Jesudason著，Z会編集部編

内容 TOK（Theory of Knowledge:知の理論）は、IB（国際バカロレア）のディプロマプログラムにおいて中核となる学習の一つで、Critical Thinking（批判的思考）を体系的に培う学習として広く注目されています。本書は、TOK導入用の学生向け解説書です。豊富なケーススタディにより、大学入試改革でも求められる「現行の教科・科目の枠を超えた『思考力・判断力・表現力』」を伸ばします。各章の課題は、批判的思考力や分析力を磨くことを目的として設定されており、高校生にもわかりやすい身近なトピックで導入を行います。Real-life situation欄では実社会の状況を紹介することで、学習者がより一層思考し、探究するきっか

けを与えます。本書では、分析や研究、議論を通して、さまざまなものの見方を認識して理解します。また、プレゼンテーションを上手に計画・実施したり、エッセイの質を高めるための説明や評価基準が掲載されています。

(長泉町(静岡県)) Z会 2016.2 229p 26cm 〈原書名：Decoding theory of knowledge for the IB diploma〉2200円 ①978-4-86531-099-3 Ⓝ115

『学びとは何か―"探究人"になるために』

今井むつみ著

内容 「学び」とはあくなき探究のプロセスだ。たんなる知識の習得や積み重ねでなく、すでにある知識からまったく新しい知識を生み出す。その発見と創造こそ本質なのだ。本書は認知科学の視点から、生きた知識の学びについて考える。古い知識観―知識のドネルケバブ・モデル―から脱却するための一冊。

目次 第1章 記憶と知識，第2章 知識のシステムを創る―子どもの言語の学習から学ぶ，第3章 乗り越えなければならない壁―誤ったスキーマの克服，第4章 学びを極める―熟達するとはどういうことか，第5章 熟達による脳の変化，第6章「生きた知識」を生む知識観，第7章 超一流の達人になる，終章 探究人を育てる

岩波書店 2016.3 230,7p 18cm (岩波新書) 800円 ①978-4-00-431596-4 Ⓝ141.33

『総合的な学習の考える力をつけよう！―情報を分析する、人に伝える』

齋藤孝監修

内容 「総合的な学習は、各教科で学んだ知識をうまく組み合わせて活用し、問題を解決する力をつける教科」です。情報の整理・分析技法などを通して、その力を高めるコツを紹介します。2020年から予定されている、大学入試センター試験に代わる「大学入学希望者学力評価テスト」を見据えた内容です。

目次 総合的な学習は考えることの連続，課題を決めよう，情報を集めよう，情報を整理・分析しよう，人に伝えよう，実践で役立ててみよう

PHP研究所 2016.3 47p 29×22cm (楽しい調べ学習シリーズ) 3000円
①978-4-569-78532-5 Ⓝ141.5

続刊

『算数の考える力をつけよう！―言葉や図で整理する』宮本哲也監修 2015.12
『国語の考える力をつけよう！―言葉を知る、読み取る』宮本哲也監修 2016.1
『社会の考える力をつけよう！―特色をつかむ、意見をつくる』齋藤孝監修 2016.3
『理科の考える力をつけよう！―「なぜ」から課題を見つける、調べる』小森栄治監修 2016.3
『アクティブ・ラーニング 調べ学習編―テーマの決め方から情報のまとめ方まで』西岡加名恵監修 2017.3

『アクティブ・ラーニング 学習発表編―新聞づくりからディベート、ワークショップまで』西岡加名恵監修 2017.3
『統計と地図の見方・使い方―データから現象や課題と解決策をさぐろう』渡辺美智子監修 2018.2

『知的トレーニングの技術（完全独習版）』

花村太郎著

内容 知的創造は形式的な模倣ではなく、その根本まで突き詰めることで初めて可能になる―。そんな明快な観点に立ち、一世を風靡した名テキストが遂に復活！まずは、計画の立て方、発想法、モチベーション管理といった知的生産に欠かせない土壌づくりからスタート。そのうえで、実際的な文章の書き方、読み方から批判的思考の秘訣にまで踏み込んでいく。さらに、付録としてフロイトやボルヘスなど偉大な先達が用いた手法をまとめ、自分なりの思考法を磨けるように構成した。文庫化に際しては、定評ある旧版の内容をさらに精選し、新たにコラムも増補。知的生産のすべてをこの一冊に！

目次 準備編 知的生産・知的創造に必要な基礎テクニック8章（志をたてる―立志術，人生を設計する―青春病克服術，ヤル気を養う―ヤル気術，愉快にやる―気分管理術，問いかける―発問・発想トレーニング法，自分を知る―基礎知力測定法，友を選ぶ・師を選ぶ―知的交流術，知的空間をもつ―知の空間術），実践編 読み・考え・書くための技術11章（論文を書く―知的生産過程のモデル，あつめる―蒐集術，さがす・しらべる―探索術，分類する・名づける―知的パッケージ術，分ける・関係づける―分析術，読む―読書術，書く―執筆術，考える―思考の空間術，推理する―知的生産のための思考術，疑う―科学批判の思考術，直観する―思想術，さまざまな巨匠たちの思考術・思想術―発想法カタログ）

筑摩書房 2015.9 392p 15cm （A6）（ちくま学芸文庫）1300円 ⓘ978-4-480-09686-9 Ⓝ141.5

『岩波メソッド 学校にはない教科書―いま、必要な5（GO）×5（GO）の学習法』

岩波邦明，押田あゆみ著

内容 さまざまな問題に直面したときに自分の頭で考え、解決できる力を養おう！ユニークな学習メソッドの開発者として知られる著者が、「1人の深い友」力、「深い思考」力、「If」力など、これからの時代に必要な25の力を身につける方法をアドバイス。学校の授業だけでは学べない"学校外力"を伸ばす方法を伝授します。

目次 「If」力，ロマン力，見つける力，冒険力，散歩力，1択力，開拓力，「大人の世界」力，英語LOVE力，コンテンツ創造力〔ほか〕

岩波書店 2015.10 205p 18cm（岩波ジュニア新書）840円 ⓘ978-4-00-500815-5 Ⓝ159.7

探究活動・課題研究入門

『未来を変える目標—SDGsアイデアブック』

Think the Earth編著, 蟹江憲史監修, ロビン西漫画

内容 子どもから大人まで、SDGs（持続可能な開発目標）についてわかりやすく、楽しく学べる本です！

目次 17個の目標と「未来を変えたアイデア」（貧困をなくそう，飢餓をゼロに，すべての人に健康と福祉を，質の高い教育をみんなに，ジェンダー平等を実現しよう，安全な水とトイレを世界中に，エネルギーをみんなに そしてクリーンに，働きがいも経済成長も，産業と技術革新の基盤をつくろう，人や国の不平等をなくそう ほか）

Think the Earth, 紀伊國屋書店〔発売〕2018.5 176p 21cm（A5）1800円
①978-4-87738-513-2 Ⓝ331

『アイデアの発想・整理・発表』

永松陽明, 柳田義継, 藤祐司, 仲野友樹著

内容 本書では、レポート、報告書、プレゼンテーションのような文章を書き上げる、発表を行う際に重要な方法を提供。

目次 序章 アイデアの発想・整理・発表の必要性，1 アイデアの発想（発想するための手順，発想するための幅広い調査，テーマの詳細化，詳細な資料の探索と収集），2 アイデアの整理（整理するための手順，ストーリーの作成，ストーリーの肉付け，読み手に対する工夫），3 アイデアの発表（発表するための手順，ストーリーの作成・確認，聞き手に対する工夫，インターネットの活用），終章 アイデアの発想・整理・発表におけるレベルアップ

学文社 2018.3 69p 21cm（A5）1100円 ①978-4-7620-2780-2 Ⓝ336.17

『実践はじめての社会調査—テーマ選びから報告まで』 新版

白谷秀一, 朴相権, 内田龍史編著

内容 身近に指導者もいない高校生・大学生・市民がはじめて社会調査を行う際に、実際に利用される方法・手段に限定しながら、どのような手続きが必要で、何に気を付けなければならないかについて、やさしく解説。

目次 第1部 社会調査への招待（社会調査を行う前に，社会調査の内容，高校生・大学生・市民の調査内容と方法，社会調査への招待），第2部 社会調査の実践（調査をイメージする，基礎資料を集める，発想を深める会議の持ち方，テーマの決定，仮説はどうつくるか，観察調査，聞き取り調査，調査票調査，パソコンを使った集計処理，データの予備的分析，まとめ方，発表の仕方，報告書や論文の活用，調査における実践的技法・工夫）

自治体研究社 2009.5 179p 21cm（A5）1905円 ①978-4-88037-534-2 Ⓝ361.9

探究活動・課題研究入門

『学習設計マニュアル―「おとな」になるためのインストラクショナルデザイン』

鈴木克明,美馬のゆり編著

内容 本書は、これまでにあたりまえに行ってきた「学び」について、一度立ち止まって振り返りながら、さらに捉え直す機会として、しっかりと向き合い、自分の学習を設計できるように支援することが目的です。

目次 第1部 自分の学びと向き合う（自分を取り巻く学習環境を知る，学習スタイルを把握する ほか），第2部 学びの場をつくる（学び合う下地をつくる，意見を出し合い整理する ほか），第3部 学び方を工夫する（学習意欲を高める，理解を促す ほか），第4部 これからの学びを考える（これからの学びを想像する，学習スタイルを拡張する ほか）

(京都) 北大路書房 2018.3 226p 21cm (A5) 2200円 Ⓘ978-4-7628-3013-6 Ⓝ371.41

『みんなが元気になるたのしい！アクティブ・ラーニング 1 これからは、アクティブ・ラーニングだ―授業の仕方の変遷とアクティブ・ラーニング』

長田徹監修,稲葉茂勝著,こどもくらぶ編

目次 1 日本の教育の歴史(1) プラスワン 藩校と寺子屋，2 日本の教育の歴史(2) プラスワン 墨ぬり教科書，3 学校の劇的な変化 プラスワン 大阪府堺市のマンモス校，4「つめこみ教育」から「ゆとり教育」へ，5 ゆとり教育&つめこみ教育，6 聖徳太子で考える「知識」とは？ プラスワン「聖徳太子」から「福沢諭吉」，7 総合的な学習の時間，8 いよいよアクティブ・ラーニングの時代へ プラスワン 時間がへった！，9 つめこみ教育と総合的な学習の時間をくらべると，ある実践「ことわざを写真にとる」プラスワン『ことわざを写真で表現』

フレーベル館 2017.10 31p 29×22cm 3000円 Ⓘ978-4-577-04555-8 Ⓝ371.5

続刊
『2 アクティブ・ラーニングで、授業がぐんとたのしくなる―自ら進んで対話してより深く学ぼう！』2018.2
『3 「キャリア・ノート」つくる意味とつくり方―「キャリア・ノート」は、きみの将来の宝もの』2017.12

『課題研究メソッドStart Book 探究活動の土台づくりのために』

岡本尚也著

内容 これからの社会で役立つ力を、この1冊で。SGHやSSHなど、普通科の総合的な学習の時間で取り組まれている「課題研究」用教材。文系・理系の課題研究に対応。課題研究に取り

組む意義や概要、研究手法を系統的にわかりやすく解説。

新興出版社啓林館 2019.3 96p 1200円 ⓘ978-4-402-29241-6 Ⓝ375

続刊
『課題研究メソッド―よりよい探求活動のために』2017.3
『課題研究メソッド 課題研究ノート―よりよい探究活動のために』2017.3

『高校生のための「研究」ノート―総合的な学習・課題研究で育む新たな学力』

鈴木俊裕編

内容 総合学習の時間で活用できるワークブック。高校生が「研究」を学ぶことを通して、「課題対応能力」「人間関係形成能力」等を養い、自己の在り方・生き方を考え、「人間力」を高めることを目指す。

目次 はじめに，1 ガイダンス編，2 研究準備編，3 研究編，4 発表編，5 論文作成編，あとがき―研究課題の継続的な探究に向けて

学事出版 2012.12 80p 30cm 800円 ⓘ978-4-7619-1938-2 Ⓝ375

『自分の"好き"を探究しよう！―お茶の水女子大学附属中学校「自主研究」のすすめ』

お茶の水女子大学附属中学校編

目次 1 自主研究の魅力，2 自主研究の3年間の流れ，3 自主研究はどのように行われるか，4 お茶太郎・お茶子の自主研究，5 進化し続ける自主研究，6 自主研究発表事例のいろいろ，7 将来につながる自主研究―大学や社会で自主研究がいかに活かされているか，8 自主研究 困ったときのQ&A

明石書店 2018.10 147p 21cm（A5）1600円 ⓘ978-4-7503-4724-0 Ⓝ375.1

『探究学舎のスゴイ授業―子どもの好奇心が止まらない！能力よりも興味を育てる探究メソッドのすべて vol.1 元素編』

宝槻泰伸著

内容 ノートはとらない。宿題も暗記も必要ない。好奇心が芽生えれば、それでいい。本当に株を買う「経済金融編」、うんこを作って人体の秘密を探る「人体医療編」など、アクティブ・ラーニングのヒント盛りだくさんの探究学舎の授業。そこには100年後の教室の姿があった。「勉強しなさい」と言いそうになったら読む本です。

目次 探究学舎「スゴイ秘密」その1「どんな授業をしているのですか？」授業ライブ編，探究学舎「スゴイ秘密」その2「お母さん、お父さんたちの感想は？」みなさんの感想編，探究

探究活動・課題研究入門

学舎「スゴイ秘密」その3「子どもたちがつくった素敵なもの」生徒の作品集編，探究学舎「スゴイ秘密」その4「ほかにはどんな授業がありますか？」「探究」ラインナップ編，探究学舎「スゴイ秘密」その5『「驚きと感動」の種をまく授業とは？』解説インタビュー編

方丈社 2018.2 220p 21cm（A5）1600円 Ⓘ978-4-908925-25-2 Ⓝ375.1

『アクティブ・ラーニングで身につく発表・調べ学習 1 調べ学習の基本を身につけよう』

中村昌子監修

内容 今求められている「アクティブ・ラーニング」の考え方を知り、調べ学習の基本を身につける！

目次 1章 調べ学習に必要な「アクティブ・ラーニング」って何だろう？（アクティブ・ラーニングって何？，アクティブ・ラーニングが必要になるのはどんなとき？，テーマ決めから発表までの流れを知ろう），2章 調べるテーマを決めよう（調べたいテーマを決めよう，テーマの調べ方を知ろう），3章 調べる準備をしよう（テーマをほり下げてみよう，グループで調べる準備をしよう，話し合いをするときには）

河出書房新社 2016.10 47p 30cm（A4）2800円 Ⓘ978-4-309-61311-6 Ⓝ375.1

続刊
『2 調べ学習で情報を集めよう』中村昌子監修 2016.11
『3 伝わる発表のコツを知ろう』中村昌子，北平純子監修 2016.11
『4 教科別に発表してみよう』中村昌子，上田真也，山本剛久，田代勝，大出幸夫監修 2017.1

『思考を深める探究学習—アクティブ・ラーニングの視点で活用する学校図書館』

桑田てるみ著

内容 探究学習は、主体的で対話的な深い学びを展開することに繋がります。本書は、学校図書館における探究学習を6ステップ9アクションで示し、学習活動のプロセスで活用される様々なスキルを、ワークシートとともに解説します。

目次 第1部 探究学習徹底解剖！（アクティブ・ラーニングの視点で行う探究学習，探究プロセスと探究スキル，探究学習のレベル，探究学習のデザイン），第2部 探究学習を進めてみよう！（決める〈大テーマの下調べ／小テーマの決定〉，問う〈問いの生成〉，集める〈情報の収集〉，考える〈情報の整理・分析／問いへの答え〉，創る〈情報の表現・伝達〉，振り返る〈探究の評価／新しい問いの発見〉）

全国学校図書館協議会 2016.10 111p 26cm〈「6ステップで学ぶ中学生・高校生のための探究学習スキルワーク」（チヨダクレス 2010年刊）と「中学生・高校生のための探究学習スキルワーク」（2012年刊）の改題、大幅に見直し改訂〉2000円 Ⓘ978-4-7933-0095-0 Ⓝ375.1

探究活動・課題研究入門

『新しい学力』

齋藤孝著

内容 2020年に予定されている学習指導要領の大改訂。"新しい学力観"に沿った教育現場の改革はすでに始まっている。教科の再編、アクティブ・ラーニングの導入、評価基準の変化―。大きな変化の中で、本当に求められる"真の学力"とは何だろうか？教師も親も学生も必読、"人"を育てる教育への、熱意あふれる提言の書！

目次 第1章「新しい学力」とは何か（「新しい学力」登場の流れ，「PISA型」「問題解決型」の学力とは，「新しい学力」を伸ばす授業，アクティブ・ラーニングとは何か，いかに評価する/されるのか），第2章 新しい学力の「落とし穴」（「ゆとり」という経験，いくつもの難点，ICTの活用と学習の質，伝統的な学習教育は「ダメ」だったのか？），第3章 本当に求められているものは？（「両手」で対処する，「人材」を考える，ビジネスで求められる力，エジソンというモデル），第4章「源流」に学ぶ（ルソーが提示した民主社会の主権者教育，デューイの理想に学ぶ，吉田松陰・松下村塾の「新しい学力」，福沢諭吉を育てたのは），第5章 真の「問題解決能力」を鍛えよう（真のアクティブ・ラーニングの実践，古典力を養成する，「知情意」、そして「体」）

岩波書店 2016.11 213,2p 18cm（岩波新書）820円 ⓘ978-4-00-431628-2 Ⓝ375.17

『「探究」を探究する―本気で取り組む高校の探究活動』

田村学，廣瀬志保編著

内容 高校もいよいよ「探究」モードへ。高校での「探究」の基本的な考え方と豊富な事例を紹介。

目次 第1章 高校での「探究」のこれまでとこれから（高校での「探究」を考えるために，探究を深めるエッセンス―50校の実践が教えてくれたこと），第2章「探究」実践例17選（高校生の夢から地域の夢へ―岡山県立林野高等学校，共に生きる―市立札幌大通高等学校，「地域探究」で地域を学び、活性化を図る―兵庫県立村岡高等学校，演劇創作などで発想と協同を育む「探究ナビ」―大阪府教育センター附属高等学校，商品を通して人づくりを 総合学習「ビジネス実践」―秋田市立秋田商業高等学校 ほか），第3章"編著者対談"田村学×廣瀬志保 高校も「探究」モードへ

学事出版 2017.12 191p 21cm（A5）2000円 ⓘ978-4-7619-2374-7 Ⓝ375.1894

『「総合的な探究」実践ワークブック―社会で生き抜く力をつけるために』

鈴木建生監修，池田靖章編著

目次 1 自分を知る（ガイダンス―はじめのワーク，好きなことプレゼンテーション，他己紹介―インタビューする，私の履歴書―過去の自分を見つめる，自分史

―記憶をたどる ほか),2 社会を知る(3年間をイメージする―進路実現に向けて,名刺づくり―あいさつって?,ディベートを行う1―論理的思考,ディベートを行う2―実践,一人暮らし―未来をイメージする ほか)

学事出版 2017.9 55p 30cm (A4) 700円 Ⓘ978-4-7619-2354-9 Ⓝ375.1894

『これから研究を始める高校生と指導教員のために―研究の進め方・論文の書き方・口頭とポスター発表の仕方』

酒井聡樹著

目次 第1部 研究の仕方(研究を始める前に,取り組む問題の決め方 ほか),第2部 論文執筆・プレゼン準備の前に(論文執筆・プレゼンにおいて心がけること,わかりやすい論文・プレゼンのために),第3部 論文の書き方(論文の構想を練ろう,序論に書くべきこと ほか),第4部 プレゼンの仕方(わかりやすい発表をするためのプレゼン技術,プレゼンの図表において心がけること ほか)

共立出版 2013.7 324p 21cm (A5) 2600円 Ⓘ978-4-320-00591-4 Ⓝ375.4

『18歳の自律―東大生が考える高校生の「自律プロジェクト」』

大村敦志,東大ロースクール大村ゼミ著

内容 民法学の第一線研究者である大村敦志氏が、教え子の東京大学ロースクールゼミ生に「高校生の自律をテーマに本を作ろう」と呼びかけたのが本書の始まり。成人年齢の引き下げの議論がなされるなか、「何歳から大人?」「成年とは何か?」という問いを抱え、ゼミ生たちは計5つの高校を訪ねる。彼らが「自律プロジェクト」としてとらえた高校での生徒会、運動会、文化祭、修学旅行などの特別活動を通して、高校生たちは何を学び、どのように「自律」していくのか、また、学校が担える役割は何か――インタビューを重ね、議論しながら、法律家の卵であるゼミ生たちがその答えを探る一冊。

目次 第1章「大人」になることの意味(Ⅰ 法における「自律」,Ⅱ 日常生活で使われる「自律」の多義性,Ⅲ 学校の存在),第2章「自律プロジェクト」としての特別活動(Ⅰ 生徒会,Ⅱ 運動会,Ⅲ 文化祭,Ⅳ 修学旅行),第3章 具体例に見る「自律プロジェクト」の実践(Ⅰ 私立麻布高等学校,Ⅱ 私立大妻高等学校,Ⅲ 都立新宿高等学校,Ⅳ 県立千葉高等学校,Ⅴ 県立兵庫高等学校),第4章 自律を考える(Ⅰ「自律」とは何か,Ⅱ 学校の果たす役割,Ⅲ 未成年の「自律」と成人年齢引き下げ),解説編 この本がめざすもの(大村敦志),メイキング編 この本ができるまで(竹内弘枝)

羽鳥書店 2010.4 242p 19cm 2200円 Ⓘ978-4-904702-08-6 Ⓝ376.41

探究活動・課題研究入門

『アクティブ・ラーニングとしての国際バカロレア―「覚える君」から「考える君」へ』

大迫弘和著

内容 アクティブ・ラーニング（課題の発見と解決に向けて主体的・協働的に学ぶ学習）とは、どのような実践なのか。その一つの答えとして注目されている国際バカロレア（IB）について、国内の第一人者が解説。

目次 第1章 子どもたちが生きていく世界―グローバル化と知識基盤社会，第2章「覚える君」から「考える君」へ，第3章 国際バカロレア（IB）が教えてくれる―アクティブ・ラーニングとしてのIB，第4章 日本の教育にとってのIBの意味

日本標準 2016.2 78p 21cm（A5）（日本標準ブックレット〈No.17〉）900円
①978-4-8208-0596-0 Ⓝ376.8

『学び合う場のつくり方―本当の学びへのファシリテーション』

中野民夫著

内容 いま、教育、企業、行政、医療、まちづくりの現場で、対話や参加を大切にした能動的な学びに注目が集まっている。ワークショップのパイオニアとして「参加型の場づくり」に長く取り組んできた著者が、東工大における教育改革をはじめ、学び合いの場づくりの様々な実践を紹介しながら「本当の学び」のあり方を探る。

目次 第1章 大学での参加型授業（東工大立志プロジェクト―少人数クラスでのグループワーク，大教室での参加型授業―同志社大学における大教室での参加型授業の取り組み，参加型授業の意義），第2章 ファシリテーションの基礎スキル（ファシリテーション講座の始まり，ファシリテーションの五つの基礎スキル），第3章 自分・自然・社会とつながる（人と自分自身，人と自然，人と社会，横軸と縦軸），第4章 本当の学びへ向けて（「本当の学び」，修験道山伏修行の逆説，理系と文系教員の協働，ロジャーズの三原則）

岩波書店 2017.6 198p 19cm（B6）2000円 ①978-4-00-024823-5 Ⓝ377.15

『Learn Better―頭の使い方が変わり、学びが深まる6つのステップ』

アーリック・ボーザー著，月谷真紀訳

内容 深い学びを得るにはいったい何が必要なのか？子どものころに学習困難を抱えていた著者が、多くの実証研究調査と、学びの専門家への取材を通してたどり着いた、小手先のテクニックではない本質的な「学び方」。米Amazon2017年ベスト・サイエンス書。

目次 第1章 価値を見いだす，第2章 目標を決める，第3章 能力を伸ばす，第4章 発展させる，第5章 関係づける，第6章 再考する

英治出版 2018.7 386p 19cm（B6）〈原書名：Learn Better:Mastering the Skills for Success in Life,Business,and School,or,How to Become an Expert in Just About Anything〈Ulrich Boser〉〉2000円 ①978-4-86276-258-0 Ⓝ379.7

探究活動・課題研究入門

『イラストで学ぶスタディスキル図鑑―自ら学習する力をつける』

キャロル・ヴォーダマンほか著，山崎正浩訳

内容 学習計画の立て方から情報の調べ方、試験に関するテクニック、ストレスへの対処法まで、長い学生生活に必ず役立つ「勉強リテラシー」を身につけよう！

目次 1 どのように学ぶのか，2 準備と目標設定，3 情報を集めて利用する，4 ネットで学ぶ，5 試験勉強のテクニック，6 試験本番でのテクニック，7 ストレスに対処する，8 参考資料

（大阪）創元社 2017.7 256p 24×21cm〈原書名：Help Your Kids with Study Skills〈Carol Vordermen〉〉2800円 Ⓘ978-4-422-41417-1 Ⓝ379.7

『「科学的思考」のレッスン―学校で教えてくれないサイエンス』

戸田山和久著

内容 「良い理論」と「悪い理論」ってどこが違う？「実験」「観察」って何をすること？科学のあり方をきちんと判断するにはどうしたらいいの？ニュートンから相対性理論、ニュートリノまで、興味津々の事例から科学的な考え方の本質を軽妙に説き、原発や生命科学など日常に大きな影響を与えるトピックをもとに、リスクとの向き合い方を考える。速攻で「科学アタマ」をつくる究極の入門書。

目次 第1部 科学的に考えるってどういうこと？（「理論」と「事実」はどう違うの？，「より良い仮説/理論」って何だろう？，「説明する」ってどういうこと？，理論や仮説はどのようにして立てられるの？どのようにして確かめられるの？，仮説を検証するためには、どういう実験・観察をしたらいいの？，なぜ実験はコントロールされていなければいけないの？），第2部 デキル市民の科学リテラシー―被曝リスクから考える（科学者でない私がなぜ科学リテラシーを学ばなければならないの？，「市民の科学リテラシー」って具体的にはどういうこと？，「市民」って誰のこと？）

NHK出版 2011.11 299p 17cm（NHK出版新書）860円 Ⓘ978-4-14-088365-5 Ⓝ401

『スーパーサイエンスハイスクール講義』

堀越正美著

内容 古今東西の自然科学者の偉業とそれにまつわるエピソードをわかりやすく紹介し、著者の経験も交えながら、世界的な科学者に共通する独創的な物事の考え方を手に入れるためのヒントを数多く掲載。

目次 1 自然科学とは？（自然科学とは？，自然科学の目的とは？，自然科学の手法は？，自然科学者とは？，自然科学者：私の定義），2 自然科学者列伝―温故知新（数学者，物理学者，化学者，生物学者，自然科学者の素養），3 結論―中心原理（まず自分で考える！，次に他者と議論をする！，いつも師がいる！，それ以外のよい方法はあるか？，ない！，どうして？，セントラルドグマ・中心原理，和：

16

日本人の特性を活かす)，4 自然科学者への助走（自然科学者としての生涯，高校生のときにすべきこと，高校生にすすめたい本，新しい力をつける！，高校生から自然科学者へ，第一級の科学者を育てる）

培風館 2009.2 254p 19cm (B6) 1680円 ⓘ978-4-563-01928-0 Ⓝ402

『13歳からの研究倫理―知っておこう！科学の世界のルール』

大橋淳史著

内容 科学するときに守らなければいけない「ルール」があるって知ってますか？中学生・高校生に向けた初めての研究ルールガイド。

目次 序章 ルールを守って楽しく研究！，第1章 なんといっても目的が大事です！，第2章 研究はこんなふうに進めます，第3章 ケーススタディ どうしてだめなの？，第4章 シミュレーション あなたならどうする？，第5章 研究者への道

(京都) 化学同人 2018.8 158p 21cm (A5) 1600円
ⓘ978-4-7598-1967-0 Ⓝ407

『理系のための研究ルールガイド―上手に付き合い、戦略的に使いこなす』

坪田一男著

内容 実験、論文、学会発表、研究費申請など、研究活動にはさまざまなルールが存在する。一方、研究でブレイクスルーを成し遂げるには、ルールを超えた大きな考え方も大切だ。本書では、研究者が知っておくべきルールの基本と、戦略的に使いこなすための方法を、ホンネで伝授する。

目次 まずは「マイルール」を決めよう（時代とともにルールは変わる，どんなルールがあるのか ほか），研究者の基本ルール6（ルールは絶対に守る，時間を厳守する ほか），研究生活の6つのルール（研究者の「評価」にもルールがある，博士号取得のルール ほか），実験で守るべき6つのルール（プロトコールは実験のキモ，実験ノートのルール ほか），論文作成の9つのルール（論文を書くときの基本ルール，英語論文を書くときのルール ほか），特許に関する5つのルール（特許はルール変更が多い，特許があるから製品になる ほか），研究費にまつわる7つのルール（研究費申請の基本ルール，研究費もトレンドがある ほか），学会と研究発表の7つのルール（新しくなった学術団体の役割，学会員になるには ほか），マスコミとネットに関する7つのルール（研究情報を世の中に発信する，プレスリリースのルール ほか），危機管理の5つのルール（問題の棚卸しをする，ノーアクションレターで確認する ほか），ルールを乗り越えて（仲間とライバルを大切にする，研究領域にルールはない ほか）

講談社 2015.6 198p 18cm（ブルーバックス）860円 ⓘ978-4-06-257920-9 Ⓝ407

探究活動・課題研究入門

『研究を深める５つの問い――「科学」の転換期における研究者思考』

宮野公樹著

内容 科学や技術を取り巻く状況が変化していくなか、研究者はどのように考え、行動すべきなのか。それらの根源となる「研究者思考」を自力で探究できるようにするのが本書である。1000件を超すプレゼン指導経験から著者が見いだした「研究の本質」について、未来ある若手研究者に向けてわかりやすい言葉で問いかけながら案内する。

目次 問い１ 誰をライバルと想定して研究していますか？（学問領域細分化傾向へのアンチテーゼ）（理由１ 閉じた世界に限界があるから，理由２ 本質を得るには多視的アプローチが必要だから ほか），問い２ あなたの本当の目的はなんですか？（妄信的、または無思考的個別主義へのアンチテーゼ）（普遍性をどう帯びるか），問い３ 論文を書こうと思っていませんか？（論文至上主義へのアンチテーゼ）（紙面が限られていた時代にうまれた査読というシステム，査読システムの限界 ほか），問い４「科学」を妄信していませんか？（科学至上主義へのアンチテーゼ）〔一般的な「科学」の定義，「科学」の定義を揺るがす２つの事実 ほか〕，問い５ 研究者として「自分」を鍛えていますか？（本書のまとめにかえてのプロフェッショナル実践論）（「いい仕事」を成すためにどう鍛練すればよいか,「思考」を鍛える ほか）

講談社 2015.4 185p 18cm（ブルーバックス）800円 Ⓘ978-4-06-257910-0 Ⓝ407

『中高生のための科学自由研究ガイド――科学コンテストに挑戦しよう！』

ターニャ・M.ヴィッカーズ著，西本昌司，村本哲哉，佐々城清，高橋正征監訳，日本サイエンスサービス訳

内容 科学自由研究について幅広く、具体的に書かれた解説書の決定版！

目次 科学自由研究とは，学生科学者たちの経験談，研究に必要なアイディアのさがし方，研究計画と科学的方法，ルール――安全性、独創性、被験者の同意，研究ノート――科学者のレシピ，実験結果――データの処理，研究助言者――メンター，研究レポート――明瞭・簡潔・説得力，科学コンテスト，研究成果の発表方法――ポスター発表と口頭発表，科学コンテストの審査の準備

三省堂 2015.9 143p 21cm（A5）〈原書名：Teen Science Fair Sourcebook: Winning School Science Fairs and National Competitions〈Tanya M.Vickers〉〉1800円 Ⓘ978-4-385-36411-7 Ⓝ407.5

『わたしが探究について語るなら』

西澤潤一著

内容 「なぜだろう？」と思う心が「思いがけない発見・発明」を生み出す。独創的な発明を成し遂げてきた科学者からのメッセージ。

探究活動・課題研究入門

目次 第1章 探究心を育てる（夢を追い続ける科学者，新しい夢に向かって，ガラクタから宝物をみつける探究心 ほか），第2章 発明のヒント（トランジスタ発明の大ニュース，偶然の発見，必要なのは基礎の研究 ほか），第3章 独創的な発想（一人一人に周波数を，電波から光へ，逆転の発想 ほか）

ポプラ社 2010.12 181p 19cm（B6）（未来のおとなへ語る）1300円
ⓘ978-4-591-12142-9 Ⓝ507

『調べてみよう、書いてみよう』

最相葉月著

内容 テーマが見つかる。調べ方がわかる。話の聞き方がうまくなる。だから、上手な文章が書ける！学校ではけっして教えてくれない、読む人にきちんと伝わる文章の書き方を、ノンフィクションライター・最相葉月さんが紹介します。

目次 第1章 調べる力と書く力，第2章 テーマを決めよう，第3章 さあ、調べよう，第4章 人に会って話を聞こう，第5章 さあ、書いてみよう，第6章 書くことの意味って

講談社 2014.11 164p 19cm（B6）（世の中への扉）1200円 ⓘ978-4-06-287007-8 Ⓝ816

『調べる技術・書く技術』

野村進著

内容 テーマの選び方、資料収集法、取材の実際から原稿完成まで、丁寧に教える。これがプロの「知的生産術」だ！

目次 第1章 テーマを決める，第2章 資料を集める，第3章 人に会う，第4章 話を聞く，第5章 原稿を書く，第6章 人物を書く，第7章 事件を書く，第8章 体験を書く

講談社 2008.4 254p 18cm（講談社現代新書）740円 ⓘ978-4-06-287940-8 Ⓝ901.6

スタディスキル（大学初年度）

『リベラルアーツの学び方 エッセンシャル版』

瀬木比呂志著

内容 広い視野と独自の視点をもたらし、人生をより深く豊かにする「本当の意味でのリベラルアーツ」を独力で戦略的に身につける具体的な方法を公開！自然科学、社会・人文科学、芸術。重要分野ごとの学び方の解説と書物リストを収録！

目次 第1部 なぜ、リベラルアーツを学ぶ必要があるのか？（リベラルアーツは、単なる知識の蓄積、教養のための教養ではない，タコツボ型の「知識」から横断的な「教養」へ，ファッションではなく身につき使いこなせる教養，固有の「生」の形と結び付いた教養，自分で課題を設定する能力，理論の裏付けのある実践，

リベラルアーツは最も有効な投資，リベラルアーツによって可能になる仕事の質や生き方の深化），第2部 リベラルアーツを身につけるための基本的な方法と戦略（基本的な方法，実践のためのスキルとヒント），第3部 実践リベラルアーツ―何からどのように学ぶのか？（自然科学とその関連書から、人間と世界の成り立ちを知る，社会・人文科学，思想，批評，ノンフィクション―批評的・構造的に物事をとらえる方法を学ぶ，芸術―物事や美に関する深い洞察力を身につける）

ディスカヴァー・トゥエンティワン 2018.1 271p 19cm（B6）(LIBERAL ARTS COLLEGE) 1500円 ⓘ978-4-7993-2210-9 Ⓝ002

『大学１年生からの研究の始めかた』

西山敏樹著

内容 目的を、生涯をかけた究極のゴールととらえるならば、目標は、そのゴールに行くために取り組むべき行動やその道筋を示すものです。生涯かけてとりくみたいと思える目的を設定し、そのための目標を立てて、一つずつ実現していってください。筆者は、「誰にも利用しやすい公共交通機関」を作ることを目的とし、そのために、「ノンステップバス」、「安全なホーム」や「高齢者のための交通政策立案」など、数々の目標に取り組んできました。目的と目標の違いを、しっかりと意識して、研究に取り組んでいただくことを期待しています。

目次 1「計画」はなぜ重要か，2 研究とは何か，3 研究テーマを決める，4 研究の背景を具体化する，5 研究の目的と目標を定める，6 研究の内容・手法と期待される成果を定める，7 参考文献の書き方，8 研究計画書の事例

慶應義塾大学出版会 2016.9 101p 19cm（B6）1400円 ⓘ978-4-7664-2364-8 Ⓝ002.7

『アカデミック・スキルズ―大学生のための知的技法入門』第2版

佐藤望，湯川武，横山千晶，近藤明彦編著

内容 「大学での学び」とは何か？ノートの取り方、情報の探し方、レポート・論文の書き方など、大学生のための学びの技法をわかりやすく伝授。

目次 第1章 アカデミック・スキルズとは，第2章 講義を聴いてノートを取る，第3章 情報収集の基礎―図書館とデータベースの使い方，第4章 本を読む―クリティカル・リーディングの手法，第5章 情報整理，第6章 研究成果の発表，第7章 プレゼンテーション（口頭発表）のやり方，第8章 論文・レポートをまとめる，附録 書式の手引き（初級編）

慶應義塾大学出版会 2012.9 180p 21cm（A5）1000円 ⓘ978-4-7664-1960-3 Ⓝ002.7

続刊

『グループ学習入門―学びあう場づくりの技法』慶應義塾大学教養研究センター監修，新井和広，坂倉杏介著 2013.4

『データ収集・分析入門―社会を効果的に読み解く技法』慶應義塾大学教養研

究センター監修，西山敏樹，鈴木亮子，大西幸周著 2013.6
『資料検索入門―レポート・論文を書くために』市古みどり編著，上岡真紀子，保坂睦著 2014.1
『学生による学生のためのダメレポート脱出法』慶應義塾大学教養研究センター監修，慶應義塾大学日吉キャンパス学習相談員著 2014.10
『実地調査入門―社会調査の第一歩』慶應義塾大学教養研究センター監修，西山敏樹，常盤拓司，鈴木亮子著 2015.9
『クリティカル・リーディング入門―人文系のための読書レッスン』慶應義塾大学教養研究センター監修，大出敦著 2015.10

『いつかリーダーになる君たちへ―東大人気講義チームビルディングのレッスン』

安部敏樹著，坂口菊恵監修

内容 世界で活躍する人には英語よりも大切なことがある。リーダーが学ぶべき"チームビルディング"と"課題設定能力"を教える東大駒場の講義で、「社会の無関心を打破する」リディラバ代表が東大生に向かって熱く語ったこととは？

目次 1 チームビルディングの基本（成果を上げるチームとは？，プレゼンテーション―伝える力を磨く，ディスカッション―よい議論にはルールがある，ブレインストーミング―批判厳禁、質より量，ファシリテーション―思いやりで意見を引き出す），2 チームビルディングの実践（ビジネスプランをつくる，リーンによるプランのカイゼン，"食"の問題解決―野菜を食べてポイントを貯める，"ジェンダー"の問題解決―あこがれの東大女子アイドル，"貧困"の問題解決―資格取得をシェアハウスでサポート，"農業"の問題解決―農村の法人化）

日経BP社，日経BPマーケティング〔発売〕2015.12 253p 19cm (B6) 1400円
ⓘ978-4-8222-5126-0 Ⓝ335.8

『新 よくわかるライフデザイン入門―大学でどのように学ぶか』

大学導入教育研究会編

目次 第1部 ベーシック・スキルズ（大学で学ぶということは，大学教育の意義を考える，コミュニケーションの基礎），第2部 アカデミック・スキルズ（論理的コミュニケーション，ノートの取り方，文献検索，論理的な読書，レポートの書き方，プレゼンテーション，ディベート：準備編，ディベート：本番編，試験の受け方），第3部 キャリア・デザイン（現代社会を考える，自分の進路について考える，就職活動を考える）

古今書院 2018.2 117p 26cm (B5) 1900円 ⓘ978-4-7722-8510-0 Ⓝ377.9

探究活動・課題研究入門

『スタディスキルズ・トレーニング─大学で学ぶための25のスキル』改訂版

吉原惠子, 間渕泰尚, 冨江英俊, 小針誠著

目次 1 ウォーミングアップ編（自己紹介からはじめよう，「大学生になる」とはどういうことだろう，大学とはどのようなところだろう ほか），2 オリエンテーション編（キャリアをデザインしよう，大学生活をデザインしよう，大学の授業について知ろう ほか），3 スタディスキルズ編（アクティブラーニングをやってみよう，テーマからトピックを取り出そう，図書館で資料をさがそう ほか）

実教出版 2017.10 111p 26cm（B5）1200円 ①978-4-407-34061-7 Ⓝ377.9

『思考を鍛える大学の学び入門─論理的な考え方・書き方からキャリアデザインまで』

井下千以子著

内容 これから大学で学び始める人が、基本的な学び方を身につけ、将来について考える礎をつくるための本です。図解やイラストをふんだんに掲載するとともに、大学生にとって身近な事例をとりあげて、わかりやすく解説しています。全15回の授業で使用することを想定し、巻末には15回分のワークシートや出欠シートを掲載しています。主体的に学ぶアクティブ・ラーニングが実践でき、大学生のキャリア教育に役立ちます。自己学習に最適。読み込むことで学びが深まります。

目次 1 学問の世界へようこそ（学問の扉，大学を知る，自分を知る，仲間を知る），2 論理的な考え方を学ぶ（論理的に考えるとは，考えるプロセスを支援するKJ法，現実を観察して，問いを立てる，情報を集める，情報を分類し，図解する，論理を組み立て，文章化する，論理的に伝える），3 レポートの書き方の基本を学ぶ（自分で考えて書く力をつける，考えて書く5つのステップ，論証型レポートの例），4 キャリアをデザインする（いきなりキャリアデザインはできない，挫折や苦悩を乗り越えて─大学生の就職活動から考える，自分が選んだ道を歩む旅へ─生涯発達の視点でデザインする），5 学びを振り返る（論証型レポートの評価と発表，学びレポートの目的，学びレポートを書く）

慶應義塾大学出版会 2017.4 133p 21cm（A5）1200円 ①978-4-7664-2412-6 Ⓝ377.9

『ゼミで学ぶスタディスキル』第3版

南田勝也, 矢田部圭介, 山下玲子著

目次 大学に入ったら，ノートのとり方，要約の仕方，図書館を利用しよう，本のレビューとレコメンド，レポート作成1：問題設定，レポート作成2：アウトラインの作成，レポート作成3：先行研究の調査，レポート作成4：二次資料を利用した調査編，レポート作成4：実査編，レポート作成4：ワークショップ調査編，レポート作成5：引用・参考文献の作成，レポート課題提出と反省点の振り返り，レジュメの作成，自説発表と議論

北樹出版 2017.3 148p 26cm（B5）1900円 ①978-4-7793-0519-1 Ⓝ377.9

『スタートアップセミナー 学修マニュアル なせば成る！』三訂版

なせば成る！編集委員会編

目次 1章 学びの技法（読解力・傾聴力を身につける，文献を読み込む力 ほか），2章 プレゼンテーションを学ぶ（プレゼンテーションの基礎，話の組み立て方 ほか），3章 グループで学ぶ（ワークショップを楽しむ，ロールプレイの魅力 ほか），4章 レポートを書く（レポートとは？，主題を考える ほか），5章 調査・情報収集の方法（調査・情報収集の方法，ネットで調べる ほか）

（山形）山形大学出版会 2017.1 93p 26cm（B5）800円 ⓘ978-4-903966-29-8 Ⓝ377.9

続刊
『なさねば成らぬ―「なせば成る！」使いこなしガイドブック』新版 山形大学基盤教育院編 2014.2

『18歳からの「大人の学び」基礎講座―学ぶ、書く、リサーチする、生きる』

向後千春著

内容 学ぶスキル（Study Skills）、書くスキル（Writing Skills）、リサーチスキル（Research Skills）、生きるスキル（Life Skills）。4つの領域のスキルを活用し、大学や社会において自ら学んで生きていくための「資質・能力」を身につけるテキスト！

目次 1 学ぶスキル（Study Skills）（ノートを取る，授業に参加する ほか），2 書くスキル（Writing Skills）（マップを描いてアイデアを可視化する，KJ法で鍵となる概念を見つける ほか），3 リサーチスキル（Research Skills）（リサーチスキルの意味，概念を探し，変数を作る ほか），4 生きるスキル（Life Skills）（3つの人生の課題（ライフタスク），あなたは理想の自分を目指している ほか）

（京都）北大路書房 2016.10 145p 21cm（A5）1400円 ⓘ978-4-7628-2954-3 Ⓝ377.9

『知的キャンパスライフのすすめ―スタディ・スキルズから自己開発へ』第4版

金沢大学「大学・社会生活論」テキスト編集会議編

目次 第1章 はじめに（「大学・社会生活論」のねらい―「生徒」から「学生」へ），第2章 大学における学習の基礎―スタディ・スキルズ（ノート・テイキング，レポートの書き方 ほか），第3章 大学生活・社会生活の基礎（ハラスメントについて，消費者問題の基礎知識 ほか），第4章 自己開発の方法（「派遣留学」のすすめ，進路開拓のすすめ ほか），第5章 現代教養への展開（地球温暖化のしくみと対策，人権論 ほか）

学術図書出版社 2016.4 190p 26cm（B5）1800円 ⓘ978-4-7806-0495-5 Ⓝ377.9

探究活動・課題研究入門

『大学生の教科書—初年次からのスタディ・スキル』

関東学院大学経済経営研究所FD研究プロジェクト編

目次 1章 大学ってどんなところ？，2章 授業を受ける，3章 キャンパスライフを楽しもう，4章 ノートをうまく書こう，5章 図書館に行ってみよう，6章 レポートはこれで大丈夫，7章 試験対策をしなくっちゃ，8章 ゼミ発表をする，9章 グループでプレゼンする，10章 ディベートで論理力を高める，11章 学生生活の目標をたてよう

(横浜) 関東学院大学出版会，丸善出版〔発売〕2012.4 153p 21cm（A5）1200円
①978-4-901734-46-2 ⑩377.9

『学びのティップス—大学で鍛える思考法』

近田政博著

目次 第1章 あなたが大学で学ぶことの意味（大学とは「知の共同体」である，学識はあなたの視野を広げ，先入観から解放してくれる，学識とは信念や生き方でもある ほか），第2章 大学の授業・学習に適応する方法（専攻する分野の主題を考えてみよう，キャンパスを探索してみよう，大学のカリキュラム構造を知ろう ほか），第3章 自ら学ぶ習慣を身につける方法（大きな目標を小さく分解し，優先順位をつけよう，自分の体内リズムをつかもう，起動を早く ほか）

(町田) 玉川大学出版部 2009.11 102p 21cm（A5）（高等教育シリーズ）1200円
①978-4-472-40401-6 ⑩377.9

『これからレポート・卒論を書く若者のために』第2版

酒井聡樹著

内容 『これから論文を書く若者のために』の姉妹本。取り上げる例は、サッカー日本代表を題材とした架空のレポート・卒論と、東北大学の学生が提出したレポートで、日本代表のレポートは、「なぜ、日本代表は強いのか？」と問題提起し、「寿司を食べているからである」と解答するもの。第2版では、説明の内容と説明の仕方を大幅に練り直し、章の冒頭に要点をまとめたものを置き、大切な部分がすぐに理解できるようにした。例の説明では、良い例・悪い例・良い例をわざと改悪した例・悪い例を改善した例を示し、どこに問題があるのかが明確になるようにした。

目次 第1部 レポート・卒論を書く前に（レポート・卒論とは何か，なぜ、レポート・卒論を書くのか ほか），第2部 研究の進め方（取り組む問題の決め方，研究の進め方 ほか），第3部 レポート・卒論の書き方（レポート・卒論の構成，構想の練り方 ほか），第4部 日本語の文章技術（わかりやすい文章とは，文章全体としてわかりやすくする技術 ほか）

共立出版 2017.7 245p 21cm（A5）1800円 ①978-4-320-00598-3 ⑩816.5

続刊
『これから論文を書く若者のために　大改訂版』2015.4

探究活動・課題研究入門

『大学生のための「読む・書く・プレゼン・ディベート」の方法』改訂第2版
松本茂, 河野哲也著

目次 第1章 テキストの読解と要約の方法(「読む」とはどういうことか, 学術的な読書をする, 要約をする, テキスト分析の具体例), 第2章 レポート・論文を書く方法(レポート・論文とは何か, レポート・論文を書く準備, レポート・論文をまとめる, 注、引用・参考文献表の書きかた), 第3章 プレゼンテーションの方法(プレゼンテーションとは何か, プレゼンテーションの内容を考える, プレゼンテーションをする, プレゼンテーションを聞く), 第4章 ディベートの方法(ディベートとは何か, ディベートのしかた, ディベートをする)

(町田)玉川大学出版部 2015.3 136p 21cm (A5) 1500円 Ⓘ978-4-472-40513-6 Ⓝ816.5

『大学での学び方―「思考」のレッスン』
東谷護著

内容 高校までの「お勉強」と大学での「学び」はどう違うのか。受身型勉強から自ら考え、表現する学問的姿勢への架け橋として、「考える」方法を具体的に解説。

目次 序 思考への誘い, 第1章 思考の準備, 第2章「読む」ことから問う, 第3章「問う」ための工夫, 第4章「練習する」ことの大切さ, 第5章「調べる」ことの二重性, 第6章「書く」ことは思考の具体化, おわりに 学びをどのようにいかすか。

勁草書房 2007.4 153,9p 19cm (B6) 1800円 Ⓘ978-4-326-65324-9 Ⓝ816.5

教員向け

『10歳から身につく問い、考え、表現する力―ぼくがイェール大で学び、教えたいこと』
斉藤淳著

内容 田舎の公立学校で学び、アイビーリーグの先生になった著者の願いは「日本の子どもに学ぶ喜びと作法を伝えたい」。先行き不透明な時代を生き抜く、不動の「学ぶ力」をいかに身につけるか。大人はそれをどうサポートすべきか。教養教育の名門イェール大学で学び教えた10年間の経験と実感を込めた、渾身の「子どものためのリベラルアーツ」指南書。教育に関わるすべての人に。

目次 序章「グローバル時代」に必要な知力とは, 第1章 日本の子どもが得意なことと苦手なこと, 第2章「問う」ための環境づくり, 第3章「考える」ための学問の作法, 第4章「表現する」ための読書法, 第5章「学問」として各教科を点検する, 第6章 英語を

探究活動・課題研究入門

学ぶときに覚えておいてほしいこと

NHK出版 2014.7 254p 18cm（NHK出版新書）780円 ①978-4-14-088439-3 ⑩002

『考える情報学 2.0　アクティブ・ラーニングのための事例集』改訂版

中西裕編著

目次　1章 情報技術の発展と人類の未来，2章 社会の情報化と著作権保護，3章 個人情報保護とプライバシー，4章 情報の収集と利用，5章 文化・教育の情報化，6章 生活の情報化，7章 表現の情報化，8章 インターネットと政治，9章 インターネットコミュニケーション，10章 多様な情報の蓄積と拡散

樹村房 2016.9 161p 26cm（B5）2200円 ①978-4-88367-269-1 ⑩007

続刊

『考える情報学—ディスカッションへのテーマと事例』2012.10

『学校図書館の活用名人になる—探究型学習にとりくもう』

全国学校図書館協議会編

目次　1章 これからの教育（未来への教育，学習指導要領と学校図書館，学力を支える学校図書館），2章 なぜ学校図書館があるのだろう（学校図書館の歩み，学校図書館の役割，学校図書館の位置づけ，学校図書館ネットワーク），3章 学校図書館のしくみを知ろう（学校図書館専門職員，学校図書館の経営・運営，学校図書館メディア，学校図書館の施設・設備），4章 学校図書館の活用（読書指導と学校図書館，教科指導と学校図書館，情報活用能力と学校図書館），5章 これからの学校教育と学校図書館（学習指導要領と総合的な学習，学校図書館の活用事例，海外の学校図書館では）

国土社 2010.3 115p 26cm（B5）1600円 ①978-4-337-45042-4 ⑩017

『「学びの責任」は誰にあるのか—「責任の移行モデル」で授業が変わる』

ダグラス・フィッシャー，ナンシー・フレイ著，吉田新一郎訳

内容　同じ教え方をまだ続けますか？教師主導の「授業」を，子ども主体の「学び」に変えるためのアプローチ。

目次　第1章 学校で学ぶこと，あるいは学ばないこと，第2章 焦点を絞った指導—目的、見本を示すこと，考え聞かせ、気づくこと，第3章 教師がガイドする指導—質問、ヒント、指示，第4章 協働学習—クラスメイトと協力し合って思考をより強固なものにする，第5章 個別学習—教えられたことを応用する，第6章 責任移行モデルを実践する

新評論 2017.11 272p 19cm（B6）〈原書名：BETTER LEARNING THROUGH STRUCTURED TEACHING, 2/E〈Douglas B.Fishe, Nancy E.Frey〉原著第2版〉2200円 ①978-4-7948-1080-9 ⑩371.5

探究活動・課題研究入門

『カリキュラム・マネジメント入門─「深い学び」の授業デザイン。学びをつなぐ7つのミッション。』

田村学編著

目次 01 カリキュラム・デザインが創造する「主体的・対話的で深い学び」（「社会に開かれた教育課程」の下で「育成を目指す資質・能力」，「アクティブ・ラーニング」の視点による授業改善 ほか），02 1年を通して「深い学び」をデザインする（生活科や総合的な学習の時間を中核とした年間カリキュラムの必要性，子供が出会う対象の吟味や検討 ほか），03 カリキュラム・マネジメントの実際（体験と言語をつなぐ，単元をつなぐ ほか），04 世の中とつなぐ（世の中とつなぐ，管理職のマネジメント ほか）

東洋館出版社 2017.3 252p 19cm（B6）2000円 Ⓘ978-4-491-03320-4 Ⓝ375

『入門 情報リテラシーを育てる授業づくり─教室・学校図書館・ネット空間を結んで』

鎌田和宏著

内容 アクティブ・ラーニングを実現する情報リテラシー入門。21世紀型能力を育む図書館活用の決定版！

目次 第1部 これからの教育と情報リテラシー（知識・理解の教育からコンピテンスを育てる教育へ，情報リテラシーを育てる教育課程の再構築，情報リテラシーと読書指導 ほか），第2部 情報リテラシーを育てる授業づくりのポイント（利用指導から情報リテラシーの指導へ，授業で利用できる学校図書館機能とは何か，授業づくりの基本は何か ほか），第3部 実践校から学ぶ（山形県鶴岡市立朝暘第一小学校，島根県松江市立掛屋小学校，神奈川県相模原市立藤野小学校 ほか），巻末資料

少年写真新聞社 2016.8 162,10p 21cm（A5）1500円 Ⓘ978-4-87981-574-3 Ⓝ375

『教科と総合学習のカリキュラム設計─パフォーマンス評価をどう活かすか』

西岡加名恵著

目次 序章 なぜ今、カリキュラム設計なのか，第1章 教育目標の設定，第2章 評価方法と評価規準（基準）の開発，第3章 指導過程の改善，第4章「マクロな設計」，第5章 ポートフォリオ評価法の多様な展開，第6章 学校のカリキュラム・マネジメント

図書文化社 2016.4 295p 21cm（A5）3000円 Ⓘ978-4-8100-6669-2 Ⓝ375

『主体的・対話的で深い学び 問題解決学習入門』
藤井千春著

内容 問題解決学習って？「主体的・対話的で深い学び」を指導・支援することについて、問題解決学習を枠組みとして考えてみましょう。そして、教師としての専門的指導力の形成とともに専門的な教育観の確立をめざしましょう。「哲学を持つ」とは、自らの生き方、すなわち「世界」（人・もの・こと）とのかかわり方の原理・原則を求めて、「自ら学び続けること」なのです。

目次 1 問題解決学習って何？―よくある疑問・質問に答える全体像（Q1=教師は知識・技能を教えないのですか？，Q2=知識・技能を教える効率が悪いのではないですか？ ほか），2 子どもたちの学ぶ力を育てる（「主体的」な学び―探究的に考える力を育てる，「対話的」な学び―コミュニケーション能力を育てる ほか），3 学習活動を構想・実践する（単元の学習活動の構想・実践，学習活動の価値についての考え方），4 教師としての「学び」と「成長」（研究授業の分析と検討，「『いい先生』って、どんな先生だったの？」ほか）

学芸みらい社 2018.7 133p 21cm（A5）1900円 ⓘ978-4-908637-74-2 Ⓝ375.1

『調べる力がぐんぐん身につく藤田式「調べる学習」指導法中学校編』
藤田利江著

目次 1 調べる学習とは？，2 中学校の調べる学習，3 調べる学習を進めるための様々な授業，4 学校図書館を活用するための環境づくり，5 学校図書館の活用を推進する支援体制，参考資料:中学校学習資料要領（一部抜粋）

子どもの未来社 2018.7 126p 26cm（B5）〈付属資料:CD-ROM1〉2400円 ⓘ978-4-86412-137-8 Ⓝ375.1

『探究実践ガイドブック』
がもうりょうた著

目次 第1部 調べ学習から始めよう（はじめに「調べる」ありき―調べ学習の意義とは，「探究」の入り口も調べ学習から―授業展開のモデル，はじめの一歩としてのテーマ選び ほか），第2部 仮説作りから仮説検証へ（探究へ向かおう（「課題」「問い」「仮説」，「課題」「問い」の導き方，単独型の仮説生成型探究），「調べ学習」から「仮説生成」へ（「問題設定」を作る，「仮説」を作る），人文社会系探究の方法論 ほか），第3部 成果をまとめ、進路につなげ、探究を広めよう（探究成果の発表とその後の展開，ポスター作りの基本規則（ポスター・ストーリー，ポスターの視認性），ポスターセッションの基本ルール ほか）

（大阪）七猫社，ヴィッセン出版〔発売〕2018.5 119p 26cm（B5）1800円 ⓘ978-4-908869-09-9 Ⓝ375.1

探究活動・課題研究入門

『深い学び』

田村学著

内容 バラバラだったはずの知識が様々に結び付いた時、私たちは学ぶことの本当の意味を体験する。

目次 Prologue今期改訂を構造的に理解する，第1章 知識が「駆動」する，第2章「深い学び」にアプローチする子供の姿，第3章「深い学び」を具現する授業デザイン，第4章「深い学び」を支えるチーム力，Epilogue「探究モード」への幕は上がった

東洋館出版社 2018.4 255p 19cm（B6）1980円 ①978-4-491-03502-4 Ⓝ375.1

『公立中学校版教科特別活動部活動でも使える！深い学びを育てる思考ツールを活用した授業実践』

田村学著，京都市立下京中学校編

内容 新学習指導要領で注目の「考える力」、「思考力」を育成するための思考スキルを、思考ツールによって育成する授業実践事例を、具体的に紹介します。京都市立下京中学校では、改訂のキーワードである「アクティブ・ラーニングの視点による授業改善」に向けて、思考ツールを「本質的な問い」、「主体的な学び」、「対話的な学び」と連動させて取り組んでいます。公立中学校でも、やればできる授業改革の詳細がわかります。

小学館 2018.2 95p 26cm 1600円 ①978-4-09-105062-5 Ⓝ375.1

『「資質・能力」と学びのメカニズム』

奈須正裕著

内容 新学習指導要領を読み解く。子供本来の学びの在り方と「資質・能力」育成との関係。「主体的・対話的で深い学び」を実現する授業づくりの原理。今こそ問うべき「教科の本質」。

目次 第1章 子供の視点に立って教育課程を編む（学習指導要領と教師の日常，なぜ一〇か月に渡って教科等別の部会が立ち上げられなかったのか），第2章 資質・能力を基盤とした教育（資質・能力を巡る国内外の動向，内容と資質・能力の関係，コンピテンスという思想，質の高い問題解決の実行を支えるトータルな学力，転移への過剰な期待は誤りである，非認知的能力の重要性と育成可能性，マインドセットとメタ学習），第3章 知識基盤社会と社会に開かれた教育課程（農業社会から産業社会へ，産業社会から知識基盤社会へ，社会に開かれた教育課程），第4章 各教科等の特質に応じた「見方・考え方」（日常の生活経験だけでは到達しがたい科学的認識の深まり，「見方・考え方」の角度から教科等を眺め直す），第5章 主体的・対話的で深い学びの実現（アクティブ・ラーニングという言葉，主体的・対話的で深い学びを実現する三つのポイント，有意味学習，オーセンティックな学習，明示的な指導，資質・能力が兼ね備えるべき汎用性の正体）

東洋館出版社 2017.5 213p 19cm（B6）1850円 ①978-4-491-03363-1 Ⓝ375.1

『アクティブラーニングとしてのPBLと探究的な学習』

溝上慎一監修・編, 成田秀夫編

目次 第1部 理論編(アクティブラーニングとしてのPBL・探究的な学習の理論, 問題解決や課題探究のための情報リテラシー教育, 高校での探究的な学習の展開), 第2部 事例編(マップ作りを軸としたプロジェクト型学習―学部横断型ジグソー学習法の可能性, 岐阜大学の医療系PBL(Problem-based Learning), ブライダルをテーマにしたPBL(Project-based Learning), 高等学校での探究型学習とアクティブラーニング, 学校設定科目「探究ナビ」におけるアクティブラーニング)

東信堂 2016.3 160p 21cm (A5)(アクティブラーニング・シリーズ 2) 1800円
Ⓘ978-4-7989-1346-9 Ⓝ375.1

『たった一つを変えるだけ―クラスも教師も自立する「質問づくり」』

ダン・ロスステイン, ルース・サンタナ著, 吉田新一郎訳

内容 多くを問う者は、多くを学び、多くを保持する。民主主義を実践するためのスキルとして、これほどインパクトの大きいものはない。

目次 はじめに, 第1章 質問づくりの全体像―多様な思考力を磨く方法, 第2章 教師が「質問の焦点」を決める, 第3章 質問づくりのルールを紹介する, 第4章 生徒たちが質問をつくる, 第5章 質問を書き換える, 第6章 質問に優先順位をつける, 第7章 質問を使って何をするか考える, 第8章 学んだことについて振り返る, 第9章 教師や指導者へのアドバイス, 第10章 生徒もクラスも変化する―自立した学び手たちのコミュニティ, おわりに―質問と教育、質問と民主主義

新評論 2015.9 289p 19cm (B6)〈原書名：MAKE JUST ONE CHANGE〈Dan Rothstein, Luz Santana〉〉2400円 Ⓘ978-4-7948-1016-8 Ⓝ375.1

『プロジェクト学習で始めるアクティブラーニング入門―テーマ決定からプレゼンテーションまで』

稲葉竹俊編著, 奥正廣, 工藤昌宏, 鈴木万希枝, 村上康二郎共著

目次 1章 アクティブラーニングとPBL, 2章 グループでの活動, 3章 どのように問題を設定するか, 4章 どのように調査・分析を行うか, 5章 どのようにレポートを書くか, 6章 どのようにスライド資料を作成するか, 7章 どのように口頭発表を行うか, 8章 プロジェクト学習事例

コロナ社 2017.2 94p 26cm (B5) 2000円 Ⓘ978-4-339-07813-8 Ⓝ377.15

『プロジェクト学習の基本と手法―課題解決力と論理的思考力が身につく』

鈴木敏恵著

内容 「課題発見」と「目標設定」の手順と方法は？「課題解決力」「論理的思考力」「コンピテンシー」をどう指導し、評価する？―「意志ある学び」を実現し、「自立」をかなえる「プロジェクト学習」の理論と方法。

目次 1章「意志ある学び」をかなえるために，2章 プロジェクト学習とポートフォリオの基本と機能，3章 実践への理論と手法―目標設定・知の再構築・総括的評価，4章 実践の手順とポイント―プロジェクト学習の基本フェーズ，5章 プロジェクト学習の実践事例と活用，6章 スタートするための基本フォーマット

教育出版 2012.2 189p 26cm（B5）2300円 Ⓘ978-4-316-80350-0 Ⓝ379.7

『えんたくん革命―1枚のダンボールがファシリテーションと対話と世界を変える』

川嶋直，中野民夫著

内容 東工大でも様々に活用されている、進化形アナログコミュニケーション!!学校から野外イベントまで、さまざまな現場で活躍するえんたくんの活用事例も紹介！

目次 序章「えんたくん」ってなんだ!?，第1章 輪になって座る，第2章 えんたくんの誕生，第3章 えんたくんミーティングを始めよう―具体的な活用の手引，第4章 さまざまなえんたくんの活用法―12の事例紹介（野外でゲリラ的なえんたくん―「アースデイ東京」での事例，大教室の授業で使うえんたくん―同志社大学政策学部での事例，医療に関わる人のえんたくん（茨城県立医療大学IPE授業での事例―学生，ホスピスケア研究会の研修での事例―緩和ケアに関わる医療職），異文化交流・国際理解のためのえんたくん―「東アジア地球市民村」での事例，アートの世界でえんたくん―川崎市岡本太郎美術館での事例，世代を超えるえんたくん―東京工業大学「蔵前立志セミナー」の事例ほか），第5章 えんたくんから始まる静かな革命

みくに出版 2018.4 177p 19cm（B6）1500円 Ⓘ978-4-8403-0714-7 Ⓝ809.6

課題を設定する

テーマを見つける

ニュースを知ろう

考える力を育てる

課題を設定する

課題を設定する

　研究テーマを考えるとき、学校・自宅付近の地域社会について、或いは興味がある教科や将来の目標を軸にする中高生が殆どです。課題研究にふさわしい学術的意義を理解した問いを見つけるためには、日々の学校生活はもちろん、社会の常識や慣習をよく観察する姿勢が大切です。身近な体験をとおして得た、中高生らしい発想を期待しています。

テーマを見つける

『テーマって…どうやってきめるの？』
赤木かん子文，すがわらけいこ絵

内容　たいきたちは、しらべ学習の宿題にこまって図書館へ。テーマの決め方と百科事典の引き方を教えてもらい、みごと宿題をクリア！

ポプラ社 2007.8 32p 31×22cm（図書館へいこう！ 3）1500円 Ⓘ978-4-591-09653-6 Ⓝ010

『高校生のための東大授業ライブ 熱血編』
東京大学教養学部編

内容　本書「熱血編」では、世界の歴史の大海に飛び出しアクティブに活躍する学問の現場や真実の探求に突き進む研究者の姿を伝える。

目次　1 地球大の世界の広がりへ（地球温暖化問題とはどんな問題か―賢明な対応は可能か？，持続可能な平和をどうつくるか？，現代アフリカの多様性と日本），2 歴史をふりかえる意味（世界史の中のヨーロッパ統合，建築図から見た建築の変遷，『タイム・マシン』の歴史主義的解釈―文学作品の思想的歴史的文脈，第一高等学校校長森巻吉の生涯―やりゃあやれるんだ，矢内原忠雄と教養学部），3 常識をひっくりかえす（物理の常識は世の中の非常識？，変な元素―ホウ素の化学，光と生物―DNAで光合成できるか？動物は光合成できるか？），4 人と社会を支える科学の力（動物の形づくりの謎を解く―脊椎動物の器官形成の仕組み，君たちもいつかは老いる，科学技術と社会―私たちにできること）

東京大学出版会 2010.3 224p 21cm（A5）1800円 Ⓘ978-4-13-003327-5 Ⓝ041

続刊
『高校生のための東大授業ライブ 純情編』2010.3
『高校生のための東大授業ライブ ガクモンの宇宙』2012.4

課題を設定する

『高校生のための東大授業ライブ　学問への招待』2015.7
『高校生のための東大授業ライブ　学問からの挑戦』2015.12

『もっと知りたい！「科学の芽」の世界 PART6』

永田恭介監修，「科学の芽」賞実行委員会編

内容　「ふしぎだと思うことこれが科学の芽です」で始まるこの言葉は、ノーベル物理学賞を受賞した朝永振一郎先生が残された言葉です。「科学の芽」を受賞した、児童生徒のみなさんの不思議に思う気持ちが作品として、たくさん載せられています。夏休みの自由研究のヒントや、研究をこれからしたいみなさんに、最適な本です。研究のやり方がたくさん分かると思います。『もっと知りたい！「科学の芽」の世界PART6』は、第11回と第12回の「科学の芽」賞（2016・2017年）の受賞作品を収録しました。また、筑波大学の科学者からみなさんへのメッセージも併せて収録しています。

目次　第1編「科学の芽」賞の作品から（「科学の芽」の発見―めざせ科学っ子（小学生の部）、「科学の芽」を育てる―発明・発見は失敗から（中学生の部）、「科学の芽」をひらく―未知への探検に乗り出そう（高校生の部）），第2編「科学の芽」から研究者をめざして―「科学の芽」賞を受賞した先輩たちからのメッセージ，第3編 資料編

（つくば）筑波大学出版会，丸善出版〔発売〕2018.7 210p 26cm（B5）2200円
①978-4-904074-53-4 Ⓝ375.4

『未来の科学者との対話 16 第16回神奈川大学全国高校生理科・科学論文大賞受賞作品集』

神奈川大学広報委員会全国高校生理科・科学論文大賞専門委員会編

目次　審査委員講評（実験（紀一誠），科学と信念（齊藤光實），技術の進歩と心構え（庄司正弘）ほか），大賞論文（六球連鎖を繰り返し「新たな美しい法則」を発見―滋賀県立彦根東高等学校SS部数学班），優秀賞論文（ユリの花粉管誘導の仕組み―名古屋市立向陽高等学校国際科学科301ユリ班，ミカンの皮でため池のアオコを肥料化―清風高等学校生物部，カキ殻（廃棄物）による「赤潮退治」―愛媛県立宇和島東高等学校Oyster Girls），努力賞論文（地震に負けない石垣の組み方―岩手県立水沢高等学校，安価なマヌカハニーと食物繊維で腸内フローラを整える―山村学園山村国際高等学校生物部，αGルチンを使い電池を長寿命化―芝浦工業大学柏高等学校 ほか），第16回神奈川大学全国高校生理科・科学論文大賞団体奨励賞受賞校、応募論文一覧

日刊工業新聞社 2018.5 279p 21cm（A5）1600円 ①978-4-526-07853-8 Ⓝ375.42

課題を設定する

『女子中学生の小さな大発見―Special edition』
清邦彦著

内容 女子中学生たちが日常の些細な疑問を実験を通して解明した小さな大発見。

目次 アリ―砂糖が大好きなはずですが、入浴中―お風呂はなんでも実験室、シャボン玉―中に入ることはできるかな、かわいいペット―パブロフのハムスター、食文化―食べるは生活体験の始まり、数―タラコはいくつ？、書く―エンピツ・消しゴム・シャープペン、体重・身長・足のサイズ―食べると増える、寝ると伸びる、蚊もゴキブリも―よーく観察してみよう、うず―右巻き、それとも左巻き…〔ほか〕

メタモル出版 2010.8 178p 19cm (B6) 1300円 Ⓘ978-4-89595-747-2 Ⓝ375.423

『「研究室」に行ってみた。』
川端裕人著

内容 こんな現場があるなんて！砂漠のリアルムシキングから、宇宙輸送の巨大なアイディアまで。最前線で道を切り拓く人たちの熱きレポート。

目次 砂漠のバッタの謎を追う―前野ウルド浩太郎（モーリタニア国立サバクトビバッタ研究所）、宇宙旅行を実現するために―高橋有希（宇宙ベンチャー開発エンジニア）、生物に学んだロボットを作る―飯田史也（チューリッヒ工科大学バイオロボティクス研究室）、地球に存在しない新元素を創りだす―森田浩介（理化学研究所超重元素合成研究チーム）、宇宙エレベーターは可能である―石川洋二（大林組エンジニアリング本部）、すべては地理学だった―堀信行（奈良大学文学部地理学科）

筑摩書房 2014.12 236p 18cm (ちくまプリマー新書) 860円 Ⓘ978-4-480-68925-2 Ⓝ407

ニュースを知ろう

『窓をひろげて考えよう―体験！メディアリテラシー』
下村健一著, 岬場よしみ企画・構成

内容 穴のあいたページをめくったら、びっくり！同じ絵でも、部分と全体では、印象が変わる！コツを体験して「メディアリテラシー」を身につけよう！情報に振り回されない8つの「コツ」。

目次 1 人里にクマがでた！、2 ケンカ相手の言い分は…、3 動物園からワニが逃げた！、4 両国の関係、ちょっと心配…、5 こわい病気がうつるかも！、6 地

球温暖化がついに解決か！，7 よく当たる宝くじ売り場，8 犯人はコイツに決まってる！

　　　　　（京都）かもがわ出版 2017.7 47p 27×22cm 2800円 Ⓘ978-4-7803-0893-8 Ⓝ007.3

『まわしよみ新聞をつくろう！』
陸奥賢著

内容 新聞記事を使っておしゃべりしながら、視野を広げられる！情報リテラシーも磨ける！全国で大人気のワークショップの具体的な実施方法や効果、国内外でのアレンジ例を、わかりやすく紹介！第66回読売教育賞受賞！

目次 第1章「まわしよみ新聞」をつくってみよう！（まわしよみ新聞のつくり方，準備をしよう ほか），第2章 まわしよみ新聞の10の「いいね！」（いつでも、どこでも、だれでもできる，司会がいなくても、みんな平等に参加できる ほか），第3章 まわしよみ新聞の現場から（事例紹介）（教育の場でつくる，ビジネスの場でつくる ほか），第4章 もっと知りたい、まわしよみ新聞―メディアと情報、他者との出会い（メディアと情報，他者と出会う），第5章 新しい「新聞」のあり方（著者特別対談）（まわしよみ新聞で人を繋ぐ、輪を広げる（安武信吾（西日本新聞社編集委員））、まわしよみ新聞から見る「新聞」の可能性（老川祥一（読売新聞グループ本社取締役最高顧問・主筆代理）））

　　　　　（大阪）創元社 2018.6 157p 21cm（A5）2000円 Ⓘ978-4-422-12065-2 Ⓝ014.74

『朝日ジュニア学習年鑑 2019』
朝日新聞出版編

目次 時事ニュース編（なるほど！環境ニュース総まとめ，なるほど！国内ニュース総まとめ，なるほど！国際ニュース総まとめ），学習編（キッズミニ百科，日本の戦後史年表），統計編（日本大図鑑，世界大図鑑）

　　　　　朝日新聞出版 2019.3 264p 26cm（B5）2300円 Ⓘ978-4-02-220820-0 Ⓝ059

『読売年鑑 2019年版』
読売新聞社編

内容 変わる日本世界の流れ。国内唯一の総合年鑑。便利な現代人物データ13分野1万2000人分野別人名録付き。

目次 巻頭特集（カラー口絵）（日本10大ニュース，海外10大ニュース），回顧と展望「内外で秩序と信頼に『揺らぎ』」，重要日誌，語録，ファイル2018，逝った人たち，データ要録，分野別人名録

　　　　　読売新聞東京本社 2019.3 491p 26cm（B5）3700円 Ⓘ978-4-643-19001-4 Ⓝ059.1

課題を設定する

『池上彰の新聞ウラ読み、ナナメ読み』
池上彰著

内容 新聞の読み方を変えれば、世の中の見方も変わる―。新聞はどんなときに過ちを犯すのか。政府や政治家の権力を監視しているのか。難解な話題をどのようにやさしく伝えているのか。各紙の報道はなぜ異なるのか…。新聞のウラのウラまで知り尽くした著者が、ネットの時代にあっても身に付けておきたい「新聞の読み方」を、辛口コメント満載の事例を挙げて紹介。

目次 第1章 新聞が過ちを犯すとき，第2章 新聞は権力を監視しているか？，第3章 難しい話をやさしく伝えているか？，第4章 新聞記者の仕事に注目！，第5章 新聞にしかできない報道がある，第6章 鋭い分析と検証で真相に迫る，第7章 新聞の使命を問う，第8章 新聞が伝えない理由，第9章 新聞はどれも同じじゃない

PHP研究所 2017.1 268p 15cm（A6）（PHP文庫）〈『池上彰の新聞活用術』修正・再編集・改題書〉 660円 Ⓘ978-4-569-76651-5 Ⓝ070

『新聞の正しい読み方―情報のプロはこう読んでいる！』
松林薫著

内容 元日経記者が明かす「新聞のトリセツ」。明日から新聞を読むのが楽しくなる！

目次 第1章 新聞の構成を知る，第2章 記事の中身を読む，第3章 新聞ができるまで，第4章 新聞記者を理解する，第5章 情報を立体的に読み解く，第6章 ニュースを「流れ」で理解する，第7章 情報リテラシーを鍛える

NTT出版 2016.3 237p 19cm（B6）1600円 Ⓘ978-4-7571-0363-4 Ⓝ070

『学習に役立つ！なるほど新聞活用術 1 新聞まるごと大かいぼう』
曽木誠監修，市村均文，伊東浩司絵

目次 第1章 新聞を探せ！―新聞ってなんだろう？（新聞ができるまで（世界中からニュースを集めろ！，読まれなければ記事じゃない！，ハイテク工場から朝のまちへ！）），第2章 新聞をかいぼうする―ページをめくってみよう（記事のつくり―1本の記事を分解してみよう，新聞のつくり―新聞の全体を見てみよう，いろいろな記事―ニュースだけが記事じゃない ほか），第3章 新聞とはなんだ？―新聞が来た道をたどってみよう（新聞の歴史（かわら版から新聞へ，新聞の発達と表現の自由））

岩崎書店 2013.3 47p 30cm（A4）3000円 Ⓘ978-4-265-08281-0 Ⓝ070

続刊
『2 新聞をつかってことばをさがそう』
『3 新聞をつかって記事をつくろう』

課題を設定する

『新聞の読みかた』改版

岸本重陳著

内容 「新聞なんてシンキクサイもんな」「テレビニュースで用がたりるよ」などと考える若者たちのために、情報を知らないといかに損をするか、新聞がおもしろくなるガイド、新聞のしくみ、感想文のまとめ方まで親切に手ほどきします。新聞が読みこなせれば一人前。社会を見る目が開け、学校の勉強や宿題にも役立ちます。

目次 1 新聞の読みかたガイド（新聞を読めと言われたら，関心のピントを合わせるには ほか），2 あなたに情報は必要ないか（秘密情報・公開情報，感度は良好ですか ほか），3 新聞記事はおもしろい（戦争報道，湾岸の水鳥 ほか），4 新聞のしくみ（「サツ回り」からのスタート，若き新聞記者の悩み ほか），5 感想文を書くために（見出しを見出せ，投書欄を材料に ほか）

岩波書店 2012.2 200p 17cm（岩波ジュニア新書）820円 ⓘ4-00-500200-5 Ⓝ070

『本質をつかむ聞く力―ニュースの現場から』

松原耕二著

内容 真偽不明、玉石混淆の情報があふれている。耳触りのいい言葉や衝撃的な発言を鵜呑みにしてはいけない。フェイクニュースに惑わされないために、何が本当で何が本質か、見極めるにはどうすればいいのだろう。

目次 第1章 聞かない時代―都合のいいことだけを聞きたい（ソンタクが人々の耳をふさぐ，聞く耳をもたず，強弁する人々 ほか），第2章 歴史の中での聞く力―真実はどこにあるのか（「聞くこと」が生死を分けた，デマはどのように拡散されるのか ほか），第3章 相手の言葉に耳を澄ませる（もっともらしく聞こえるものこそ、疑おう，相手の「言わないこと」に耳を澄まそう ほか），第4章 フェイクニュース時代の聞く力（テレビは「聞く力」をどう変えたか，テレビに忍び寄る「ヘイト」と「フェイク」ほか）

筑摩書房 2018.6 169p 18cm（ちくまプリマー新書）780円 ⓘ978-4-480-68326-7 Ⓝ070.14

『その情報、本当ですか？―ネット時代のニュースの読み解き方』

塚田祐之著

内容 ネットやテレビを通して流れる膨大な量のニュースや情報…。あふれる情報の中から誤った情報に惑わされずに「事実」を読み取るにはどうすればよいのか。長年にわたってNHKの報道番組ディレクターとして報道に携わってきた著者が、報道のあり方やネット情報の仕組みを論じ、情報の正しい読み取り方を伝える。

目次 1 相次ぐ「フェイクニュース」の出現―何が本当の情報か，2 事実をどう集め、伝えるか―私がテレビでめざしたこと，3 それはわずか数行の情報から始まった―緊急報道の舞台裏，4 テレビとネット、どう見られているか，5 インター

課題を設定する

ネット情報はどう生み出されているか，6 テレビだからできること―大きな時代の変わり目に，7 多様な意見をどう生かすか―テレビと政治の現実，8 ネット時代、ニュースや情報をどう読み解くか

岩波書店 2018.2 231p 18cm（岩波ジュニア新書）900円 ⓘ978-4-00-500866-7 Ⓝ070.14

『人間はだまされる―フェイクニュースを見分けるには』

三浦準司著

内容 メディアリテラシーを身につけた賢い情報受信者、発信者になるために。

目次 はじめに：「本物の情報」を求めて，だましのテクニックを見破れ―下心がいっぱい，何がニュースか―送り手と受け年の関係，ジャーナリストの仕事場―好奇心を全開にし現場へ，ジャーナリズムってなに？―もしもそれが無かったら，客観報道とは―伝えることのむずかしさ，これこそが特ダネだ！―スクープの意義，人権と犯罪報道―報道被害を減らすには，情報源を守る―都合の悪いことは隠される，誰もがジャーナリスト―ネット時代のメディアのあり方，情報は一人歩きする―あふれる情報の時代に，思い込みの壁―海外ニュースは遠い存在？，愛国心はほどほどに―冷静さを取り戻す道，終わりに：「世論」が暴走しないために

理論社 2017.6 200,8p 19cm（B6）（世界をカエル―10代からの羅針盤）1300円
ⓘ978-4-652-20216-6 ⓃN070.14

『フェイクニュースの見分け方』

烏賀陽弘道著

内容 一見もっともらしいニュースや論評には、フェイク（虚偽の情報）が大量に含まれている。真偽を見抜くには何をすべきか。「オピニオンは捨てよ」「主語のない文章は疑え」「空間軸と時間軸を拡げて見よ」「ステレオタイプの物語は要警戒」「アマゾンの有効な活用法」「妄想癖・虚言癖の特徴とは」―新聞、雑誌、ネットとあらゆるフィールドの第一線で記者として活躍してきた著者が、具体的かつ実践的なノウハウを伝授する。

目次 第1章 インテリジェンスが必要だ，第2章 オピニオンは捨てよ，第3章 発信者が不明の情報は捨てよ，第4章 ビッグ・ピクチャーをあてはめよ，第5章 フェアネスチェックの視点を持つ，第6章 発信者を疑うための作法，第7章 情報を健全に疑うためのヒント集

新潮社 2017.6 255p 18cm（新潮新書）800円 ⓘ978-4-10-610721-4 ⓃN070.14

『世界を信じるためのメソッド―ぼくらの時代のメディア・リテラシー』

森達也著

内容 世界が、人間が、取り返しのつかない過ちを犯すのは、メディアの使い方をあやまるからだ。メディアはときに人を殺し、ぼくらを殺すこともある。な

らば、なにをどう信じるべきなのか。いま、なによりも必要なリテラシー。

目次 第1章 メディアは人だ。だから間違える。（連想ゲームをしよう，イメージって、どう作られる？ ほか），第2章 メディア・リテラシー、誰のために必要なの？（メディアへの接しかた，「何となく」の副作用 ほか），第3章 キミが知らない、メディアの仕組み（僕がクビになった理由，トップ・ニュースは何か？ ほか），第4章 真実はひとつじゃない（世界をアレンジする方法，メディアは最初から嘘だ ほか）

イースト・プレス 2011.10 153p 19cm（B6）（よりみちパン！セ）1200円
①978-4-7816-9019-3 ⑥070.14

『新聞力─できる人はこう読んでいる』

齋藤孝著

内容 記事を切り取り、書きこみ、まとめる。体ごとで読めば社会を生き抜く力、新聞力がついてくる。効果的なメソッドで新聞を読んで、問題解決型学力を身につけよう。

筑摩書房 2016.10 175p 18cm 780円 ①978-4-480-68968-9 ⑥070.21

『世界の特別な1日─未来に残したい100の報道写真』

マルゲリータ・ジャコーザ，ロベルト・モッタデリ，ジャンニ・モレッリ著，村田綾子訳

内容 世界に衝撃を与えた有名な写真100点とともに、現代史をたどる。掲載した写真はどれも、世界の人々を驚かせたエポックメイキングな事件や、歴史の分岐点となった出来事をとらえている。写真を見ると心が揺り動かされ、政治や社会が変わっていく瞬間を目撃する。撮影したのは、アンリ・カルティエ＝ブレッソンやロバート・キャパ、エリオット・アーウィット、ユージン・スミス、ケビン・カーターといった、それぞれの時代を代表する写真家たち。ページをめくるたびに、さまざまな感情がかき立てられる。

目次 1869 大陸横断鉄道，1869 スエズ運河の開通，1889 エッフェル塔とパリ万国博覧会，1895『ラ・シオタ駅への列車の到着』，1901 大西洋横断無線通信，1903 ライト兄弟の初飛行，1905 アインシュタインと相対性理論，1908 婦人参政権運動，1909 英仏海峡初横断，1909 ロバート・ピアリ、北極点到達〔ほか〕

日経ナショナルジオグラフィック社，日経BPマーケティング〔発売〕2017.6 219p 23×20cm
〈原書名：The 100 Photographs That Changed the World〉3200円
①978-4-86313-385-3 ⑥209.6

課題を設定する

『ピュリツァー賞受賞写真全記録』第2版
ハル・ビュエル編著，河野純治訳

内容 1942年の写真部門創設から，最新2015年の受賞写真までを収録。
目次 第1期 大判カメラと初期のピュリツァー賞受賞作品，第2期 カメラの小型化，ベトナム戦争と公民権運動，第3期 新たな賞、特集写真部門の創設，第4期 カラー写真、デジタル化、女性写真家，アフリカ，第5期 デジタル革命，第6期 フォトジャーナリズムに迫る新たな脅威

日経ナショナルジオグラフィック社，日経BPマーケティング〔発売〕2015.9 351p 23×19cm〈原書名：moments：The Pulitzer Prize-winning photographs〈Hal Buell〉〉3900円
Ⓘ978-4-86313-321-1 Ⓝ209.7

『子どもニュース いまむかしみらい―朝日小学生新聞でふりかえる』
朝日小学生新聞編著

目次 1 わたしたちの未来，2 日本と世界のすがた―50年をふりかえる，3 科学、技術の進歩―50年をふりかえる，4 学び・くらし・遊び―50年をふりかえる，5 感動くれたスポーツ―50年をふりかえる，6 夢かなえた先輩たち，子どもにまつわる50年のデータあれこれ

朝日学生新聞社 2017.3 159p 30cm（A4）2500円 Ⓘ978-4-909064-05-9 Ⓝ210

『なるほど知図帳世界 2019 ニュースと合わせて読みたい世界地図』16版
昭文社編集部企画・編

目次 特集1 名誉かお金か？ AWARDS OF THE WORLD&Money'18-'19，特集2 今、世界で何が起こっているのか？―どうなる!?世界経済，特集3 世界の王室 27 ROYAL FAMILIES，国際情勢，紛争と領土問題，社会，産業・資源，自然・地理，旅行・世界遺産，各国要覧，巻末 世界地図

昭文社 2018.12 1冊 30cm（A4）1600円 Ⓘ978-4-398-20068-6 Ⓝ290.38

続刊
『なるほど知図帳日本 2019 ニュースと合わせて読みたい日本地図』15版 昭文社出版制作事業部企画・編 2018.12

『ニュース年鑑 2019』
池上彰監修，こどもくらぶ編

内容 巻頭でも特集する異例づくめだった天候をはじめとして、大阪北部地震、西日本豪雨、北海道地震など、大規模な自然災害が目立った2018年。一方で、大

課題を設定する

坂なおみ選手のツアー初優勝や全米オープン優勝、是枝裕和監督のパルムドール受賞など、明るいニュースもありました。世界では、初の米朝首脳会談、トルコの通貨急落、アメリカ中間選挙など、日本にも大きく関わるできごとがあり、国内だけではなく世界に目を向ける重要性を再認識する年になりました。本書は、2018年1月から12月に起きたニュースのうち、代表的なものを88取り上げ、写真と図版も使ってわかりやすく紹介した本です。時事問題特有のむずかしい言葉も、用語解説でわかりやすく解説しており、ニュースの理解を助けます。監修は本シリーズでもおなじみとなり、多方面のメディアで活躍する池上彰氏がつとめます。

目次 巻頭特集 異例づくめだった天候と地球温暖化，成人の日当日に晴れ着レンタル業者のトラブル発生(1/8)，韓国、慰安婦問題で日韓合意の再交渉は求めずと表明(1/9)，『広辞苑』10年ぶりの改訂，第7版が発売(1/12)，草津白根山が噴火、12人が死傷(1/23)，日本列島に最強寒波到来(1/25)，仮想通貨「ネム」580億円分が流出(1/26)，ニュースのココに注目！羽生・井山氏が国民栄誉賞ダブル受賞〔ほか〕

ポプラ社 2019.2 223p 25×19cm 3500円 ⓘ978-4-591-16138-8 Ⓝ302

『朝日キーワード 2020』
朝日新聞出版編

内容 日本と世界の「いま」を徹底解説。朝日新聞の一線記者がポイントをわかりやすく解説。入試小論文、就職試験、資格試験対策の決定版！

目次 政治，国際，経済，社会，医療・福祉，環境・国土，科学・技術，情報・通信，労働，教育，文化・マスコミ，くらし，スポーツ

朝日新聞出版 2019.1 286p 21cm（A5）1200円 ⓘ978-4-02-227646-9 Ⓝ302

『名探偵コナン KODOMO時事ワード 2019』
読売KODOMO新聞編集室編

内容 子どもが貧困⁉どうする災害対策⁉安倍政権どうなる？憲法改正。アメリカ、中国、北朝鮮…大きく動く国際情勢をチェック!! TPP発効!! 2019年に消費税10％！2020年度「新学習指導要領」で授業が変わる！AI進歩で起こる「2045年問題」って？次世代エネルギーは？2019年ラグビーW杯・「eスポーツ」世界大会！2020年東京五輪へ！…7ジャンル196ワードをコナンたちと解説！

目次 「平成」プレイバック＆2019→2010，しゃかい，せかい，せいじ，けいざい，ぶんか・きょういく，かがく・かんきょう，スポーツ

小学館 2018.12 159p 19cm（B6）980円 ⓘ978-4-09-227201-9 Ⓝ302

43

課題を設定する

『もっと深く知りたい！ニュース池上塾』

池上彰著

内容 政治問題から国際関係まで、池上さんが思わず感心した高校生の疑問30本。中日新聞好評連載中。

目次 1章 国内政治と経済、新聞だけではよくわからない（マイナンバー制度から考える―マイナンバーって、何が本当の狙いなの？，森友問題から考える―予算以外のことばかり話している予算委員会って、何？，「裁量労働制」議論から考える―裁量労働制法案はなぜ断念することになったのでしょうか？ ほか），2章 世界の政治、なんだか最近おかしいような（北朝鮮のミサイル発射から考える―なぜ北朝鮮はミサイルを発射するのですか？意味ないのでは？，北朝鮮からの漂着船から考える―北朝鮮の漁船が異様に増えているのはなぜですか？，アメリカが離脱宣言したパリ協定から考える―なぜアメリカはパリ協定から離脱したんですか？ ほか），3章 そのニュース、本当はこういう意味だったんです（米金利上昇で日本の株価下落から考える―アメリカの金利政策で、なぜ日本の株価が影響を受けるのですか？，首相官邸ドローン落下事件から考える―ドローンはどんな使い方をされる？，夫婦別姓から考える―夫婦別姓だとどんな問題が起きますか？ ほか）

祥伝社 2018.7 147p 19cm（B6）1200円 ⑪978-4-396-61656-4 Ⓝ302

『社会の真実の見つけかた』

堤未果著

内容 メディアが流す情報を鵜呑みにしていては、社会の真実は見えてこない。9・11以後のアメリカで、人々の恐怖心と競争を煽ってきたメディアの実態を実際に体験し、取材してきた著者が、「情報を読み解く力」を身につける大切さを若い世代に向けて解説する。同時にそこにこそ "未来を選ぶ自由" があると説く。

目次 第1章 戦争の作りかた―三つの簡単なステップ（恐怖が判断力を失わせる，現れた敵 ほか），第2章 教育がビジネスになる（奇妙な出来事，全米に広がる教師のインチキ合戦 ほか），第3章 メディアがみせるイメージはウソ？ホント？（テレビは信用できない，マスコミは出演者とお金の流れを見る ほか），第4章 社会は変えられる（「人生で一番ワクワクしたオバマ選挙」，社会を変える高齢者たち ほか）

岩波書店 2011.2 227p 18cm（岩波ジュニア新書）820円 ⑪978-4-00-500673-1 Ⓝ304

『ニュース解説室へようこそ！2018-2019』

ニュース解説室へようこそ！編集委員会編集委員

目次 憲法編（日本国憲法と大日本帝国憲法との比較，日本国憲法，大日本帝国憲法），第1編 現代の政治（民主政治の基本原理，日本国憲法と民主政治，基本的人権の保障 ほか），第2編 現代の経済（現代経済のしくみ，日本経済のあゆみと現状，労働と社会保障 ほか）

清水書院 2018.4 414p 26cm（B5）1500円 ⑪978-4-389-21723-5 Ⓝ312.1

『日経キーワード 2019-2020』

日経HR編集部編著

内容 ESG投資、GDPR、仮想通貨、エドテック、EVシフトetc. 時事・経済ニュースが一気にわかる。

目次 2018年10大ニュース，1 日本経済，2 世界経済，3 国内政治，4 国際情勢，5 産業，6 雇用・労働，7 国土・都市，8 資源・環境，9 観光・交通，10 デジタル，11 次世代技術，12 医療・福祉，13 社会・生活，14 教育，15 文化・スポーツ

日経HR 2018.12 334p 21cm（A5）1150円 ⓘ978-4-89112-184-6 Ⓝ332.107

『入門メディア・コミュニケーション』

山腰修三編著

内容 デジタル化はジャーナリズムにどのような影響を与えるのだろうか？メディアと民主主義はどのように関係するのだろうか？法学・政治学・社会学・社会心理学の学問領域を横断したアプローチで、インターネットを含むメディアのしくみと問題点をわかりやすく解説、大きく社会を揺るがせた主要ニュースの背景もとりあげ、メディアの問題点に迫る。これから学ぶ人を対象に、ニュースをキーワードにしたメディア・コミュニケーションの捉え方、デジタル化によるメディア・コミュニケーションの変化、さらに社会問題の報道から社会とメディアを読み解く方法や、ニュースからグローバル社会や国際関係を捉える視点などを提示する入門テキスト。

目次 第1部 メディア・コミュニケーションを学ぶ（ニュース研究の基礎概念，ニュース報道の影響，ジャーナリズムと法，世界の報道の自由），第2部 デジタル化がもたらす変化を学ぶ（デジタルメディアとニュースの政治社会学，ニュース普及過程の変容とジャーナリズム，放送・インターネットと表現の自由，ソーシャルメディアと政治参加），第3部 ニュースを通じて社会を学ぶ（沖縄問題とジャーナリズム，原子力政策の正当性とメディア，グローバル化と国際的なニュースの流れ，国際報道と国際関係）

慶應義塾大学出版会 2017.11 234p 21cm（A5）2500円 ⓘ978-4-7664-2444-7 Ⓝ361.453

『娘と話すメディアってなに？』改訂新版

山中速人著

内容 コミュニティラジオ放送局を舞台に、マスメディアの歴史から現在までを読み解く。テレビで盛んに報道されるテロや戦争は、本当に自由で公正な報道なのか。インターネットメディアの出現によって大きな変化にさらされている現在、拡散する情報とどう付き合うか、メディア・リテラシーを磨こう。

目次 プロローグ ナニ、市民ラジオとその仲間たちに出会う，第1回 それは一九三〇年代のドイツで始まった，第2回 金もうけの王国に亡命知識人がやってきた，第3回 テレビがすべて

を変えた，第4回 メディアが現実を作りだす？，第5回 マイノリティは発言する，第6回 インターネットはわたしたちをどこに連れていくのか，エピローグ

現代企画室 2016.10 216p 19cm 1200円 ⓘ978-4-7738-1615-0 Ⓝ361.453

『たったひとつの「真実」なんてない─メディアは何を伝えているのか？』

苅谷達也著

内容 メディアはすべて、事実と嘘の境界線上にある。それをまず知ろう。ニュースや新聞は間違えないという思い込みは捨てよう。でも嘘ばかりというのは間違い。私たちに不可欠となっているメディアを正しく使う方法とは？

目次 第1章 自分の眼で見ることの大切さ（北朝鮮はどんな国？，メディアから受ける情報だけでは偏る ほか），第2章 メディアは必要か？（戦争がどのように始まるかを語り継ぐこと，戦争が起きるときメディアはストッパーにならない ほか），第3章 メディア・リテラシーとは？（国家がメディアをコントロールするとどうなるか，メディアは怖い。使い方を誤ると… ほか），第4章 映像メディアを理解しよう（テレビの副作用，ニュースの順番を考えているのは誰？ ほか），第5章 事実と嘘の境界線上にある、それがメディアだ（今見ているものは現実の一部でしかない，メディアは最初から嘘なのだ ほか）

筑摩書房 2014.11 201p 18cm （ちくまプリマー新書） 820円 ⓘ978-4-480-68926-9 Ⓝ361.453

『ニュースがわかる基礎用語 2018-2019年版』

内容 ニュースや新聞の？を即・解決！大人の常識力を身に付けよう！ニュース検定の出題語がひと目でわかるN検3級以上の出題語をフォロー！

目次 政治編（民主政治の基本，大日本帝国憲法から日本国憲法へ ほか），経済編（経済社会と経済体制，現代経済のしくみ ほか），社会と暮らし編（現代社会の特質と人間，日本の風土と日本人の考え方 ほか），国際編（国際政治と日本，国際経済と日本）

清水書院 2018.4 441p 21cm （A5） 1600円 ⓘ978-4-389-50069-6 Ⓝ814.7

考える力を育てる

『知的複眼思考法─誰でも持っている創造力のスイッチ』

苅谷剛彦著

内容 常識にとらわれた単眼思考を行っていては、いつまでたっても「自分の頭で考える」ことはできない。自分自身の視点からものごとを多角的に捉えて考え抜く─それが知的複眼思考法だ。情報を正確に読みとる力。ものごとの筋道を追う力。受け取った情報をもとに自分の論理をきちんと組み立てられる力。こうし

課題を設定する

た基本的な考える力を基礎にしてこそ、自分の頭で考えていくことができる。全国3万人の大学生が選んだ日本のベストティーチャーによる思考法の真髄。

目次 序章 知的複眼思考法とは何か（知的複眼思考への招待、「常識」にしばられたものの見かた ほか）、第1章 創造的読書で思考力を鍛える（著者の立場、読者の立場、知識の受容から知識の創造へ）、第2章 考えるための作文技法（論理的に文章を書く、批判的に書く）、第3章 問いの立てかたと展開のしかた―考える筋道としての問い（問いを立てる、「なぜ」という問いからの展開 ほか）、第4章 複眼思考を身につける（関係論的なものの見かた、逆説の発見 ほか）

講談社 2002.5 381p 15cm（A6）（講談社プラスアルファ文庫）880円 Ⓘ4-06-256610-9 Ⓝ002.7

『論理的に考えること』

山下正男著

内容 ものごとの本質をとらえるには、感性や想像力とともに、論理的に考える力が必要です。正しい結論を導く論の進め方、真理を探るための推理の方法、まぎらわしい表現から誤りをさける方法など、論理学の初歩を豊富な用例でやさしく説明します。論理的な考え方を身につけると、自分の考えをまとめたり、他人の意見を聞きとることが楽にでき、世界を見る目も開けます。

目次 1 正しい証明（「なぜならば」先生、ユークリッドの証明法、論理学は推論の術 ほか）、2 大胆な推理（推論と推理のちがい、コナン・ドイルの推理小説、推理には危険がつきものである ほか）、3 明確な表現（まぎらわしい論理的表現、矛盾・反対・小反対の区別の利用、「以上」と「以下」ほか）

岩波書店 2003.2 194,2p 18cm（岩波ジュニア新書）〈第35刷〉780円 Ⓘ4-00-500099-1 Ⓝ116

『うそつきのパラドックス―論理的に考えることへの挑戦』

山岡悦郎著

内容 うそつきのパラドックスは簡単に入りこめて、しかもパズルのように楽しむことができる。だが、このパラドックスの正体に、論理的に正しく考えていくと矛盾に導かれてしまう、というものである。本書は、ラッセル（1903）からジャクビール（2001）に至る、ここ100年ばかりの間に登場した、そのような数学者や論理学者ならびに哲学者の対処法をできるだけわかりやすく解説したものである。

目次 うそつきのパラドックス、ラッセルの解決法、タルスキの解決法、コイレの分析、真理の担い手とうそつき、真理論とうそつき、クワインの対処法、クリプキの対処法、うそつきの受容、ハーツバーガーの対処法、うそつきの語用論的解決、バーワイスとエチェメンディの解決法、シモンズの特異性解決、自己言及とうそつき、うそつきの解決試論

海鳴社 2001.12 246p 19cm（B6）1800円 Ⓘ4-87525-205-6 Ⓝ116

課題を設定する

『ひらめきスイッチ大全』

知的創造研究会編

内容 どうすれば「○○初」になれるかを考える。エジプトの象形文字を眺める。一度課題を疑ってみる。昔の友人に電話する。誰かにただただうなずいてもらう。3つの単語を組み合わせる。1日、メモ魔になってみる。何時までにひらめくか決めてしまう―。古今東西試されてきた225のアイデア発想法を文庫化しました。

目次 すでに使わなくなったものを別の使い方ができないか、考えてみる―枯れた技術の水平思考，なにか「なくせるものはないか？」考えてみる，隠したほうがいいものはないか探してみる，見えなかったものを見えるようにできないか，そもそも形を変えることはできないか，極端に、小さくしてみる大きくしてみる，そもそも機能を変えることはできないか，素材を変えてみたらどうなるか考えてみる，1点だけ極端にアピールしてみる，一石二鳥を考える〔ほか〕

日本経済新聞出版社 2018.4 494p 15cm（A6）（日経ビジネス人文庫）1000円
①978-4-532-19860-2 Ⓝ141.5

『「論理的に考える力」を伸ばす50の方法』

小野田博一著

内容 意見を理詰めに述べるためには、述べ方の様式を学ぶ必要があるのは当然ですが、それ以前に、理詰めに考えることができなければなりません。そのための土台作りの方法を伝えるのが本書です。ジグソーパズルを解く、英語圏小説の翻訳を読む…。通信チェス・インターナショナル・マスターが明かす、理詰め度強化の方法。

目次 第1章 論理思考とは何か？（「私は論理的に考えることができない」と思っている大人たちについて知っておこう，「理詰めに考えるとは何か」についての大基本を知っておこう ほか），第2章 日々考える力を養う（幼い子の「理詰めの精神」を持ち続けよう，"歴史"を読んでいるときは、「なぜなんだろうなあ」とつねに考えよう ほか），第3章 思考力トレーニング（思考だけで勝敗が決まるゲームをしよう，ジグソーパズルを解こう ほか），第4章 論理的な表現力を身につける（英語の表現習慣に、まずなじもう，日本人が書いた論説文を進んで読まないようにしよう ほか）

PHP研究所 2018.1 143p 19cm（B6）（YA心の友だちシリーズ）1200円
①978-4-569-78718-3 Ⓝ141.5

『アイデアスケッチ―アイデアを"醸成"するためのワークショップ実践ガイド』

ジェームズ・ギブソン，小林茂，鈴木宣也，赤羽亨著

内容 なぜ、あなたのアイデアは組織の壁を突破できないのか？地方都市にありながらも全国から異才が集結する学校IAMAS（イアマス）。そこで培われた視覚的ブレインストーミング手法「アイデアスケッチ」のノウハウを、誰もが実践で

きるようわかりやすく解説。プロセスからデザインすることで、アイデアとチームを同時に醸成できる。

目次 第1章 アイデアスケッチの方法論（アイデアスケッチの有用性，アイデアスケッチはどこから来たのか），第2章 アイデアスケッチの実践（準備，練習，実践），第3章 アイデアスケッチの事例紹介（Summer Camp "Hack the World"，パラメトリックデザインファニチャー，ソニー株式会社との共同研究 ほか）

ピー・エヌ・エヌ新社 2017.10 143p 23×19cm 2300円 ⓘ978-4-8025-1072-1 Ⓝ141.5

『新しい分かり方』

佐藤雅彦著

内容「ピタゴラスイッチ」「I.Q」「考えるカラス」をはじめ、あらゆる角度から認知の地平を切り開いてきた佐藤雅彦の、標石となる一冊。

目次 1 そのようにしか見えない，2 分かるとうれしい，3 本というメディア，4 分かると分からないの間，5 自分の中の出来事，6 はてなき着想—理想の副産物として，7 新しい分かり方 随筆（解説としての意味もある）

中央公論新社 2017.9 265p 21cm（A5）1900円
ⓘ978-4-12-005008-4 Ⓝ141.5

『アイデアはどこからやってくるのか—考具 基礎編』

加藤昌治著

内容 我流では、勝負にならない。アイデアが湧き出すアタマとカラダのつくり方。『考具』を読む前に。まずは発想の基本を知る。

目次 第1章 アイデアパーソンはアスリート？，第2章 アイデアとは何か？，第3章 アイデアを生み出す「既存の要素」，第4章「既存の要素」を活性化する—"たぐる"，第5章 アイデアの数を増やす方法，第6章 そしてプロフェッショナルへ

CCCメディアハウス 2017.3 220p 19cm（B6）1500円 ⓘ978-4-484-17204-0 Ⓝ141.5

『超一流のアイデア力』

中野明著

内容 なぜ〆切までに、世界の一流はすごいアイデアを出せるのか？すべての成功者たちは、アイデア発想法をもっていた！この本を読めば、あなたもアイデアがどんどん出てくる。

目次 イントロダクション アイデアが出来上がるまでのプロセスを理解する，1 あの天才に学ぶ極上のアイデア発想法（天才レオナルド・ダ・ヴィンチに学ぶ創造性開発の極意，行き詰まったら方向転換，エドワード・デ・ボノの「水平思考」をものにせよ！，スティーブ・ジョブズも使った「マトリックス」で発想名人に

なる，ピーター・ドラッカーに学ぶ，イノベーションの機会を見つける厳選テクニック，エリヤフ・ゴールドラットの「制約理論」でボトルネックからアイデアをひねり出せ，湯川秀樹博士の創造論「同定理論」と「等価変換理論」をサクッと理解する)，2 いま注目のデザイン思考を極め尽くす(いま注目の「デザイン思考」の正体を暴いてしまおう，デザイン思考に欠かせない「行動観察」とは何か，デザイン思考の超重要ツール「共感マップ」から「アブダクション」に至る道，あのディズニーも使う「ストーリーボード法」を我がものにせよ，イノベーションを自在に引き起こす「4つのアクション」)，3 ゲーム理論と行動経済学による発想トレーニング(ジョン・フォン・ノイマンの「ゲーム理論」を戦略的発想に活かす，エドガー・アラン・ポオも知っていた「囚人のジレンマ」を実社会に活用せよ，投資家ウォーレン・バフェットがゲーム理論を応用した「バフェット戦略」とは何か，話題の行動経済学で人間の「奇妙な行動」を把握して発想に活かせ，ノーベル賞受賞者ダニエル・カーネマンの「プロスペクト理論」と発想の着眼点)

日経BP社，日経BPマーケティング〔発売〕2016.6 225p 19cm (B6) 1400円
Ⓘ978-4-8222-3649-6 Ⓝ141.5

『"ひらめき"の作法─「なるほど、その手があったか！」が量産できる』

東信和著

内容 伝説のヒットメーカーが開示する明日からすぐに取り掛かれる「これしかない！」発想法。先にやった者勝ち！まだ世の中に無い！未来のその手があったか！を14編収録。

目次 第1章 3ステップひらめきの作法，第2章 バイアスを特定する、バイアスを崩す，第3章 新結合を考える，第4章 ストーリー化して、新結合の合理性を検証する，第5章 コンセプト作成エクササイズ，第6章 組織づくり，第7章 コミュニケーション，第8章 イノベーションHUB人材を育成する

ファーストプレス 2016.5 237p 19cm (B6) 1800円 Ⓘ978-4-904336-93-9 Ⓝ141.5

『ぼくらの戦略思考研究部─ストーリーで学ぶ15歳からの思考トレーニング』

鈴木貴博著

内容 平凡な男子高校生が、型破りな新任校長の結成した"戦略思考研究部"で仲間とともに学んだ「考える力」とは？ストーリーで学ぶ15歳からの思考トレーニング。

目次 第1章 レギュラーの座を守るには？，第2章 異文化討議会でトラブル？，第3章 歴史は現在作られる？，第4章 選挙は投票に行くべきか？，第5章 高校生IT社長の選択

朝日新聞出版 2015.9 253p 19cm (B6) 1300円
Ⓘ978-4-02-251278-9 Ⓝ141.5

課題を設定する

『考える力をつける3つの道具―かんたんスッキリ問題解決！』

岸良裕司，きしらまゆこ著

内容 使うのはかんたん。しかも使えば使うほど、考えるのが楽しくなってくる！子どもはもちろん、CEOまで活用できるほど、奥が深い！

目次 1 考える力をつける3つの道具（正解のない問題にどう取り組むか，考える力をつける3つの道具），2 ごちゃごちゃスッキリ！―ブランチ（ごちゃごちゃも、つながりがわかるとスッキリする，論理的に考えるって何だろう ほか），3 もやもや解消！―クラウド（「あちらを立てればこちらが立たず」の板挟みを解消するクラウド，キリギリスのジレンマ ほか），4 どんよりバイバイ！―アンビシャス・ターゲットツリー（夢を叶えるアンビシャス・ターゲットツリー，アンビシャス・ターゲットツリーをつくるためのかんたん質問集 ほか）

ダイヤモンド社 2014.6 141p 19×15cm 1400円 ⓘ978-4-478-02773-8 Ⓝ141.5

『「考える力」をつける本―本・ニュースの読み方から情報整理、発想の技術まで』

轡田隆史著

目次 第1部「考える力」をつけるための第一歩（「今日一日」からはじめる知的生活術―この時間の使い方が「考える力」の決め手になる！，新聞から何をどう読み取っていくか―「自分の頭で考える」ための情報収集術，「量の読書法」と「質の読書法」―役に立つ探し方、読み方、楽しみ方，「いい問いかけ」の条件―だれに、何を、どう聞くか，メモの作法と方法―もっと面白い「切り口」を発見するには，「鍵の束」としての辞書と索引―自分の外にある「引き出し」をどこまで活用できるか），第2部「考える力」と「表現する力」を磨く法（「考えるきっかけ」をどうつかむか―「世界」を見る目、「自分」を見る目，「書くこと」は「考えること」―ものの見方・考え方しだいで表現力も違ってくる！，「情報」を生かすための考え方―情報の選択とは人生の選択でもある，議論の方法―「論理的な考え方、話し方」とは？―理性と論理、そして直感について），第3部「発想の豊かさ」はここから生まれる！（オリジナルなものを生み出す力―「新しい発想」を自分の中から掘り起こせ！，「好奇心の領域」を広げてゆく法―情報の「ツテ」をたどるのがうまい人、へたな人，遊び上手は仕事上手―常に新鮮な「こころと頭」を保つために）

三笠書房 2013.9 268p 18cm 1100円 ⓘ978-4-8379-2513-2 Ⓝ141.5

『発想の技術―アイデアを生むにはルールがある』

樋口景一著

目次 序章 アイデアを生み出す流れ，第1章 把握の技術（対象把握の技術―whatの技術，原因把握の技術―whyの技術），第2章 発見の技術（観察と洞察の技術，距離をつくる技術 ほか），第3章 転換の技術（論点を転換する技術―アジェ

ンダセッティングの技術，価値を転換する技術 ほか），第4章 具体の技術（コンセプトの技術線，ビジョンをつくる技術 ほか），終章 具体の技術・番外篇

電通，朝日新聞出版〔発売〕2013.3 253p 19cm（B6）1600円 ⓘ978-4-02-100911-2 Ⓝ141.5

『∞アイデアのつくり方』

高橋晋平著

内容 ラクしてかせぐアイデアマンへ力をぬいて、ヨーイ・ドン。ゆるくていいじゃん。アイデアはテキトーがいいのだ。大ヒットおもちゃ"∞プチプチ"開発者の究極発想術。

目次 1 "∞プチプチ"大ヒットの裏側，2 誕生！究極の発想術，3 究極の発想術「アイデアしりとり」，4 実践「アイデアしりとり」，5 レベルアップ「アイデアしりとり」，6 アイデア目利きのプロになろう！，7 大ヒット商品のテッパン法則，8「アイデアしりとり」の有効活用

イースト・プレス 2012.7 191p 18×13cm 1000円 ⓘ978-4-7816-0819-8 Ⓝ141.5

『アイデアはどこからやってくる？』

岩井俊雄著

内容 縦に開く斬新な絵本『100かいだてのいえ』、光と音を奏でる楽器『TENORI-ON』―きらめく発想はこうして生まれる！誰も思いつかなかったアイデアを次々と生み出すメディアアーティストが、その秘密を大公開。

目次 はじめに―アイデアは空から降ってくる？，第1章 アイデアは常識の裏側に隠れている，第2章 アイデアは挫折から転がり出る，第3章 アイデアは居心地の悪さから生まれる，第4章 アイデアは歴史の中に埋もれている，第5章 アイデアは子どもが教えてくれる，第6章 アイデアは木のように育っていく，おわりに―アイデアは空から降ってこない

河出書房新社 2010.6 222p 19cm（B6）（14歳の世渡り術）1200円 ⓘ978-4-309-61661-2 Ⓝ141.5

『論理的に考える方法―本質への筋道が読める』

小野田博一著

内容 日本人は、なぜ主張することがヘタなのか。それは、主張の仕方が論理的ではないからだ。「ようするに、何を言いたいのか。なぜ、それが言えるのか」をはっきりと意識して考え、「自分が論理的に考えている姿勢」を示し行動するための、ビジネスにもすぐに役立つ助言集。「論理ブーム」、「クリティカル・シンキング」のさきがけとなった名著。

課題を設定する

目次 第1章 論理的な思考とはどういうものか（誰もが論理的に考えている,「論理的に考える」の意味,「論理」の意味 ほか）, 第2章 正しい論理の基本（はじめに 論理的であるために満たすべき条件, 演繹関連の話 演繹―論理における「真と偽」, 帰納の話 帰納―演繹とは別の世界の推論 ほか）, 第3章 日常生活で「論理的」であるための指針（指針の展望,「主張と根拠のつながり」についての指針,「示す」という点からの指針 ほか）

光文社 2007.8 307p 15cm（A6）（光文社知恵の森文庫）705円 Ⓘ978-4-334-78486-7 Ⓝ141.5

『思考の整理学』
外山滋比古著

内容 アイディアが軽やかに離陸し、思考がのびのびと大空を駆けるには？自らの体験に則し、独自の思考のエッセンスを明快に開陳する、恰好の入門書。

目次 グライダー, 不幸な逆説, 朝飯前, 醗酵, 寝させる, カクテル, エディターシップ, 触媒, アナロジー, セレンディピティ, 情報の"メタ"化, スクラップ, カード・ノート, つんどく法, 手帖とノート, メタ・ノート, 整理, 忘却のさまざま, 時の試錬, すてる, とにかく書いてみる, テーマと題名, ホメテヤラネバ, しゃべる, 談笑の間, 垣根を越えて, 三上・三中, 知恵, ことわざの世界, 第一次的表現, 既知・未知, 拡散と収斂, コンピューター

筑摩書房 1986.4 223p 15cm（A6）（ちくま文庫）340円 Ⓘ4-480-02047-0 Ⓝ141.5

『「考える力」トレーニング―頭の中の整理法からアイデアの作り方』
白取春彦著

内容 考えるってこんなに楽しい！ややこしいことでも、易しくわかる。説明できる。上手に考えるためのヒントが満載。

目次 第1章「自分の頭で考える」ために知っておきたいこと―「新しいこと」を考え出す思考法（「いいアイデア」はどこからやってくるのか,「考えること」は、自分自身が「変わること」ほか）, 第2章「デタラメな論理」はどう見抜く？―論理的に考える「思考のプロセス」（"全体の流れ"から、"次"を見通すには？, 実は誰もが、「三段論法」で未来を読んでいる ほか）, 第3章 より深く・自由に考えるには「技術」が必要―すべての「考え」は「言葉」から生まれる（"正しく"考えることは、誰にもできない!?,「思考中の脳」をのぞいてみると ほか）, 第4章「思考のカベ」を破る法―考えにいきづまったとき、どうするか？（「思考を整理する」効果的な方法,「本を読むとアタマがよくなる」は本当です ほか）

三笠書房 2018.4 206p 15cm（A6）（知的生きかた文庫）〈『思考のチカラをつくる本』加筆・改筆・再編集・改題書〉600円 Ⓘ978-4-8379-8525-9 Ⓝ159

課題を設定する

『ワンフレーズ論理思考』

堀公俊著

内容 小難しい用語は出てきません。ちょっとした「ひと言」から始める、普段使いのロジカルシンキング。

目次 第1章 論理的に考えるための「基本フレーズ8」(なぜ 火のないところに煙立たず―コピー機の前の行列に割り込むには？，だから オチない話は意味がない―飲むだけでロジカルになれるドリンク，要するに 木を見ず、森を見よう―なんでここにサインしないといけないの？ ほか)，第2章 コミュニケーションで役立つ「応用フレーズ8」(私は 話の主体をハッキリさせる―大阪人に道を尋ねたらかえって迷う？，考えます 文章の意味は最後で決まる―職場で横行する意味不明の質問，結論から 知りたいことから伝える―対決！刑事コロンボVS名探偵コナン ほか)，第3章 一段深く考えるための「実践フレーズ8」(仮に ピンポイント爆撃で攻める―人生は運や巡り合わせに翻弄される，あえて 時には無理に考えてみる―日本の会議の最大の問題点とは？，逆に 目からウロコの逆転の発想―人気漫画から学ぶピンチからの脱出法 ほか)

日本経済新聞出版社 2016.11 223p 19cm (B6) 1200円 Ⓘ978-4-532-32113-0 Ⓝ336

『最高の答えがひらめく、12の思考ツール―問題解決のためのクリエイティブ思考』

イアン・アトキンソン著，笹山裕子訳

目次 1 インサイト (あなたの脳はここで間違える)，2 イノベーション (問題を大きくする，他人になる，反逆する，制約を受ける，選択肢を設計する，古い+古い=新しい，逆行分析する，問題を回避する，ランダムを挿入する，精査し、推定する，シンプルな解決をする，組み合わせ、再定義する)，3 インスピレーション (準備，創出，発展，実施)

ビー・エヌ・エヌ新社 2015.6 207p 21cm (A5)
〈原書名：THE CREATIVE PROBLEM SOLVER：12 SMART TOOLS TO SOLVE ANY BUSINESS CHALLENGE 〈Ian Atkinson〉〉 1800円 Ⓘ978-4-86100-990-7 Ⓝ336

『フレームワーク図鑑』

永田豊志監修

内容 「PDCA」「ロジックツリー」「SWOT分析」他、発想、戦略、組織…すぐに役立つ思考ツールを網羅！

目次 第1章 問題の整理に役立つフレームワーク，第2章 アイデアを生み出すためのフレームワーク，第3章 組織に戦略を与えるためのフレームワーク，第4章 プロジェクトを向上させるためのフレームワーク，第5章 マーケティング戦略を策定するためのフレームワーク，付章 フレームワークで使われるチャート

KADOKAWA 2015.3 191p 17×10cm 1400円 Ⓘ978-4-04-067426-1 Ⓝ336

課題を設定する

『高校生が学んでいるビジネス思考の授業―ロジカル・シンキングから統計、ゲーム理論まで』

大森武著

内容 ビジネスに必要なコミュニケーション能力と問題解決力の基礎はすべて高校の必修教科「情報科」で身につけられる。高校の学習内容と現実社会のつなぎ役=情報科を再構成。

目次 序章 情報科が新しい授業のモデルになる，第1章 デジタルな論理式―論理の効用と限界を知って使いこなそう（「論理」と一言で言うけれど，実習編，論理の効用と限界），第2章 考え方の作法―根拠も反論も1行で書いてみよう（「議論の論理」の使い方，実習編，「答えのない問題」への取り組み方），第3章 視点を立てる道具―ゲーム理論・マインドマップ・モデル化・統計（駆け引きの科学―ゲーム感覚でゲーム理論を楽しもう，最大の情報源は自分である―マインドマップの使い方あれこれ，自然現象・社会現象をモデルで斬る―モデル化からシミュレーションまで，あいまいの科学―「統計」の勘どころをつかむ）

阪急コミュニケーションズ 2014.4 269p 19cm (B6) 1600円 ⓘ978-4-484-14214-2 Ⓝ336

『論理的に考える技術―「思考する力」は構想と発想、そして接続詞の理解で驚くほど伸びる！』新版

村山涼一著

内容 成熟市場や寡占市場が多くなり、新奇性のある商品をつくるのが難しい昨今では、これまで以上に「思考する力」を伸ばす必要がある。そこで本書では、ロジカル・シンキングやラテラル・シンキング、インテグレーティブ・シンキングの3つのすぐれた思考法を、もっと具体的に、使いやすくするための方法を紹介していく。

目次 第1章 考える方法（3つの思考法，構想と発想，4つの構想法，8つの構想法），第2章 論理的な文章を理解する（論理的な文章の構造とは，論理的な文章を可視化する），第3章 構想の方法（ランダム法，1点突破法，砂時計法，アウトフレーム法），第4章 発想の方法（並列，垂直，マトリクス，対比，推移，転回，ラテラル，帰納），第5章 構想と発想を掛け合わせる（構想と発想を掛け合わせによる文章例）

ソフトバンククリエイティブ 2011.9 214p 18cm (サイエンス・アイ新書) 952円
ⓘ978-4-7973-6251-0 Ⓝ336

『齋藤孝の企画塾―これでアイデアがドンドン浮かぶ！』

齋藤孝著

内容 「企画」とは「アイデア」とは違い、現実を動かして、実現していくものでなければならない。企画が出せるということは、その人の積極性の証拠であり、

課題を設定する

ビジネスではもちろん、日常生活でも役に立つ力となる。まずは、成功した企画を、タイトル、対象、ねらい、キーワード、テキスト、段取り、仕込みという項目に落とし込み、何が秘訣だったかを学ぶ。さらに「企画力」の鍛え方を、初級編、上級編に分けて解説する。

目次 「企画塾」入門のみなさんへ，第1講 デザインシートを使いこなす（デザインシートに慣れろ！，換骨奪胎の技を身につけよう ほか），第2講「企画力」を鍛える―初級編（メイキングで企画がハマる瞬間を学ぼう，「ヴィジョン力」を鍛える ほか），第3講「企画力」を鍛える―上級編（対象にもぐりこんでいく想像力を磨け，偶然を利用する ほか），第4講 成功した企画のエッセンス（山形国際映画祭―絞り込みのうまさ，『えんぴつで奥の細道』と『LEON』―心のエネルギーを吸収する存在 ほか）

筑摩書房 2011.10 228p 15cm（A6）（ちくま文庫）640円 Ⓘ978-4-480-42873-8 Ⓝ336.1

『発想力の全技法―発見する眼、探究する脳のつくり方』

三谷宏治著

内容 なぜあの人からは面白いアイデアがどんどん出てくるのか…そう思ったことはありませんか？新しいアイデアを生み出すのに、特別な「センス」は必要ありません。「発想力」とは同じ対象から何を見つけ（発見）、何を学び取れるか（探究）の差であり、誰でも鍛えることができる「技」なのです。ベストセラー著者の「発想の技」を一挙に学べる贅沢な1冊。

目次 1 比べる―技で隠れた問題や答えを発見する（ちゃんと比べることから大発見―割り箸から見えたビジネスチャンス，比べる技（全体を比べ「矛盾」を見つけて掘る，広く遠く比べて「不変」「変化」を見つける，「例外」と比べて差を探る，「周縁・辺境・その他」を掘る）ほか），2 ハカる―技で真実にもっと語らせる（ちゃんとハカることから大発見―ミッシング・マーケット，ハカる技（ヒトは行動でハカる，未来は勘を定量化する，バラしてつなぎ直す）ほか），3 空間で観る―技で本質を見抜きアイデアを再創造する（アイデアから本質を探るJAH法―コップ問題，JAH法演習:冬はなぜ寒いのか ほか），4 発見する眼の鍛え方（職場で―人類学者とパス・サッカー，学校・研修で―わざと曖昧な学習教材を ほか）

PHP研究所 2015.11 247p 15cm（A6）（PHP文庫）〈『発想の視点力』加筆・修正・改題書〉720円
Ⓘ978-4-569-76462-7 Ⓝ336.17

『ビジュアル アイデア発想フレームワーク』

堀公俊著

内容 人や集団の創造性を高めるために達人たちが編み出してきたのが、アイデア発想フレームワークです。本書では、創造技法からデザイン思考関連まで幅広く取り上げます。情報収集、自由発想から評価決定と、アイデアを生み出し企画へと磨き上げる各ステップで活用できる、厳選した170手法を紹介します。

課題を設定する

目次 第1章 情報収集のフレームワーク，第2章 自由発想のフレームワーク，第3章 視点転換のフレームワーク，第4章 発想支援のフレームワーク，第5章 試作検証のフレームワーク，第6章 評価決定のフレームワーク

日本経済新聞出版社 2014.8 163p 18cm（日経文庫）1000円 ⓘ978-4-532-11928-7 Ⓝ336.17

『今、話したい「学校」のこと—15歳からの複眼思考（クリティカル・シンキング）』

藤原和博著

内容 学校のモンダイは、学校だけのモンダイではありません。例えば、いじめ。自殺。体罰。学校で、親子で、どのように話しますか？そこには唯一絶対の「正解」はなく、自分と、関わる他者が納得できる「納得解」を導きだす力が必富です。そのためには、見えるものを上手に疑う「クリティカル・シンキング」つまり「複眼思考」が大事。それは「生きる力」そのものです。その思想や哲学、思考力を鍛えるために、15歳にとって身近なテーマを例にとり、「よのなか科」の藤原先生が解説します。

目次 校長先生の始業式や入学式の話—はっきりいって、つまんなくなかった？，学校トイレ—キタナイのが嫌で、もらしちゃったことない？，給食—おいしくないのは当たり前？，図書室—お化け屋敷になってはいないか？，保健室—なんでみんなが寄ってくるの？，制服か私服か—カッコいい制服着たい？，部活動—体罰は続いてないよね？，ICT教育—タブレット端末や電子黒板、使ってる？，テレビとケータイ—三時間以上だと学力が上がらないってホント？，道徳—八〇〇人の避難所に七〇〇個のロールケーキが運ばれたら？〔ほか〕

ポプラ社 2013.3 219p 19cm（B6）1200円 ⓘ978-4-591-13439-9 Ⓝ370

『子どもの創造的思考力を育てる—16の発問パターン』

江川玟成著

内容 問いかけの繰り返しと積み重ねで考える習慣を身に付けさせる。柔軟かつ独創的な問題解決力をつける新しい創造性教育。

目次 考えるのはこれだけでよいだろうか（拡張），絞り込んでみよう（焦点化），考える視点を変えてみては（観点変更），逆に考えてみよう（逆発想），分けてみてはどうだろうか（分類・分解），分け直してみる（再分類・再編成），ここになにかを加えてみては（加減），なにとなにを結びつけたらよいだろうか（結合），どこを変えたらいいだろう（変換），実際にやりながら考えてみよう（具象化）〔ほか〕

金子書房 2005.2 232p 19cm（B6）2200円 ⓘ4-7608-2320-4 Ⓝ375.1

『科学の考え方・学び方』

池内了著

内容 "科学的に考える"とはどういうことだろうか。一線で活躍する宇宙物理

課題を設定する

学者が研究の方法、最新のサイエンス・トピックを紹介し、オウム騒動や薬害エイズなどの事件を読み解きながら、私たちの社会と科学の関係について考え、転回の時代に理科を学ぶ意義を若い人たちに向けて熱く語る。文科系の人も必読の本。

目次 1 私にとっての科学，2 科学の考え方，3 科学はどのように生まれたのか，4 現代の科学と科学者を考える，5 二一世紀の科学と人間，6 未来を担う君たちへ

岩波書店 2003.2 209p 18cm（岩波ジュニア新書）〈第13刷〉780円 ⓘ4-00-500272-2 Ⓝ404

『NHK考えるカラス―「もしかして？」からはじまる楽しい科学の考え方』

NHK「考えるカラス」制作班編，川角博監修

目次 2本のロウソク，お盆と風船，台車と風船，水とてんびん，風船とパイプ，糸巻き，磁石と鉄の玉，磁石の振り子，ボールと水，斜面を転がる玉，筒と水，台車と風船ふたたび，ペットボトルと水，缶と画びょう，ドライヤーと風船，2つのモーター，2本のロウソクふたたび，回転する車輪，磁石と鉄の玉ふたたび，お盆と風船ふたたび

NHK出版 2014.8 173p 19cm（B6）1000円 ⓘ978-4-14-011336-3 Ⓝ407.5

『数学×思考=ざっくりと―いかにして問題をとくか』

竹内薫著

内容 「難しい問題」ほど「ざっくり考える」が勝ち！『いかにして問題をとくか』（「いか問」）を著したポリアの教えも交えた"数学知識まったく不要"の竹内流・問題解決思考法―難問に直面したからといって、即座にあきらめることはまったくありません。そういう時こそ、発想を転換して、まずは「ざっくり」と考えてみると、意外に道が開けてくるものです。本書では、ポリアの発想法にヒントを得て、どんな読者でもよく理解できるよう、平易な語り口で日常生活や仕事上の問題を解決する方法を伝授します。

目次 1 オーダー（規模）を把握してみよう―フェルミ推定でざっくりと，2 地球の「皮」はどれくらい厚いか考えてみよう―スケール感でざっくりと，3 あらゆる予測に活用してみよう―最小二乗法でざっくりと，4 まず迷ったら数値的に考えてみよう―モンテカルロ法でざっくりと，5 枠の「外」に出て発想の殻を打ち破ってみよう―ソファ問題をざっくりと，6 もっと一般化して考えてみよう―モンティ・ホール問題をざっくりと，7 集められたデータの本質を見抜いてみよう―統計的手法でざっくりと，8 ざっくり思考の落とし穴:信念体系を分析してみよう―脱・非論理的思考でざっくりと

丸善出版 2014.4 170p 19cm（B6）1300円 ⓘ978-4-621-08819-7 Ⓝ410

『論理的思考のための数学教室』

小田敏弘著

内容 ロジカルシンキングの本質は数学が教えてくれる。マトリクス、MECE、ロジックツリー…の本当の考え方、使い方がわかる本。

目次 序章 論理的思考は数学で養える，第1章 数学で学ぶ「論理」の原則，第2章 数学で学ぶ「論理」のルール(1) 命題・対偶・背理法，第3章 数学で学ぶ「論理」のルール(2) 集合，第4章 数学で学ぶ「論理」のルール(3) 場合の数，第5章 論理的思考のための数学トレーニング，おわりに論理と直感の狭間で

日本実業出版社 2011.5 206p 19×15cm 1500円 ⓘ978-4-534-04831-8 Ⓝ410

『アイデアのつくり方』

ジェームス・W.ヤング著，今井茂雄訳

内容 60分で読めるけれど一生あなたを離さない本。《アイデアをどうやって手に入れるか》という質問への解答がここにある。

目次 この考察をはじめたいきさつ，経験による公式，パレートの学説，心を訓練すること，既存の要素を組み合わせること，アイデアは新しい組み合わせである，心の消化過程，つねにそれを考えていること，最後の段階，2、3の追記

ティビーエス・ブリタニカ 1988.4 102p 18cm 〈原書名：A Technique for Producing Ideas 〈James Webb Young〉〉 680円 ⓘ4-484-88104-7 Ⓝ674

『問題解決ができる、デザインの発想法』

エレン・ラプトン編

内容 どうやって課題を見極めるの？どうやってアイデアを出すの？どうやって形を作るの？これらの疑問を解決する30の思考ツールについて、それぞれの試し方と豊富なビジュアルを使ったケーススタディで、本書がお答えします。

目次 01 課題の見極め方（ブレインストーミング，マインドマップ ほか），02 アイデアの出し方（ビジュアル・ブレインダンピング，強制関連法 ほか），03 形の作り方（スプリント法，オルタナティブ・グリッド ほか），Q&Aデザイナーの考え方（どのように課題と向き合いアイデアを出しますか？，どうやって形を作りますか？ ほか）

ビー・エヌ・エヌ新社 2012.3 184p 22×18cm 2200円 ⓘ978-4-86100-785-9 Ⓝ757

情報を集める

情報を集める

図書館の使い方

インターネットの使い方

博物館・美術館へ行こう

実験・観察

フィールドワーク

情報を集める

> より良い研究活動を行うためには、世の中の仕組みを正しく理解することが肝要です。そして、普段何気なく口にしている言葉の定義を辞書で調べてみましょう。課題研究で取り上げた問いの答えは、客観的な事実とデータ分析を基に、適切な言葉を用いて証明されなければなりません。テーマによって研究手法は様々です。計画立案から始めてください。

情報を集める

『リサーチの技法』

ウェイン・C.ブース，グレゴリー・G.コロンブ，ジョセフ・M.ウィリアムズ，ジョセフ・ビズアップ，ウィリアム・T.フィッツジェラルド著，川又政治訳

内容 本書が提供する価値：「ぼんやりとした「興味」を、解決の意味ありと読者が判断する「課題」に持っていく方法」「読者が主張を真剣に受けとめてくれる「議論」を構築する方法」「見識はあるが批判的な読者の懸念事項を予測し、それに対して適切に答える方法」「「それがどうした？」という、読者による最も厳しい問いに答える序論と結論を書く方法」「自分が執筆した文書を読者の目線で読み、そして、いつ、どのようにしてそれを修正すべきかを判断する方法」全米70万部超の古典的名著。大学、企業、研究機関などでリサーチする人、必読。

目次 1 リサーチ、リサーチャー、そして読み手（紙に書いて考える：リサーチの効用—所定の書式か，自分流か，読者とつながる：著者と読者の役割を作りだす），2 問いを設定し、答えを見つける（トピックから問いへ，問いから課題へ ほか），3 議論をする（良い議論をする：概観，主張する ほか），4 議論を書く（レポートの計画とドラフトの作成，議論の構造を決める ほか），5 その他の考慮点

ソシム 2018.7 456,35p 21×14cm〈原書名：The Craft of Research, FOURTH EDITION 〈Wayne C.Booth, Gregory G.Colomb, Joseph M.Williams, Joseph Bizup, William T.Fitzgerald〉〉2600円 ⓘ978-4-8026-1152-7 Ⓝ002.7

『調べるチカラ—「情報洪水」を泳ぎ切る技術』

野崎篤志著

内容 本書は情報があふれている「情報過多時代」において、どのように欲しい情報を効率的・効果的に調べれば良いか、そのスキルを身につけるための入門書です。「検索エンジンでいろいろなキーワードを使っているが欲しい情報がなかなか見つからない」「自分が調べた情報が正しいのか自信が持てない」「調べたい情報は本当にないのか？」など、調べるチカラに自信が持てないという方に読んでいただきたい！

情報を集める

目次 第1章 あふれる情報と求められる調べるチカラ，第2章 情報感度は誰でも身につけることができる，第3章 情報源について知る，第4章 インターネットで調べる，第5章 インターネット以外のネットワークから調べる，終章 調べるチカラを磨くための7つのポイント

日本経済新聞出版社 2018.1 234p 19cm（B6）1500円 ⓘ978-4-532-32188-8 Ⓝ002.7

『僕らが毎日やっている最強の読み方―新聞・雑誌・ネット・書籍から「知識と教養」を身につける70の極意』

池上彰，佐藤優著

内容 2人の読み方「最新の全スキル」が1冊に。「普通の人ができる方法」をやさしく具体的に解説。重要ポイントがすぐわかり、読みやすく、記憶に残る。具体的な新聞・雑誌リスト、おすすめサイト・書籍を紹介。2人の仕事グッズも完全公開。見るだけで参考になる！

目次 序章 僕らが毎日やっている「読み方」を公開，第1章 僕らの新聞の読み方―どの新聞を、どう読むか。全国紙から地方紙まで，第2章 僕らの雑誌の読み方―週刊誌、月刊誌からビジネス誌、専門誌まで，第3章 僕らのネットの使い方―上級者のメディアをどう使いこなすか，第4章 僕らの書籍の読み方―速読、多読から難解な本、入門書の読み方まで，第5章 僕らの教科書・学習参考書の使い方―基礎知識をいっきに強化する，特別付録（「人から情報を得る」7つの極意，本書に登場する「新聞」「雑誌」「ネット」「書籍」「映画・ドラマ」リスト，池上×佐藤式70+7の極意を一挙公開！）

東洋経済新報社 2016.12 329p 19cm（B6）1400円 ⓘ978-4-492-04591-6 Ⓝ002.7

『とことん調べる人だけが夢を実現できる』

方喰正彰著

内容 「起業」「転職」「勉強」「お金」・「探す習慣」で人生を変えろ！人脈・センス・運よりも大事な夢に近づく情報収集スキル58。ほしい答えを必ず見つける「プロの技」を初公開！

目次 1 すべては「調べる習慣」からはじまる（「どうせ無理だよ」と言う前にまず調べよう，「できない理由」より「できる方法」に目を向ける ほか），2 とことん「ウェブ」で情報を集める（まずは「検索キーワード」のパターンをできる限り考える，最初の1ページの検索結果で満足してはいけない ほか），3 とことん「本・雑誌・新聞・テレビ」で調べる（本は最後のページ「奥付」からチェックする，本を調べるときは「入門書→定番本→最新刊」の3冊を選ぶ ほか），4 とことん「人」に情報を聞く（「自分専用ガイド」を持てば調べる悩みが一気に減る，1人に話を聞いただけで安心するな！ほか）

サンクチュアリ出版 2016.5 207p 19cm（B6）1300円 ⓘ978-4-8014-0024-5 Ⓝ002.7

情報を集める

『課題解決のための情報収集術―次の10年にプロフェッショナルであり続ける人の教科書』

河村有希絵著

内容 情報収集は「課題」からはじめよ！最短で本質にたどりつき結果を出す、プロの情報収集術。

目次 1時間目「課題解決のための」情報収集とは（情報リテラシーが問われる時代，課題に応える情報収集とは何か，情報収集の3つのステップ），2時間目 課題を認識し、情報収集の戦略を立てる（あなたが答えるべき問いは何？，自分の立ち位置の把握，情報収集戦略），3時間目 情報を獲得し、取捨選択する（文献情報の当たり方，見聞情報の当たり方，取捨選択と情報の組み立て），4時間目 情報を伝わりやすい形に加工する（よい報告書とは）

ディスカヴァー・トゥエンティワン 2014.11 165p 19cm（B6）1300円
①978-4-7993-1587-3 Ⓝ002.7

『「調べる」論―しつこさで壁を破った20人』

木村俊介著

内容 プロの資質としての「しつこさ」は、その調べ方に表れる。科学者、弁護士から、狂言師、漫画家まで、多様な職種の人に聞いた調査の実態は、意外に人間臭いものだった―。彼らがつかんだ「発見」とは。正解のない現実と向き合う構えとは。「調べる」という観点から、仕事のしんどさと光明を鮮やかに切りだしたインタビュー集。

目次 第1章 調査取材で、一次資料にあたる，第2章「世間の誤解」と「現実の状況」の隙間を埋める，第3章 膨大なデータや現実をどう解釈するか，第4章 新しいサービスや市場を開拓する，第5章 自分自身の可能性を調べて発見する，終章 インタビューを使って「調べる」ということ

NHK出版 2012.9 277p 18cm（NHK出版新書）860円 ①978-4-14-088387-7 Ⓝ002.7

『資料検索入門―レポート・論文を書くために』

市古みどり編著，上岡真紀子，保坂睦著

内容 本書は、資料検索について大学生に授業を行ってきた大学図書館員が、レポートや論文執筆を行う際に、役立つ情報をどのように調べたらよいかをまとめたものです。自分が書こうとするテーマや考えを固めるために必要な資料（根拠）を検索し、それらを入手するまでの「検索スキル」を身につけてもらうための入門書です。

目次 第1章 レポート・論文を書く，第2章 情報の種類と評価，第3章 資料検索の実際―「問い」を立てるまでの情報検索，第4章 統計情報の種類と入手方法，第5章 資料を入手するには，附録 検索の手引き

慶應義塾大学出版会 2014.1 151p 21cm（A5）（アカデミック・スキルズ）1200円
①978-4-7664-2051-7 Ⓝ007.5

情報を集める

『10分あれば書店に行きなさい』
齋藤孝著

内容 何かを調べたいとき、ネット検索だけでわかったつもりになる、リンク先のネット書店で関連書を買い「調査終了」のつもりになる…、そんな情報収集では、知識に「広がり」や「深み」は生まれない。街の書店へ行こう！そこでは隣の本から新しいヒントが、平台から時代が、ふと惹かれた本から、気づかなかったあなたの内面が立ち上がるのだ！「世界一、書店通いをした」著者が縦横に語り尽くす、知性を鍛えて明日からの仕事に役立つ、書店の使い方・楽しみ方。

目次 序章 書店の潜在能力を、あなたは知らない，第1章 書店で知性と精神力を磨け，第2章 書店はアイデアの宝庫，第3章 コーナー別・書店の歩き方，第4章 書店をもっと使い倒す「裏技」，第5章「心のオアシス」としての書店，第6章 本への投資を惜しんではいけない，終章 分水嶺の時代

メディアファクトリー 2012.10 196p 18cm（メディアファクトリー新書）740円 ⓘ978-4-8401-4859-7 Ⓝ024.1

『知識の社会史 2 百科全書からウィキペディアまで』
ピーター・バーク著，井山弘幸訳

内容 グーテンベルクから百科全書、そしてウィキペディアまで。知はいかにして商品となり、資本主義世界に取り入れられたか？探検、遺跡発掘、博物館、美術館、万博、百科事典から、蒸気、鉄道、電信、コピー機、ラジオ・テレビ、コンピュータ、そしてインターネットまで、様々なエピソードを題材に展開する「知の一大パノラマ」―完結！

目次 第1部 知識の実践（知識を集める，知識を分析する，知識を広める，知識を使う），第2部 進歩の代価（知識を失う，知識を分割する），第3部 三つの次元における社会史（知識の地理学，知識の社会学，知識の年代学）

新曜社 2015.7 534p 19cm（B6）〈原書名：A SOCIAL HISTORY OF KNOWLEDGE 2: From the Encyclopédie to Wikipedia〈Peter Burke〉〉4800円 ⓘ978-4-7885-1433-1 Ⓝ361.5

『リサーチ入門―知的な論文・レポートのための』
竹田茂生，藤木清著

内容 アカデミックとビジネスの両分野で活用できる新しいリサーチの入門書。この一冊で一貫した調査スキルが習得できる。あなたの論文・ビジネスレポートの信頼性が高まる。

目次 科学的方法，データの種類と尺度，調査の基本概念，観察調査の基礎，ミステリーショッパーの実施，観察調査結果の分析と報告，インタビュー調査，質問紙調査の基礎，質問紙調査の実施，データ分析，報告書・レポートの作成

くろしお出版 2013.10 181p 21cm（A5）1800円 ⓘ978-4-87424-598-9 Ⓝ361.9

情報を集める

図書館の使い方

『検索法キイノート─図書館情報検索サービス対応』

宮沢厚雄著

目次 はじめに─図書館サービスと検索法、データ・情報・知識・知恵，データベース(1) 情報検索─情報検索の定義、データベースの要件/演習問題, データベース(2) 規則性─ファイル、可変長形式、デリミタ・タグ・インデクス/演習問題, データベース(3) 格納場所─記憶装置、編成方法、アクセス方法、データ＝モデル/演習問題, コンピュータ目録(1) レコード構成─レコード構成、読み形、分かち書き、転置ファイル/演習問題, コンピュータ目録(2) 検索戦略─マッチング、例外規程、トランケーション、論理演算/演習問題, コンピュータ目録(3) 主題検索─件名標目表、適合率と再現率、主な検索サイト/演習問題, 総合演習問題（図書と雑誌本体の検索）─演習問題, 学術論文(1) 前付・本文─標題、抄録、序論・本論・結論、「逆三角形型」/演習問題, 学術論文(2) 後付─引用・参照・参考、文献リスト（書式・対応方式）/演習問題, 学術論文(3) 論文検索─雑誌記事索引、引用文献索引、インパクト＝ファクター/演習問題, 学術論文(4) 全文検索─単語インデクス方式、文字インデクス方式、索引技法/演習問題, 学術論文(5) 電子ジャーナル─シリアルズ＝クライシス、オープン＝アクセス運動/演習問題, 総合演習問題（雑誌論文と文献の検索）─演習問題, リレーショナル＝データベース─数学における「関係」、正規化、演算操作、SQL/演習問題

樹村房 2018.2 144p 26cm（B5）1800円 Ⓘ978-4-88367-290-5 Ⓝ007.58

『スキルアップ！情報検索─基本と実践』

中島玲子，安形輝，宮田洋輔著

内容 的確な情報を、最適な情報源で、素早く見つけられるスキルが身につく！豊富な例題を通じて、検索方法の考え方を易しく解説。裏ワザまでマスターできる！情報検索を初めて学ぶ学生、スキルアップしたい現場の図書館員、体系的に学ぶ機会がなかった社会人におすすめ！

目次 第1章 情報検索 基本編（情報を検索するとは，データベースと検索の仕組み，データベースには得意分野がある ほか），第2章 情報検索 実践編（図書を探す，雑誌記事を探す，新聞記事を探す ほか），第3章 検索裏ワザ お役立ち情報編（フィールド別の検索のすすめ─より的確に調べる，やり過ぎは機会損失─検索漏れを減らす，より広く適したものを探す─論理和や上位概念の活用 ほか）

日外アソシエーツ，紀伊國屋書店〔発売〕2017.9 192p 21cm（A5）2300円
Ⓘ978-4-8169-2676-1 Ⓝ007.58

情報を集める

『図書館へ行こう!!―新しいワクワクと出会える図書館を1冊まるごと大特集!日本各地・注目の図書館90館+α』

内容 人気の公共図書館から、個人蔵書を開放した小さな図書館まで、思わず出かけたくなる個性豊かな図書館を、約90館紹介!そこには図書館ならではの、魅力的な本との出会いが待っているのはもちろん、工夫を凝らした空間や多彩なイベント、そして本と人との出会いを支える魅力的なスタッフの方々が待っているはずです。

洋泉社 2016.5 111p 29cm 1200円 ⓘ978-4-8003-0887-0 Ⓝ010

『図書館をもっと活用しよう』

秋田喜代美監修, こどもくらぶ編

目次 第1章 図書館の新しい活用法(本のさがし方について考えてみよう!, 目録って知ってる?参考図書って何? ほか), 第2章 身近な図書館は、なんといっても学校図書館!(学校図書館の現在と変化, 学校図書館を活用する授業のようすを見てみよう! ほか), 第3章 現代の図書館の役割(新アレクサンドリア図書館を見てみよう!, もっと知りたい!アレクサンドリア図書館で何がおこった? ほか), 第4章 専門図書館・大学図書館あれこれ情報(全国のユニークな専門図書館いろいろ, マンガを集めた専門図書館があるのを知ってる? ほか)

岩崎書店 2013.3 47p 29×22cm (図書館のすべてがわかる本 4) 3000円
ⓘ978-4-265-08269-8 Ⓝ010

続刊
『1 図書館のはじまり・うつりかわり』2012.12
『2 図書館の役割を考えてみよう』2012.12
『3 日本と世界の図書館を見てみよう』2013.3

『図書館でしらべよう』

紺野順子文, こばようこ絵

内容 知る喜び、未知の世界への探求の喜びを学び、あわせて、調査・研究の基本について学ぶことができる内容です。

アリス館 2010.9 31p 26cm (B5) (シリーズわくわく図書館 3) 2600円
ⓘ978-4-7520-0509-4 Ⓝ010

続刊
『1 本のせかいへ』笠原良郎文, 太田大八絵 2010.8
『2 図書館ってどんなところ』紺野順子文, こばようこ絵 2010.9
『4 夢の図書館―こどもでつくろう』笠原良郎文, いとうみき絵 2010.10
『5 図書館ってすごいな―こどものための図書館案内』笠原良郎, 紺野順子文
 2010.12

情報を集める

『図書館へ行こう』

田中共子著

内容 図書館ではどんなサービスがうけられる？調べ学習で使うには？司書の仕事をしてみたい！—図書館を最大限に活用するためのテクニックについて、まちの図書館員がていねいに語ります。読書の初心者でも達人でも、きっと今すぐ図書館へ行ってみたくなる楽しい入門書。

目次 1 まちの図書館を探検しよう，2 本を読むということ，3 図書館を使いこなそう，4 もっと知りたい図書館のこと，5 図書館の仕事—人と本をつなぐ，6 図書館は生きている

岩波書店 2003.1 192p 18cm（岩波ジュニア新書）740円 Ⓘ4-00-500423-7 Ⓝ010

『図書館と情報技術—情報検索能力の向上をもめざして』改訂

岡紀子，田中邦英著，田窪直規編集

目次 第1章 コンピュータの基礎，第2章 ネットワークの基礎，第3章 情報技術と社会・法律，第4章 データベースの仕組み，第5章 サーチエンジンの仕組み，第6章 コンピュータシステムの管理とセキュリティ，第7章 図書館の業務とIT，第8章 図書館と電子資料，第9章 デジタルアーカイブ，第10章 情報検索の理論と方法

樹村房 2017.4 153p 26cm 2000円 Ⓘ978-4-88367-274-5 Ⓝ013.8

『本のさがし方がわかる事典—図書館の達人！調べるのがおもしろくなる』

金中利和監修，造事務所編・構成

内容 こわ～いおばけの話や、世界じゅうのめずらしい草花がのっている植物図鑑、ワクワクするような探偵小説—きみは、どんな本がすきですか？図書館にはたくさんの本がおいてありますが、1冊1冊の本は似た内容の仲間ごとにグループわけされて、本棚におかれています。読みたい本がどこにあるのか、だれにでもわかりやすいよう、ルールをもとに分類されているのです。この本では、そうした本の分類のしくみや、それをもとに読みたい本をパッとさがすコツを、わかりやすく紹介しています。

目次 1 3つのヒミツをときあかそう—本の分類のしくみ（分類のしくみがわかると、本がスグに見つかる，分類とは、おなじような仲間にわけること！，すべての本を仲間わけする分類法のしくみ ほか），2 自分の読みたい本をさがしに行こう—本さがしのコツ（分類記号をフル活用して、本さがしの達人になろう，ラベルの記号が、「本の住所」をあらわす！，さがしてみよう1 織田信長の一生を知りたい！ ほか），3 図書館にもっとくわしくなろう—便利な活用法（図書館を、もっとじょうずに活用しよう，図書館を支える仕事をのぞいてみよう，いろいろな図書館に行ってみよう ほか）

PHP研究所 2007.11 79p 30cm（A4）2800円 Ⓘ978-4-569-68744-5 Ⓝ014.4

68

情報を集める

『図書館「超」活用術―最高の「知的空間」で、本物の思考力を身につける』

奥野宣之著

内容 これからの時代、「図書館利用術」が最強である！図書館がいま、スゴいことになっている⁉知ってる人だけトクをする「技」が満載!!

目次 序章 図書館の「場」としての力，第1章「集中力」編―作業効率アップ・サードプレイス・知の空間として，第2章「発想力」編―セレンディピティ・視点転換・拡散思考，第3章「思考力」編―情報収集・調査・分析・意思決定・判断・集中思考，第4章「教養力」編―生涯学習・独学・雑学・レクリエーション・スキルアップ，第5章 図書館のトリセツ―もっと図書館を知り、使い倒す達人になる！，第6章「使える図書館」を探すための7つのチェックポイント

朝日新聞出版 2016.3 218p 19cm (B6) 1300円 Ⓘ978-4-02-251364-9 Ⓝ015

『図書館のトリセツ』

福本友美子，江口絵理著

内容 図書館ってどんなところ？本はどんなふうに、ならんでいるの？おもしろい本はどうやって見つける？調べ学習や自由研究での図書館の使い方は？レファレンスってなに？本のさがし方から、調べ学習や自由研究の悩みを解決！とことん図書館を使いこなす方法。小学中級から。

目次 図書館の機能早見，安全上のご注意，図書館案内図，本と出会う，本で調べる，困ったときは？―よくある質問Q&A，本となかよくなる，日本十進分類表，本の各部名称

講談社 2013.10 152p 19cm (B6) (世の中への扉) 1200円
Ⓘ978-4-06-218497-7 Ⓝ015

『図書館と情報モラル』

阿濱茂樹著

内容 さまざまなメディアを活用する図書館の現場で、図書館員はどのようにすれば情報モラルを身につけられ、利用者にそれを広めていくことができるのか。個人情報や知的財産を取り扱い、情報を適切に受信・発信し、受け取った情報をいろいろな角度から読み解くメディアリテラシー能力を学び/教えるためのテキスト。

目次 第1章 情報社会の光と影（情報通信技術の発達と高度情報社会，情報社会でのメディアの問題と課題 ほか），第2章 個人情報とプライバシー（図書館業務に関する個人情報の扱い方とプライバシー保護の考え方，図書館・学校業務として収集・管理すべき個人情報について ほか），第3章 知的財産とは何か―著作権と産業財産権（一般的な著作物の扱い，学校図書館での著作物の扱い ほか），第

情報を集める

4章 図書館での情報モラルの指導実務（情報社会における図書館の学習指導，ウェブページ制作による情報発信 ほか），第5章 これからの情報モラル教育（情報モラルと情報技術セキュリティ，教育におけるこれからの情報モラル ほか）

青弓社 2013.3 169p 21cm（A5）2000円 ①978-4-7872-0049-5 Ⓝ015

『図書館活用術―情報リテラシーを身につけるために』新訂第3版

藤田節子著

内容 インターネット社会では、あふれる情報から求める内容を探索・理解・判断・発信する「情報リテラシー」能力がポイント。情報リテラシー獲得のための図書館の利用・活用法を徹底ガイド。豊富な図・表・写真を掲載、読者の理解をサポートする。

目次 概論編（どんな図書館を利用できるか，図書館を歩いてみよう，図書館には何があるか，どんなサービスを受けられるのか），活用編（図書館員への相談，OPACのしくみと探し方，キーワードをうまく見つけるには，書誌事項の書き方と見方，レファレンス資料の使い方，雑誌記事索引の使い方），付録（もっと知りたい人のために，用語解説）

日外アソシエーツ，紀伊國屋書店〔発売〕2011.10 225p 21cm（A5）2800円 ①978-4-8169-2343-2 Ⓝ015

『図書館に訊け！』

井上真琴著

内容 あなたは日頃、図書館をどのように使っていますか。棚を見ただけで適当に選んだりしていませんか？手にした資料が信頼に足るものか調べずにレポートを書いたりしていませんか？本書では、大学図書館に勤務する著者が、図書館で何をどこまで調べられるのか、基本から「奥の手」まで、探索力上達の秘訣を伝授します。はじめてレポートを書く学生さんから、「いまさら聞けない」と悩んでいる研究・調査業務の人々まで、「調べ、書く」必要のあるすべての人のための新しいバイブル誕生。

目次 図書館の正体と図書館への招待，資料の多様性と評価の視点を知ろう，どうやって資料にたどりつくのか，レファレンス・サービスを酷使せよ，資料は世界を巡り、利用者も世界を巡る，電子情報とのつきあいかた

筑摩書房 2004.8 253p 18cm（ちくま新書）740円 ①4-480-06186-X Ⓝ015

『トップランナーの図書館活用術 才能を引き出した情報空間』

岡部晋典著

内容 彼らの才能はいかに図書館で鍛えられたか？情報空間から何を引っ張り出してきたか？渦巻く知、過剰なまでの「注」が付く12の対話が、あなたのライフスタイルをもハックする！全く新しい図書館論、読書論、情報活用論！

目次 1 スペシャリストを鍛えた図書館(魔法使いとライブラリ(落合陽一),プログラミング少年,図書館で育つ(清水亮),バッタ博士,図書館から生まれる(前野ウルド浩太郎)), 2 プロフェッショナルの使い方(物語を紡ぐ人,物語と出会う場所(三上延),読書が今よりも輝いていた頃(竹内洋),あなたが好きな本をあなたが好きな人が知らないのは悔しいですよね?(谷口忠大)), 3 Webの時代の図書館を活用する人々(小さな数学者たちの対話の場(結城浩),宝の山の掘り出し方(荻上チキ),図書館と青空文庫の秘密な関係(大久保ゆう)), 4 これからの図書館を作っている人々(デジタル・ライブラリアン(大場利康),だから、みんなが集まった(花井裕一郎),情報検索に魅せられて(原田隆史))

勉誠出版 2017.8 315p 21cm (A5) (ライブラリーぶっくす) 2000円 ⓘ978-4-585-20055-0 Ⓝ015.021

『図書館徹底活用術―ネットではできない!信頼される「調べる力」が身につく』
寺尾隆監修

内容 「価値ある情報」を掴みとるために―「仕事で新規プロジェクトのための調べ物を任せられた」「子育てや病気のことで悩んでいる」「情報の真偽に不安を感じる」こんな時、図書館はあなたの強い味方となる。本書は、あなたの仕事、さらに人生をも充実させる図書館の活用テクニックを紹介する!

目次 序章 図書館利用の達人に訊く!私の活用術(私の活用術1 南陀楼綾繁さん(ライター・編集者)―本は"棚で見る"ことを重視する!,私の活用術2 ハマザキカクさん(編集者)―"クラウド上の本棚"感覚で図書館を使う! ほか), 1章 進化する図書館を使いこなせ!最新検索&活用テクニック(図書館のホームページにアクセスしてフル活用のための情報を入手!,欲しい情報を早く・確実に入手するためのウェブ検索のコツ ほか), 2章 もっと効率が上がる!館内徹底利用術(資料への最短ルートは入館してすぐ見つけられる!,図書館と書店を上手に使い分けよう! ほか), 3章 本だけじゃない!今、図書館でできること(図書館は、ビジネスの課題解決をここまで支援する!,専門家に相談する前にも!法律・医療情報のアクセス拠点に ほか), 4章 深い知識はここで見つかる!専門図書館ガイド(国際・文化交流,産業・科学技術 ほか)

洋泉社 2017.2 173p 19cm (B6) 1500円 ⓘ978-4-8003-1151-1 Ⓝ015.021

『知って得する図書館の楽しみかた』
吉井潤著

内容 小さい頃から身近にある図書館。でも、その多様な使いかたを多くの人が知らない…。実は、子育てもビジネスも、図書館がしっかりサポートしている。図書館でできることを知れば、私たちの生活はもっと豊かに、楽しくなる。若き図書館長・吉井潤氏が、やさしく解説した図書館ガイドブックの決定版!

情報を集める

目次 第1章 図書館って、どうなってるの？，第2章 みんなで楽しむ図書館，第3章 図書館は金太郎飴じゃない，第4章 リゾートできる図書館，第5章 図書館を使わない方へ，第6章 図書館での出会い

勉誠出版 2016.4 230p 19cm（B6）（ライブラリーぶっくす）1800円
①978-4-585-20044-4 Ⓝ015.021

『図書館を使い倒す！―ネットではできない資料探しの「技」と「コツ」』

千野信浩著

内容「ネットにはありませんでした」。この程度で調べものをしたつもりになってはいないだろうか？北朝鮮の詳細な経済事情は？非公開の行政資料を手に入れるには？地元の近代化に尽くした偉人は？GoogleやYahoo！ではけっして探せない価値ある資料が眠っているのが、実は図書館なのだ。「週刊ダイヤモンド」記者として資料探しに精通する著者ならではの、ビジネスツールである図書館を使い倒すための「技」と「コツ」。

目次 序章 なぜ「図書館」に調べたいものがあるのか，第1章 資料は足で探せ―資料は地元に眠っている，第2章 資料探しのプロに学べ―資料は棚に眠っている，第3章 行政資料を手に入れろ―資料は役所に眠っている，第4章 消えゆく資料を探せ―資料は時間の向こうに眠っている，第5章 全国お薦め図書館ガイド，終章 図書館にクレームをつける

新潮社 2005.10 191p 18cm（新潮新書）680円 ①4-10-610140-8 ⓃN015.04

『レファレンスブックス―選びかた・使いかた』 三訂版

長澤雅男，石黒祐子著

目次 第1章 レファレンスブック・データベースの情報源，第2章 言語・文字の情報源，第3章 事物・事象の情報源，第4章 歴史・日時の情報源，第5章 地理・地名の情報源，第6章 人物・人名の情報源，第7章 図書・叢書の情報源，第8章 新聞・雑誌の情報源

日本図書館協会 2016.12 242p 21cm（A5）1400円 ①978-4-8204-1614-2 ⓃN015.2

『文献調査法―調査・レポート・論文作成必携（情報リテラシー読本）』 第7版

毛利和弘著

目次 1 本の探し方，2 雑誌記事の探し方（主要検索図），3 新聞記事の探し方（主要検索図），4 どのような種類の新聞・雑誌があるかを調べる，5 所蔵館を調べる，6 人物から文献を探す，7 人名情報の探し方，8 本文収載以外の主要書誌類一覧，9 事実・事項調査のための情報源―書誌以外のレファレンスツール，10 事実・事項調査に役立つ主要オンラインデータベース一覧

日本図書館協会 2016.5 236p 26cm（B5）1900円 ①978-4-8204-1601-2 ⓃN015.2

『図書館で調べる』

高田高史著

内容 ネットで検索→解決の、ありきたりな調べものから脱出するには。図書館の達人が、書架と分類のしくみ、使えるレファレンスツール、検索することばのセンスを磨く方法など、基本から奥の手まで、あなたにしかできない「情報のひねり出し方」を伝授します。

目次 プロローグ 今の時代に図書館は必要か，第1章 分類からの発見，第2章 書架と本を活用する，第3章 検索の世界，第4章 情報のひねり出し方，第5章 図書館でできること、自分だけができること

筑摩書房 2011.6 175p 18cm（ちくまプリマー新書）760円 Ⓘ978-4-480-68864-4 Ⓝ015.2

『図書館のプロが伝える調査のツボ』

高田高史編著

内容 エッと答えに詰まる質問、わかるようで考え込んでしまう質問に、図書館のプロが調べ方をわかりやすく伝授。最近クローズアップされている図書館のレファレンスサービスとは何か？知りたい情報を広く深く探すためのノウハウとは？調べ学習、レポート作成から、インターネット検索のコツまで、さらに図書館が活用できるツボを伝授。

目次 春から夏—さざめきの章（風の竪琴という楽器について知りたい，ある古代文字が、現代では何という漢字なのか知りたい ほか），夏から秋—きらめきの章（社是や社訓の調べ方，鎌倉時代の日本人の平均身長は ほか），秋から冬—いろどりの章（効果音を手作りするには，飛び出すトースターについて知りたい ほか），冬から春—ぬくもりの章（昔、計算に使った木の棒の使い方は，仏像の身長に基準はあるの ほか） 桜の咲く朝に 三十二の小さな情景

柏書房 2009.7 310p 19cm（B6）1800円 Ⓘ978-4-7601-3585-1 Ⓝ015.2

『図書館が教えてくれた発想法』

高田高史著

内容 だれでも納得するプロのコツ。インターネットの検索にも応用できる図書館流の調べ方。調べる学習の重要ポイントが手にとるようにわかります。

目次 まずは空間を把握します，目的に応じた使い方を考えます，調べものはイメージです，簡単な分類番号の仕組みです，絞る発想法が基本です，広げる発想法が応用です，本の並び方にはクセがあります，視野の広さを心がけます，お手軽な観点の見つけ方です，連想ゲームで観点を増やします〔ほか〕

柏書房 2007.12 253p 19cm（B6）1800円
Ⓘ978-4-7601-3246-1 Ⓝ015.2

情報を集める

『辞典・資料がよくわかる事典―読んでおもしろい もっと楽しくなる調べ方のコツ』

深谷圭助監修

内容 辞典・資料を読むコツを、図解やイラストを使ってわかりやすく解説。

目次 1 辞典には発見がいっぱい！（国語辞典を読んでみよう！，いろいろな言葉を漢字にしてみよう！，国語辞典を引いてみよう！，漢字辞典を読んでみよう！部首に注目してみよう！），2 言葉の広がりを楽しむ！（古語辞典では何がわかるの？，古語と現代用語を比べてみよう！，有名な俳句を調べてみよう！，英和・和英辞典を読んでみよう！，次つぎに知識が広がる！，類語辞典ってどんな辞典？，逆引き辞典ってどんな辞典？），3 さらにくわしい知識をふやそう！（百科事典でわかること，百科事典の使い方，日本と世界の百科事典，地図帳を見てみよう！，図鑑は見ているだけで楽しい！），4 辞典・資料を使い分けてみよう！（身近な言葉を調べてみよう！，地球について調べてみよう！，暦について調べてみよう！，桜について調べてみよう！，コンビニについて調べてみよう！），資料ページ 辞典についてもっと知ろう！（日本と世界の辞典の歴史，国語辞典ができるまで，こんな辞典があったんだ！，国立国会図書館ってどんなところ？）

PHP研究所 2007.10 79p 29×22cm 2800円 Ⓘ978-4-569-68740-7 Ⓝ015.2

『図書館のプロが教える"調べるコツ"―誰でも使えるレファレンス・サービス事例集』

浅野高史，かながわレファレンス探検隊著

内容 現場が生んだ、汎用性の高い事例37点を収録。

目次 第1章「世界のこと」を調べる，第2章「身近な生活のこと」を調べる，第3章「子どもや教育のこと」を調べる，第4章「科学のこと」を調べる，第5章「文学や芸術のこと」を調べる，第6章「社会や時事のこと」を調べる，第7章「郷土のこと」を調べる

柏書房 2006.9 286p 19cm（B6）1800円 Ⓘ4-7601-2990-1 Ⓝ015.2

『読みたい心に火をつけろ！―学校図書館大活用術』

木下通子著

内容 「何かおもしろい本ない？」「調べ学習の資料が見つからない…」等々、学校図書館には多様な注文をもった生徒たちがやってきます。そんな生徒の「読みたい！」「知りたい！」に応える様子を具体的なエピソードとともに紹介します。同時に、長年学校司書として活躍してきた著者が、本を読む楽しさや意義をビブリオバトル等、豊富な実践をもとに語ります。

目次 1章 何かお探しですか？（ある日の図書館で，どんな本を読んだらいいで

すか？ ほか），2章 学校全体で「読む」を育む（ビブリオバトルとの出会い，ビブリオバトルって何？ ほか），3章 地域で「読む」を支える（埼玉県の高校司書になる，埼玉県の高校図書館 ほか），4章 人と本がつながると、人と人がつながる（司書採用試験を再開したい！，埼玉県高校図書館フェスティバルのはじまり ほか），5章「読む」ことって何だろう？（本のはじまり，司書は本好き!? ほか）

岩波書店 2017.6 228p 18cm（岩波ジュニア新書）900円 ⓘ978-4-00-500855-1 Ⓝ017

『みんなでつくろう学校図書館』

成田康子著

内容 学校図書館を楽しい場所にしよう。共感をよぶ取り組みで、開かれた図書館を実現してきた学校司書による一冊。これまでの図書館のイメージが変わるさまざまな活用法を案内。ずっと前からあったような、でも、どこにもなかった創造的な学校図書館づくり。

目次 1章 学校図書館を居心地よい場所に（学校図書館に行ってみよう，司書の役割はコーディネーター ほか），2章 図書館を自分たちの居場所にする（アイディアに満ちた図書館オリエンテーション，手作りポップで魅力をアピール ほか），3章 図書館を舞台に何かが起きる（Nさんがみんなを連れてきた!?，映画大好きのFさんとTさん，Fさんの兄J君 ほか），4章 学校図書館をみんなでつくろう（学校図書館は生きている，学校司書として）

岩波書店 2012.1 214p 18cm（岩波ジュニア新書）820円 ⓘ978-4-00-500703-5 Ⓝ017

『学校図書館発 育てます！調べる力・考える力―中学校の実践から』

遊佐幸枝著，桑田てるみ解説

目次 序章 学校図書館機能の到達段階―はじめは「勝手にタイアップ」（学校図書館法の二つの目的をわたし流に読み替える，学校図書館機能の到達段階 ほか），第1章 調べるとは―課題解決のための6ステップ（調べられない，調べるとは ほか），第2章 図書館を使った授業を組み立てる―中学一年生の世界地理「六つの国調べ」から（図書館を使った地理の授業をもう一度，喜びは不安へ、そして… ほか），第3章 レポートの書き方を教える―中学二年生の音楽「ベートーヴェン・レポート」から（音楽でレポートを書かせる，「レポートについて指導してください」ほか），第4章 テーマを自分で決めてスピーチを―中学三年生の社会（公民）「時事問題スピーチ」から（「中三公民（経済分野）は、スピーチをやります」，図書館は、当てにされなくなった ほか），解説 進化し続ける学校図書館の道しるべ（桑田てるみ）

少年写真新聞社 2011.7 143p 19cm（B6）（シリーズ学校図書館）1600円
ⓘ978-4-87981-390-9 Ⓝ017.3

情報を集める

『専門情報機関総覧 2018』

専門図書館協議会調査分析委員会編

内容 インターネットでは得られない"体系的・網羅的な情報源"です。テーマ、地域、機関種、五十音順で探せる、全国1,645の専門情報機関ガイド。所蔵資料・利用案内・提供サービスなど各種情報を満載。専門図書館活動の指標となる各種統計データを掲載。

目次 専門情報機関一覧，専門情報機関関係団体一覧，専門情報機関統計，専門情報機関総覧2018年版 調査票

専門図書館協議会, 図書館流通センター〔発売〕2018.2 856,20p 26cm（B5）32000円
Ⓘ978-4-88130-026-8 Ⓝ018.021

『専門図書館の役割としごと』

青柳英治，長谷川昭子編著

内容 多様な専門図書館の歴史・役割・しごとを体系的に解説した初のテキスト。専門図書館の初任者や現職者の実務の手引きに。大学等の司書課程の履修者や図書館情報学を学ぶ学生の副教材としても最適。

目次 第1章 専門図書館の役割，第2章 専門図書館のマネジメント，第3章 コレクションの構築，第4章 資料の組織化，第5章 利用者へのサービス，第6章 情報検索サービス，第7章 情報の編集と資料のデジタル化，第8章 図書館サービスにかかわる著作権

勁草書房 2017.8 312p 21cm（A5）3500円 Ⓘ978-4-326-00045-6 Ⓝ018.021

『すぐ実践できる情報スキル50―学校図書館を活用して育む基礎力』

塩谷京子編著

内容 探究の過程に沿って情報スキルを一覧できる。小中9年間の発達段階を見通すことができる。スキルの内容理解と実践事例がセットになっている。授業を支える学校図書館をはじめとした学習環境の整備の仕方が見える。

目次 1 課題の設定（つかむ），2 情報の収集（見通す，集める，収める），3 整理・分析（考えをつくる），4 まとめ・表現（まとめる，表現する）

（京都）ミネルヴァ書房 2016.4 202p 26cm（B5）2200円 Ⓘ978-4-623-07661-1 Ⓝ375

76

情報を集める

インターネットの使い方

『大人を黙らせるインターネットの歩き方』
小木曽健著

内容 「個人情報」「ネットいじめ」に「成績」「炎上」…。インターネットには大人たちの心配のタネがいっぱい。だったら、そんな心配を吹っ飛ばす知恵を提案してあげよう！大人も黙って納得する、無敵の「ネットとのつき合い方」教えます。

目次 第1章 大人を黙らせるインターネットの「ひとこと」(理屈でネットリ黙らせる (華麗な使い方編)，リスクの理解で黙らせる (ド直球対策編)，眼からウロコで黙らせる (爆裂思いこみ編))，第2章 講演ナマ録！「正しく怖がるインターネット」(私のことは忘れてください，これできますか？，ツイッターで飛んできたモノ ほか)，第3章 どんな質問にも即答する質疑応答の時間 (SNSはなぜ無くならない，安全なネットサービスを知りたい，ネットは人類を幸せにするのか ほか)

筑摩書房 2017.5 206p 18cm (ちくまプリマー新書) 820円 ⓘ978-4-480-68983-2 Ⓝ007.3

『知っておきたい情報社会の安全知識』
坂井修一著

内容 コンピュータやインターネットの発展は、高度な情報社会をつくりあげる一方で、かつてない事件や事故を引き起こす存在にもなっている。ITを基盤とした情報社会を、どうしたら安心・安全にできるのか。また私たちの対策は何か。そのために必要な知識を、現実に起きている事例をとりあげて、ていねいに解説する。

目次 プロローグ 幸福な情報社会と不幸な情報社会，第1章 情報社会の爆発的発展 (コンピュータとインターネット，ITの発達が社会を変えた，ITにはどんな問題があるか)，第2章 情報社会で何が起こっているのか (どんな事故や事件が起こっているのだろう，ITとは何なのか，なぜ事故や事件が起こるのか，さまざまな攻撃)，第3章 どんな安全対策をとればいいのだろう (事件や事故に巻き込まれないために，日常やるべきこと，失敗したとき・困ったとき，暮らしと個人を守る)，エピローグ S君のおじいさんの後日談，付録 IT関連の法律の条文 (抜粋)

岩波書店 2010.3 195p 18cm (岩波ジュニア新書) 780円 ⓘ978-4-00-500649-6 Ⓝ007.3

77

情報を集める

『デジタル・アーカイブの最前線―知識・文化・感性を消滅させないために』
時実象一著

内容 災害の悲しい記憶も、映画の名場面が生む感動も、人類が未来に残すべき貴重な「知の遺産」である。だが、それらを守るしくみが崩れつつあるいま、出版物は孤児と化し、映像は再生不能となり、ウェブ世界でも膨大な情報がどんどん消えている。これらを電子的に保存すべく、世界の有志たちが立ち上がり、推進するデジタル・アーカイブ。その考え方、方法から乗り越えるべき問題まで。

目次 第1章 歴史を記録するアーカイブ（東日本大震災とアーカイブ、テレビニュースを保存しよう、昔のホームページはどこに）、第2章 文化を記録するアーカイブ（映画を消滅から救う、家族の写真を保存する、音を保存しよう、芸術作品のアーカイブ）、第3章 活字を記録するアーカイブ（本をアーカイブする、新聞記事で歴史をひもとく、作られなかった議事録、アカデミズムのアーカイブ）、第4章 アーカイブの技術（デジタルデータの技術、アーカイブのネットワークで世界がつながる）、第5章 これからのアーカイブ（アーカイブに立ちふさがる壁、デジタル・ヒューマニティーズのすすめ）

講談社 2015.2 218p 18cm（ブルーバックス）860円 Ⓘ978-4-06-257904-9 Ⓝ007.5

『Googleサービス完全マニュアル』
桑名由美著

内容 基本操作から活用のヒントまで、仕事でも日常でも役に立つ無料サービスを使い倒そう。スマホにフル対応。

目次 01 まずはGoogleのサービスについて知っておこう、02 Googleの検索機能を使いこなそう、03 カーナビやお店の検索もできるGoogleマップを活用しよう、04 Gmailでメールを一本化してどこからでもやり取りしよう、05 共有もできるGoogleカレンダーで予定を管理しよう、06 Google Chromeで快適にホームページを閲覧しよう、07 Googleドライブで文書を作成、編集、管理しよう、08 YouTubeで動画を閲覧・投稿しよう、09 加工もできるGoogleフォトで写真や動画を管理しよう、10 翻訳、AIアシスタント…いろいろなGoogleサービスを使ってみよう、11 Googleの設定を変えて安全、快適に使おう

秀和システム 2018.4 299p 21cm（A5）1380円 Ⓘ978-4-7980-5421-6 Ⓝ007.58

『はじめての今さら聞けないネット検索』
羽石相著

内容 できる！検索ができる人から学ぶ、誰も教えてくれない検索の基礎とは。

あなたが検索できない理由を知ろう。辞書だと思えば楽にコツがつかめる。その"モヤモヤ"を解消できますか？キーワードがわかれば解決。図解でわかりやすく説明！

目次 第1章 正しい「ネット検索」とは？そもそも「検索」って何？，第2章 これを知っておけば困らない！，第3章 キーワードがわかっているときにやってみよう，第4章 キーワードがわからないときにやってみよう，第5章 もっと上手にネット検索できるために，付録

秀和システム 2016.3 127p 24×18cm（BASIC MASTER SERIES）1400円
Ⓘ978-4-7980-4604-4 Ⓝ007.58

『オンライン情報の学術利用─文献探索入門』

西岡達裕著

目次 1 OPACとWebcatの活用，2 オンライン出版目録の活用，3 雑誌論文の探索，4 新聞記事の検索，5 インターネット・リソースの活用，6 外国語文献とオンライン情報

日本エディタースクール出版部 2008.5 64p 21cm（A5）500円 Ⓘ978-4-88888-383-2 Ⓝ007.58

『情報リテラシー入門 2019年版』

中川祐治ほか著

目次 1章 パソコンの基本操作，2章 情報セキュリティ，3章 ネットワークの利用，4章 コンピュータ，5章 情報とデータ，6章 ネットワークとネットサービス，7章 情報利活用：文書作成，8章 情報利活用：表計算，9章 情報利活用：プレゼンテーション

日経BP社，日経BPマーケティング〔発売〕2019.3 211p 26cm（B5）2300円
Ⓘ978-4-8222-9235-5 Ⓝ007.6

『信じてはいけない─民主主義を壊すフェイクニュースの正体』

平和博著

内容 デマや中傷、陰謀論など、事実に基づかない偽情報「フェイクニュース」。真実の中に巧みに虚偽を織り交ぜることで人々を信じ込ませ、SNSとスマートフォンによってネット上に拡散していく。現実の政治に影響を及ぼし、私たちの生活を破壊さえし始めたそれは、いったい誰が、何の目的でつくっているのか？騙されないためにはどうすればよいのか？朝日新聞IT専門記者が、情報社会の深奥に踏み込む！

目次 第1章 フェイクニュースとは，第2章 拡散の仕組みとは，第3章 フェイクニュースが与えた影響，第4章 トランプ政権とフェイクニュース，第5章 発信者たち，第6章 ダマされないためには，第7章 ファクトチェックで対抗する，第8章 フェイスブックの責任，第9章 日本で、そしてこれから，終章 ウェブの発明者の懸念

朝日新聞出版 2017.6 239p 18cm（朝日新書）760円 Ⓘ978-4-02-273719-9 Ⓝ361.45

情報を集める

『実験でわかるインターネット』

岡嶋裕史著

内容「インターネットのしくみなんて知らなくても使える！」と思っていませんか。実は、しくみを知ることで、危険から身を守り、自由に使いこなせるのです。パソコンで簡単にできる実験を通して、ネットワークの構造をやさしく解説。暗記ではなく、手を動かして知識が身につくネットワーク/インターネット入門書です。

目次 第1章 ネットワークにつないでみよう（ネットワークの全体像はどうなっている？―OSI基本参照モデル，コンピュータはどうやって相手を見分けるか―MACアドレス，遠くのコンピュータにつなぐには―IPアドレス，ソフトどうしはどうやってつながるのか―ポート番号），第2章 つながったコンピュータで何ができるか（インターネット上の「電話帳」の使い方を覚えよう―DNS，手動でホームページを作ってみよう―HTML，手動でホームページを手に入れてみよう―HTTP，手動でメールを受け取ってみよう―POP3，手動でメールを送ってみよう―SMTP），第3章 インターネットをもっと使いこなす（メールは盗聴される！，個人ページの情報はどうやって漏れる？，IPアドレスを水増しする魔法のふくらし粉―プライベート・アドレス）

岩波書店 2010.3 202,2p 18cm（岩波ジュニア新書）780円 ⓘ978-4-00-500651-9 Ⓝ547.483

『ウェブがわかる本』

大向一輝著

内容 インターネット上の情報空間であるウェブは、ブログ・SNS・集合知の3つのしくみをとりこみ、はかりしれないパワーと楽しさをもった。その一方で、使う人のコミュニケーションのとり方や情報の扱い方が問われるようになった。新世代のウェブを使いこなすには、どんなスキルが必要なのか。実際に使いながら、考えてみよう。

目次 1章 ウェブって何だろう？（ウェブのある風景，もしもウェブがなかったら，ウェブの形，ウェブのしくみ），2章 ウェブはどのように変化してきたのか（情報を保存し、伝える，大量の情報をあつかう時代，ウェブの時代，情報検索の時代，新しいウェブの時代），3章 ウェブを形づくるしくみ（ブログ，SNS，集合知，検索），4章 ウェブを使ってレポートを書こう（テーマを決める，情報収集をする，レポートを書いて、公開する），5章 ウェブとつきあうために（コミュニケーションの問題，共有の問題，ウェブとつきあうためのスキル）

岩波書店 2007.4 179p 18cm（岩波ジュニア新書）940円 ⓘ978-4-00-500562-8 Ⓝ547.483

情報を集める

博物館・美術館へ行こう

『見る目が変わる博物館の楽しみ方―地球・生物・人類を知る』
矢野興一編著

内容　裏側を知れば、博物館がもっと楽しくなる。剥製や標本のつくり方から、展示の工夫まで。

目次　第1章 博物館とは？，第2章 鉱物・隕石，第3章 恐竜・古生物，第4章 菌類，第5章 植物，第6章 昆虫，第7章 魚類，第8章 動物，第9章 考古学

ベレ出版 2016.10 435p 21cm（A5）（BERET SCIENCE）2800円
Ⓘ978-4-86064-490-1 Ⓝ069

『博物館のひみつ―保管・展示方法から学芸員の仕事まで』
斎藤靖二監修

目次　1章 博物館に行ってみよう（博物館のなかを見てみよう，博物館に展示されているもの，展示物のならべ方のくふう，展示物をわかりやすく解説するくふう，探検！世界の自然史博物館，見てみよう いろいろな博物館の展示のくふう），2章 博物館の仕事（自然をいろいろな分野から研究する，研究のすすめ方1 研究の流れ，研究のすすめ方2 研究のための資料を集める，研究のすすめ方3 研究資料を標本する，新種の生き物の発見！，標本づくりを見てみよう，研究資料を保管する，収蔵品ギャラリー，自然に関することを一般の人に伝える，見てみよう いろいろな博物館の収蔵庫），3章 博物館ではたらく人（研究をおこなう学芸員，博物館の学芸員になるには，博物館をささえる人たち，博物館をささえるボランティアの人たち）

PHP研究所 2016.6 63p 29×21cm（楽しい調べ学習シリーズ）3000円
Ⓘ978-4-569-78549-3 Ⓝ069

『博物館へ行こう』
木下史青著

内容　博物館では世界や歴史を感じ、自分を取りもどすことができる。東京国立博物館の本館リニューアルにも携わった展示デザイナーが目指すのは「記念撮影したくなる展示風景」だ。展覧会ができるまでの仕事や国内外で進化中の博物館の魅力を語りつくす。

目次　1 博物館に記念撮影したい展示風景を，2 博物館の仕事，3 博物館を楽しむ，4 進化する博物館，5 博物館へ行こう，付

情報を集める

録 ぼくの博物館手帳

岩波書店 2007.7 192,7p 18cm〈岩波ジュニア新書〉840円
Ⓘ978-4-00-500571-0 Ⓝ069

『博物館学への招待』

　リュック・ブノワ著，水嶋英治訳

内容 芸術作品や歴史的遺物が，展示され、保存されている空間。すなわち、博物館の成り立ちについて、本書は面白いエピソードを織りまぜて概説しつつ、博物館学の基礎知識をわかりやすく紹介してゆく。フランスの名誉学芸員による、記念碑的名著。巻末には、「欧米の博物館・美術館案内」を付した。

目次 第1章 コレクションの精神，第2章 コレクションから博物館へ，第3章 博物館の建築，第4章 博物館資料の展示，第5章 博物館資料の研究，第6章 博物館資料の保存，第7章 資料の前の一般大衆，第8章 博物館の形態

白水社 2002.3 165,21p 18cm〈文庫クセジュ〉
〈原書名：Musées et Muséologie〈Luc Benoist〉〉951円 Ⓘ4-560-05849-0 Ⓝ069

『学べる！遊べる！理系スポット案内』 新版

内容 すぐに行きたい！全国の理系のスポット154！全国の科学博物館、科学館、水族館、飛行機整備工場など、理系の観光スポットを徹底紹介!!

目次 関東，北海道・東北，甲信越・北陸，東海，近畿，中国・四国，九州・沖縄

キョーハンブックス 2014.10 127p 21cm（A5）1300円 Ⓘ978-4-87641-829-9 Ⓝ069.021

『子どもとミュージアム―学校で使えるミュージアム活用ガイド』

　日本博物館協会編

目次 第1章 ミュージアムで育つ力（ミュージアムと教育，新教育課程と「生きる力」，ミュージアムを教育に利用するメリット），第2章 ミュージアムってどんなところ？（あなたは答えられる？ミュージアムの基礎知識Q&A，ミュージアムへ行こう！学びのツールを発見しよう！，学校団体のためのサービスを利用しよう！），第3章 達人に聞く1 ミュージアムで授業（チャレンジ！ミュージアムで学ぼう！，「ミュージアムで授業」の流れ，「ミュージアムで授業」の実践例），第4章 達人に聞く2 教室でのミュージアム利用（ミュージアムに出かけられない先生のために，日々の授業が変わる？資料や標本を借りて行う社会科の授業，「出前授業」の活用法―オーダーメイドの授業づくり），第5章 ミュージアムから広がる可能性（もっとあります！ミュージアムの活用法，情報収集の「近道」―教員向けの研修会，特論 子どもたちに「本物との出会い」をつくりだすことはできるか？）

ぎょうせい 2013.9 145p 26cm（B5）2000円 Ⓘ978-4-324-09679-6 Ⓝ375.14

情報を集める

『授業で使える！博物館活用ガイド―博物館・動物園・水族館・植物園・科学館で科学的体験を』

国立科学博物館編著

内容 博物館を利用した15のプログラムを解説。すぐに授業に使える学習活動案を掲載。巻末に「学校で使える博物館リスト」を掲載。ワークシートや教材の写真が入ったCD-ROMつき。

目次 序章 博学連携の背景と考え方，第1章 学校の授業で博物館を使うには，第2章 科学的体験学習プログラムの活用（自分の木，骨ほねウォッチング，飛ぶたねのふしぎ，燃やしてみよう！酸素と二酸化炭素を実感しよう！，鳥を見る・鳥とくらべる・鳥になる（小学生編）ほか），第3章 資料編

少年写真新聞社 2011.3 207p 26cm（B5）〈付属資料:CD-ROM1〉2000円 ⓘ978-4-87981-381-7 Ⓝ375.42

『国立科学博物館のひみつ 地球館探検編』

成毛眞著，国立科学博物館監修

内容 リニューアル後の地球館を中心に、研究者に聞いた科博の見どころ＆遊びどころがいっぱい！

目次 1 地球館探検ガイド（地球史を体感し生物の多様性に触れる，暮らしのなかの科学技術，世界の動物たちに会う，科博の恐竜コレクション，46億年の生命進化，宇宙と物質の関係，屋上の憩いスペース），2 ナショナルセンターとしての科博のこれからと新たな試み（博物館を遊び場に―親と子のたんけんひろばコンパス，コミュニケーションで理解を深める―かはくのモノ語りワゴン，開かれた科学の現場―3万年前の航海 徹底再現プロジェクト），対談 成毛眞×藤野公之副館長―科博は進化しつづける―あとがきにかえて

ブックマン社 2017.3 231p 21cm（A5）1800円 ⓘ978-4-89308-877-2 Ⓝ406.9

『標本の本―京都大学総合博物館の収蔵室から』

内容 大学創立100年以上、260万余点の標本が眠る地下収蔵室。驚愕の知のワンダーランド初公開。

目次 さまざまな標本がある（標本は半永久的，目的に応じて，さまざまなフラットスキン ほか），同定と比較（同定と比較―数の必要，データの集積―頭骨とあごの骨，頭骨とあごの骨の計測データ ほか），求め続ける（あらゆるものから―生薬，産業との関わり，愛でたい標本 ほか），フィールドにて―アカネズミを捕獲して標本をつくるまでのこと

（京都）青幻舎 2013.3 171p 21×26cm 3200円 ⓘ978-4-86152-385-4 Ⓝ460.73

情報を集める

『動物園のひみつ―展示の工夫から飼育員の仕事まで』

森由民著

目次 1章 動物園の動物たち（これが動物園だ！，いろいろな動物が生きられるのはなぜ？，建物の中に展示されている動物がいるのはなぜ？ ほか），2章 動物園で働く人たち（飼育員の1日に密着！，動物たちはどんなものを食べているの？，ここがすごい！エサやりの工夫 ほか），3章 動物園で生まれて育つ命（動物園の赤ちゃん大集合！，赤ちゃんはどのようにして生まれるの？，動物どうしがお見合いをするって本当？ ほか）

　　　　　　　　　　PHP研究所 2014.2 63p 29×22cm（楽しい調べ学習シリーズ）3000円
　　　　　　　　　　　　　　　　　Ⓘ978-4-569-78374-1 Ⓝ480.76

続刊
『水族館のひみつ―おどろきのしくみから飼育係の仕事まで』新野大著 2013.11

『決定版 日本水族館紀行』

島泰三文，阿部雄介写真

内容 『翼の王国』の大人気連載が豪華ビジュアルブックになりました！2007年4月号から2012年5月号まで掲載された記事に加え、『すみだ水族館』や『京都水族館』など、最新の水族館も追加取材。天才動物カメラマン・阿部雄介と、動物行動学者・島泰三が、世界に類を見ない驚きの魚たちを鑑賞し尽くした水族館ガイドの決定版！全国63館を網羅！

目次 第1章 北の水族館，第2章 日本海沿岸の水族館，第3章 都市型の水族館，第4章 太平洋岸の水族館，第5章 淡水系の水族館，第6章 東京湾周辺の水族館，第7章 瀬戸内水系の水族館，第8章 南の水族館

　　　木楽舎 2013.8 238p 26cm（B5）（翼の王国books）2800円 Ⓘ978-4-86324-064-3 Ⓝ480.76

『研究する水族館―水槽展示だけではない知的な世界』

猿渡敏郎，西源二郎編著

内容 水族館に学ぶ、生きた水生生物学。サンゴ、タガメ、カニから、マグロ、ジンベエザメまで、バラエティーに富んだ研究と学びの場。水族館における研究の歴史や研究テーマ、研究の進め方などについて論述した概論、「集める」仕事の舞台となるフィールドと関連した研究、「飼う・見せる」仕事が行われている水族館内での研究、これらの仕事の成果を基にして水族館の外で行われた研究の4部に分けて紹介。

目次 第1部 水族館の研究（水族館の発展と研究，水族館との共同研究―魅力、実績、注意点 ほか），第2部 水族館のフィールド研究（深海化学合成生態系生物の飼育研究，高知県以布利（いぶり）の魚を調べる ほか），第3部 水族館の館内

研究（八放サンゴ類の分類学と標本管理，カニ類幼生研究の実際──スベスベマンジュウガニとアカマンジュウガニの個体発生を例に ほか），第4部 水族館から再び外へ！（ジンベエザメはどこへ行く？──衛星発信機による巨大魚の回遊ルート調査，海ののんき者、マンボウの謎 ほか）

（秦野）東海大学出版会 2009.3 238p 21×14cm 3200円 Ⓘ978-4-486-01824-7 Ⓝ480.76

『美術館のひみつ──展覧会の準備・開催から学芸員の仕事まで』
草薙奈津子監修

目次 1 美術館に行ってみよう！（美術館にはさまざまな種類の美術作品がある，美術館の展覧会に行ってみよう，美術館のことを知ってもっと楽しもう，美術館は美術を専門とする博物館，さまざまな種類がある美術館），2 美術館の役割を知ろう！（美術館の役割は展覧会を開くだけではない，美術館が行う美術作品の集め方，美術作品をトラブルから守るための工夫，展示の方法とレイアウトのテクニック，所蔵品展と企画展とのちがい，企画展の流れ──準備から開催まで，公立の美術館は市民も活用できる場所，地道な調査・研究がよい展示につながる），3 美術館で働く人びと（さまざまな人がいて美術館は成り立っている，美術館をより魅力的にする学芸員の仕事，学芸員になるにはいくつかの方法がある，美術作品を梱包、運搬、展示する専門職，未来に残すため美術作品を直す専門家）

PHP研究所 2017.1 63p 29×22cm（楽しい調べ学習シリーズ）3000円
Ⓘ978-4-569-78613-1 Ⓝ706.9

『美術館の舞台裏──魅せる展覧会を作るには』
高橋明也著

内容 1997年、スペインのさびれた地方都市ビルバオに世界的に有名な建築家フランク・ゲーリー設計のビルバオ・グッゲンハイム美術館が誕生しました。その集客は最初の3年間で400万人、収益約5億ユーロ！しかしこの美術館は存続の危機に陥った老舗名門美術館による起死回生の挑戦でした。美術品の保存と研究を旨とする美術館に、今、商業化とグローバル化の波が押し寄せています。新しく変わりつつある文化の殿堂で何が起きているのでしょうか？

目次 第1章 美術館のルーツを探ってみると…，第2章 美術館の仕事、あれやこれや大変です！，第3章 はたして展覧会づくりの裏側は？，第4章 美術作品を守るため、細心の注意を払います，第5章 美術作品はつねにリスクにさらされている？，第6章 どうなる？未来の美術館

筑摩書房 2015.12 218p 18cm（ちくま新書）780円 Ⓘ978-4-480-06861-3 Ⓝ706.9

情報を集める

『美術館へ行こう』

草薙奈津子著

内容 個性的な展覧会や多彩なワークショップは、どのようにつくられているの?学芸員は何をするの?美術館の表の仕事から舞台裏、さらにはその楽しみ方までを、現役の学芸員でもある著者が、豊富な写真を交えていねいに解説、芸術と人の出会いを橋渡しする美術館の魅力を堪能できる一冊。

目次 序章 美術館へ行こう(美しいものと出会う,一〇代のための美術館活用法 ほか).1章 展覧会をつくるプロセス(誰もが楽しめる展覧会,鑑賞教育の場、そして社会教育の場でもある ほか),2章 美術館でつながる(ワークショップも大きな仕事,ある試み―ムービング・デッサン ほか),3章 美術館の仕事―舞台裏編(紙面版バックヤードツアーで美術館の裏側を体感,ミュージアムホール ほか),終章 くらしのなかにある美術館を目指して(美術館の歴史,美術鑑賞とは ほか)

岩波書店 2013.3 176,12p 18cm(岩波ジュニア新書)820円 ⒤978-4-00-500737-0 Ⓝ706.9

『ぐるぐる博物館』

三浦しをん著

内容 人類史の最前線から、秘宝館まで、個性あふれる博物館を探検!書き下ろし「ぐるぐる寄り道編」も収録!好奇心とユーモア全開、胸躍るルポエッセイ。

目次 第1館 茅野市尖石縄文考古館―私たちはつながっている,第2館 国立科学博物館―親玉は静かに熱い!,第3館 龍谷ミュージアム―興奮!の仏教世界,第4館 奇石博物館―おそるべし!石に魅せられた人々の情熱,第5館 大牟田市石炭産業科学館―町ぜんぶが三池炭鉱のテーマパーク,第6館 雲仙岳災害記念館―災害に備えつつ穏やかに暮らすということ,第7館 石ノ森萬画館―冒険と希望の館で失神するの巻,第8館 風俗資料館―求めよ、さらば与えられん,第9館 めがねミュージアム―ハイテク&職人技の総本山,第10館 ボタンの博物館―美と遊びを追求せずにはいられない

実業之日本社 2017.6 250p 19cm(B6)1600円 ⒤978-4-408-53707-8 Ⓝ914.6

情報を集める

実験・観察

『魅了する科学実験』

早稲田大学本庄高等学院実験開発班著

内容 科学コンテストで続々と受賞生徒を生み出している魅惑の実験手法を大公開！身近な材料でラボレベルの実験を再現。生物・化学・物理の科目の壁を取り払い、総合的に理解・思考する力が育つ実験手法。

目次 電子レンジで宝石作り!?ルビー合成，世にも美しい透明骨格標本，日常に潜む科学の知恵 4路スイッチの研究，見よ！これが太陽の力だ！超強力パラボラ集光器，都市型資源の探求 ゴミから金を抽出!?，どんどん色が変わる液体 酸化還元，食品添加物のパワーを体感する！，手作りで本格派窒素レーザー，目には見えないものを見る！放射線，自作日焼け止めで学ぶ 紫外線，生徒の目が輝く！炎色反応プレゼンテーション，猿に矢は当たるのか？空中衝突実験，DIYで行う 水蒸気蒸留＆超臨界抽出，19世紀の天気予報!?ストームグラス，お役立ち実験用台座を自作

すばる舎リンケージ，すばる舎〔発売〕2015.8 205p 21cm（A5）2200円
Ⓘ978-4-7991-0444-6 Ⓝ375.42

続刊

『魅了する科学実験2』2018.5

『基礎から始める！理科実験ガイド』

片江安巳著

目次 第1章 実験器具の基本操作（実験の準備，測る，加熱する，分ける，作る，実験の後片付け，理科室や準備室の整理），第2章 試薬・溶液の扱い方（試薬・溶液の取り扱い，試薬の特性と取り扱い，溶液の取り扱い），第3章 実験してみよう（「とける」とは？，炎色反応，気体の実験，物質の三態，酸化と還元，電気めっき，電池の実験），第4章 実験中の事故の予防と対処（事故を防ぐために，事故が起きた場合の応急手当）

少年写真新聞社 2012.5 79p 26cm（B5）1800円 Ⓘ978-4-87981-426-5 Ⓝ375.42

『やさしくわかる化学実験事典』

左巻健男編著

内容 基本の実験を、初心者にもわかりやすく解説。小学校・中学校レベルの実験書の決定版。

目次 1 物質とは何か？，2 溶解・溶液，3 気体，4 物の温まり方・状態変化，5

化学変化入門，6 イオン、電池，7 酸・アルカリ、中和

東京書籍 2010.9 255p 21cm（A5）2200円 ⓘ978-4-487-73139-8 Ⓝ375.42

『手軽にできる！中学校理科 観察・実験のアイデア50』

青野裕幸著

目次 第1章 手軽にできる！観察・実験のポイント（理科好きを育てるには、やっぱり観察・実験の充実を！，観察・実験で生徒をグッと引き込むポイント，生徒を引き込むネタ探しのポイント，安全指導のポイント），第2章 手軽にできる！観察・実験のアイデア50（物理分野，化学分野，生物分野，地学分野）

明治図書出版 2018.9 125p 21cm（A5）（中学校理科サポートBOOKS）1900円
ⓘ978-4-18-203823-5 Ⓝ375.423

『高校教師が教える化学実験室―高校大学の授業にプラスアルファ！ユニークな実験集』三訂版

山田暢司著

目次 物質・原子・分子・イオン，物質量と化学変化，熱化学，酸と塩基，酸化還元反応，電気と電池，色と光で化学分析，反応速度，有機化学，食品，環境，アート，工作，新技術・新素材，不思議・マジック・遊び

工学社 2017.8 199p 21cm（A5）(I・O BOOKS) 2400円 ⓘ978-4-7775-2024-4 Ⓝ375.434

『2階から卵を割らずに落とす方法―科学の歴史を実験で振り返る本』

ショーン・コノリー著，古谷美央訳

内容 ガリレオ、ダーウィン、アインシュタインetc.科学者たちはみんな冒険者だった！すぐに、簡単にできる実験で実は危険と隣り合わせだった科学の歴史を追体験！とっておきの物語で、いつの間にか科学がわかるようになる。

目次 紀元前200万年より前 人類が初めて石器を手にしたとき，紀元前160万年〜100万年人類、火を操ることに成功，紀元前8000年弓矢、そっと忍びよる恐怖，紀元前3500年シュメール人の大発明，紀元前330年「平らではない！」とアリストテレスは叫んだ，西暦132年予測的中！張衡の地震計，西暦850年中国の錬金術師の火薬，西暦1504年月食は神の怒り？，西暦1616年ガリレオが望遠鏡で見たもの，西暦1665年アイザック・ニュートンのりんご〔ほか〕

ディスカヴァー・トゥエンティワン 2014.11 293p 19cm（B6）1800円
ⓘ978-4-7993-1595-8 Ⓝ402

情報を集める

『科学が好きになる22のヒントと実践』

藤嶋昭監修，東京応化科学技術振興財団編，横浜市サイエンス研究会著

目次　1章 身の回りの不思議をサイエンスで解こう！（光と色の不思議な世界─炎色反応を楽しもう，ドライアイスから炭をとりだそう─ドライアイスをマグネシウムで還元 ほか），2章 サイエンスホビーを楽しもう（なんでも標本にしてみよう！─集めることに意味がある，ビーチコーミングをしよう！─海岸漂着物の観察 ほか），3章 学校では習わない、こんな実験もある（−196℃の世界を体験しよう─液体窒素でガチガチ，食材で作ろう理科教材モデル─おいしく楽しむ食欲魔人の実験 ほか），4章 グレードアップ、サイエンス実験と学習（はじめの一歩「なぜ」から？─モーターを作ろう，実験装置を自作しよう─電気泳動の実験 ほか）

東京書籍 2015.2 156p 21cm（A5）（ヤングサイエンス選書 7）1200円
Ⓘ978-4-487-80717-8 Ⓝ404

『理系アタマがぐんぐん育つ 科学のトビラを開く！実験・観察大図鑑』

ロバート・ウィンストン著，西川由紀子訳

目次　自然を観察しよう（動物スパイ活動！，集まれ！ちょうちょ ほか），天気の世界を実験しよう（風船気圧計，ペットボトル雨量計 ほか），水の力を実験しよう（巨大シャボン玉，トルネード・ボトル ほか），空と大地で実験しよう（くるくるヘリコプター，ダイヤモンド・カイト ほか）

新星出版社 2018.7 159p 29×23cm〈原書名：Outdoor Maker Lab〈Robert Winston〉〉2400円
Ⓘ978-4-405-02251-5 Ⓝ407.5

『中学生の理科自由研究 完全版─レポートの実例&発展研究つき』

学研教育出版編

内容　1時間でできる超カンタン研究から、ハイレベル研究まで。身近な材料ですぐできる。実験成功のコツがよくわかる。

目次　10円玉のピカピカ実験，夕焼け空はなぜ赤い？，氷のとけ方の研究，虫の動きに決まりはあるの？，鏡にうつる像の研究，色が変わるコマの実験，平行に見えない平行線の研究，紅茶の色はなぜ変わる？，ビタミンCの検出実験，酵素のはたらきの研究〔ほか〕

学研教育出版，学研マーケティング〔発売〕2012.6 144p 26cm（B5）
（学研の自由研究シリーズ）900円 Ⓘ978-4-05-203588-3 Ⓝ407.5

続刊
『中学生の理科自由研究 チャレンジ編』改訂版 2013.6

情報を集める

『よくわかる、おもしろ理科実験―身近な現象の探究から環境問題へのアプローチまで』

川村康文著

目次 第1章 どうして、理科実験が大切なのか？（科学はもっと楽しく学ぶべきだ，理科実験は「人間力」を高めてくれる，実験教材もどんどん進歩していくべきだ ほか），第2章 楽しく、よくわかる、おもしろ実験集（スプーン、フォーク…台所用品で電池を作ろう，川村式「手回し発電機」を作ろう，身近なドリンクで燃料電池を作ろう ほか），第3章 もっと多くの人に実験の楽しさを伝えたい（科学者も研究室から飛び出そう，現代版『ロウソクの科学』を続けていきたい，サイエンス・ライブショーという新たな展開 ほか）

オーム社 2009.3 125p 19cm（B6）（東京理科大学・坊っちゃん選書）1200円
①978-4-274-20672-6 Ⓝ407.5

『ビーカーくんのゆかいな化学実験―その手順にはワケがある！』

うえたに夫婦著

内容 この本は、実験器具たちが案内してくれる化学実験の本です。学校の理科室で見たことのある楽しい実験や、研究室で味わったドキドキハラハラな実験が盛りだくさん。懐かしいと感じる方も、今まさに取り組んでいる方も、ぜひ読んでみてください。

目次 1 実験をする前に（実験に対する心得10カ条，安全に実験をするために ほか），2 つくる実験（気体の製法と性質を調べる，結晶作りは時間がかかる ほか），3 はかる実験（質量の変化，密度と比重 ほか），4 観察する実験（水に溶けやすい気体，水はどこだ ほか），5 分ける実験（ろ過，抽出 ほか）

誠文堂新光社 2018.2 159p 21cm（A5）1500円 ①978-4-416-51814-4 Ⓝ432

『実験を安全に行うために』第8版

化学同人編集部編

内容 10年ぶりの大改訂！法規改正や実験現場の実情をふまえ、最新状況にマッチした手引書に。2色刷になって見やすくなりました！

目次 1章 危険な物質と有害な物質（危険物，高圧ガス ほか），2章 実験室から発生する廃棄物（産業廃棄物の種類と委託処理，外部委託のための廃液貯留 ほか），3章 危険な装置の取扱い（電気装置，レーザーなど ほか），4章 応急処置法（薬品による障害，外傷 ほか），5章 災害対策（火災対策，地震対策）

（京都）化学同人 2017.2 144p 21cm（A5）800円 ①978-4-7598-1833-8 Ⓝ432

情報を集める

『実験マニア』

山田暢司著

内容 身近な材料で簡単にできる化学実験がまさか，こんなにもたくさんあるとは！小学生から大人までが楽しめる，あっと驚くとても不思議な30の化学実験。

目次 1 変わる！（たいした大気圧―大気の力で空き缶をつぶす，華麗なる過冷却―爆発的な結晶化「ブレイク」を起こす ほか），2 光る！燃える！（ガムテープのがむばるパワー―暗闇でガムテープをはがす，エジソンも見た？光を再現―シャープペンシル用の芯を光らせる ほか），3 動く！（たいへんな帯電！―水を電気の力で引き寄せる，重いように思いますね？――一円玉を水の上に浮かばせる ほか），4 知らなかった！（イクラ何でも！―人工的に魚卵を作る，ドライアイスにトライ！―固体が気体に変わるパワーを観察する ほか）

亜紀書房 2013.4 208p 19cm（B6）1300円 ⓘ978-4-7505-1306-5 Ⓝ432

『はじめての化学実験』

西山隆造，安楽豊満共著

内容 本書は、1970年9月に出版された『図解 初めて化学の実験をする人のために』の内容を精選し、新たな項目を加えて充実一新して編集したものである。

目次 序章 実験を行うに当たっての諸注意，1章 これだけは知っておきたい実験の基本操作，2章 試薬の使い方・溶液のつくり方，3章 簡単な無機の定性実験，4章 簡単な有機の定性実験，5章 イオン交換樹脂を用いた実験，6章 ペーパークロマトグラフィーの実験，7章 pHの測定，8章 比色分析の実験，9章 容量分析の実験，10章 定量分析の実験，11章 身近な環境の実験

オーム社 2000.5 198p 21cm（A5）2200円 ⓘ4-274-12001-5 Ⓝ432

『研究のためのセーフティサイエンスガイド―これだけは知っておこう』

東京理科大学安全教育企画委員会編

目次 実験室における安全の基本，事故事例と教訓，化学薬品の取り扱い方，生物科学実験を始める前に，放射性核種と放射線，実験室での器具の取扱い，高圧（圧縮）ガス，加圧液化ガス、液化ガスの取扱い，電気の安全な使い方，廃棄物の安全処理，事故防止と緊急対応，化学物質管理 学生として知っておくべきこと，研究者のマナー

朝倉書店 2012.3 160p 26cm（B5）2000円 ⓘ978-4-254-10254-3 Ⓝ432.1

情報を集める

『天体観測入門』

渡部潤一著

目次 肉眼で見る—観察編1（肉眼で見上げることから始めよう，肉眼で星空をながめるコツ ほか），双眼鏡，望遠鏡で見る—観察編2（双眼鏡・望遠鏡を使う，双眼鏡・望遠鏡の光学系 ほか），撮る—撮影編（天体写真を撮るための道具，固定撮影:星の風景を撮影する ほか），測る—観測編（天体観測の基礎:座標系，天体観測の基礎:時刻系 ほか）

大日本図書 2012.3 80p 24×19cm（天文・宇宙の科学）2500円 ①978-4-477-02629-9 ⑩442

『おもしろサイエンス 岩石の科学』

西川有司著

内容 "岩石"は，"石""砂""泥"など，様々に形や名前を変え、あらゆる所に存在します。そして、地球の悠久の営みの中で、岩石は誕生、移動、消滅を繰り返しながら循環し、石材や鉱石に利用されたり、時として災害を起こしたりし、私たちの生活に深くかかわっているのです。

目次 第1章 岩石ってどんなものを指すの？，第2章 たくさんある岩石の種類、区別は難しい，第3章 岩石のでき方はいろいろ，第4章 岩石と生物の関係—化石も岩石⁉，第5章 地球は岩石の塊なのだ！，第6章 岩石は誕生から消滅まで循環している，第7章 岩石の様々な利用と社会の関係

日刊工業新聞社 2018.6 151p 21cm（A5）（B&Tブックス）1600円 ①978-4-526-07858-3 ⑩458

『身近な自然の観察図鑑』

盛口満著

内容 長年自然の中を歩き、観察を楽しみ、教えてきた著者が、自然観察に必要な視点や魅力を丁寧に解説。精細なスケッチも満載です。さあ、この一冊を持って、街へ、林へ、飛び出そう。道ばた、公園、家、スーパー。近所は発見の宝庫！

目次 第1章 道ばた，第2章 街の中，第3章 公園，第4章 家と庭，第5章 台所，第6章 里山

筑摩書房 2017.4 270p 18cm（ちくま新書）860円 ①978-4-480-06954-2 ⑩460.7

『スケッチで実験・観察 生物の描き方とコツ』

内山裕之編著

目次 1 なぜ理科の学びにスケッチは大切か，2 基礎編—理科観察のスケッチの描き方（ねらいの部分、気付いた部分を描く，ノートの大きさに応じて描く ほか），3 応用編—ボタニカルアートの描き方（下絵の描き方，色の付け方 ほか），4 生き物スケッチ見本（野草，植物のスケッチ ほか），5 生き物スケッチ実践例（花の観察とスケッチ，茎の根と葉の細胞観察 ほか）

星の環会 2014.4 163p 26cm（B5）2400円 ①978-4-89294-533-5 ⑩460.7

92

情報を集める

『樹脂封入標本の作り方―生物を美しく記録する魔法の工作』

根津貴博著

目次 巻頭口絵 美しい樹脂封入標本アルバム，封入作業の基本，植物・菌の樹脂封入標本をつくる（オニビシの封入標本，ペチュニアの封入標 ほか），虫の樹脂封入標本をつくる（キイロスズメバチの封入標本，ハグロトンボの封入標本 ほか），脊椎動物の樹脂封入標本をつくる（ブルーギルの封入標本，ギギの封入標本 ほか），封入標本の知識+α（標本の種類，樹脂封入標本のラベル ほか）

グラフィック社 2018.9 123p 25×19cm 2000円 Ⓘ978-4-7661-3148-2 Ⓝ460.73

『標本の作り方―自然を記録に残そう』

大阪市立自然史博物館編著

内容 家で作ることのできる標本の作り方を紹介。博物館や大学などの研究機関で作る標本は、特殊な方法や薬品を使うことが多くありますが、この本ではできるだけ家でできる作り方を主眼において紹介します。また、標本以外の自然記録やデータを残す意義や活用の仕方、採集のマナーなども合わせて記載。

目次 1章 化石・岩石・鉱物の標本作り，2章 植物・菌類の標本作り，3章 昆虫の標本作り，4章 無脊椎動物の標本作り，5章 脊椎動物の標本作り，6章 記録を残そう，7章 標本や記録を使ってみよう，8章 採集のマナー

（秦野）東海大学出版会 2007.7 190p 21cm（A5）（大阪市立自然史博物館叢書）2500円
Ⓘ978-4-486-01769-1 Ⓝ460.73

『フルカラー 高校生からの生物実験観察図鑑 1』

宮崎武史，高橋京子著

内容 実験のノウハウをフルカラー・写真満載でわかりやすく解説。生物の自由研究にピッタリ！

目次 第1章 酢酸菌によるバクテリアセルロースの形成，第2章 ゾウリムシの走性，第3章 ネナガノヒトヨタケを使った実験と観察，第4章 キイロショウジョウバエの痕跡翅遺伝子vg1の作用に対する温度の影響，第5章 体細胞分裂と染色体，第6章 だ腺染色体の観察，第7章 植物の分布調査―山の花，第8章 岡山のオニバスの観察

（大阪）パレード，星雲社〔発売〕2018.4 99p 21cm（A5）1800円
Ⓘ978-4-434-24437-7 Ⓝ460.75

情報を集める

『ワークブックで学ぶ生物学実験の基礎』

Tracey Greenwood, Lissa Bainbridge-Smith, Kent Pryor, Richard Allan共著,
後藤太一郎監訳

目次 第1章 科学的な質問の立て方、解答の見つけ方（科学的手法，仮説と予測
ほか），第2章 分析とレポート（次のステップへ，もう一歩先のデータ変換 ほか），
第3章 野外研究（集団のサンプリング，多様度指数 ほか），第4章 生物の分類（新
しい生物系統樹，系統発生と生物分類 ほか），第5章 実験のテクニック（光学顕
微鏡，顕微鏡使用技術 ほか）

オーム社 2014.10 148p 30cm（A4）〈原書名：Skills in Biology, Third Edition
〈Tracey Greenwood, Lissa Bainbridge-Smith, Kent Pryor, Richard Allan〉原書第3版〉2300円
Ⓘ978-4-274-50513-3 Ⓝ460.75

『ミクロの写真館―不思議な世界をクローズアップして見る・撮る！』

山村紳一郎著

内容 『顕微鏡で見るミクロの世界』の姉妹編的続編。同じミクロ観察というこ
とで、一部、ルーペやスキャナを使っての写真も収録した。

目次 1 身近な大自然（緑の谷にツノがにょきにょき⁉―アジサイの葉，チョウ
の口ではありませんが…―カラスノエンドウ ほか），2 台所からの手紙（地形図
のようなもようにビックリ！―アジのうろこ，この色はなんだ！？―アワビ ほ
か），3 ミクロのテクノロジー（汚れた棒で汚れを落とす汚れもの―ウレタンスポ
ンジ，まるで繊細な銀細工―メラミンスポンジ ほか），4 どこかで見たこんな風
景（これぞ生命の神秘！―染色体，ひとつ目のクラゲが多数襲来？―人間の細胞
ほか），撮影と観察テクニック（顕微鏡とそのしくみ，サンプルの採集とプレパラー
ト作り ほか）

誠文堂新光社 2013.7 143p 21cm（A5）1600円 Ⓘ978-4-416-11363-9 Ⓝ460.87

『植物観察図鑑―植物の多様性戦略をめぐって』

大工園認著

内容 雄しべ・雌しべの出現時期や活性期がずれる雌雄異熟の現象を追究した異
色の観察図鑑。自家受粉を避け、多様な遺伝子を取り込むべく展開される雄しべ
と雌しべのしたたかなドラマ。雄性期・雌性期の実相を明らかにし、花の新しい
常識を今拓く。鹿児島県小・中・高等学校理科教育研究協議会推薦、鹿児島植物
同好会推薦。241種掲載。

目次 おしろいばな科，あおい科，あかね科，あじさい科，あわぶき科，いぐさ
科，ありのとうぐさ科，うこぎ科，うまのすずくさ科，おおばこ科〔ほか〕

（鹿児島）南方新社 2015.8 274p 21cm（A5）3500円 Ⓘ978-4-86124-325-7 Ⓝ470.38

『ぼくの自然観察記 机の上の植物園』

おくやまひさし著

目次 食べ忘れていたジャガイモとタマネギ（植えていないのに芽が出る？，植えたジャガイモと植えないジャガイモ ほか），タネが育つのに必要なのは？（机の上のダイズの実験，3つの環境でくらべてみると… ほか），タネを集めて机の上で実験（いろいろなタネを植えてみよう，光の入る角度でどうかわる？ ほか），タネは何年でも生きているのか？（ピラミッドのエンドウマメ，美しい大昔のハスの花 ほか），机の上の植物園での発見いろいろ（プランターの水はどこに消えた？，発見！発芽のふしぎ ほか）

少年写真新聞社 2016.6 47p 27×19cm 1800円 ⓘ978-4-87981-568-2 Ⓝ471.3

続刊
『ぼくの自然観察記 草の根のたんけん』おくやまひさし文・絵・写真 2014.9
『ぼくの自然観察記 ロゼットのたんけん』おくやまひさし著 2017.9
『ぼくの自然観察記 木の実のたんけん』おくやまひさし著 2018.9

『動物行動の観察入門―計画から解析まで』

マリアン・S.ドーキンス著，黒沢令子訳

内容 動物行動学の第一人者による待望の入門書。計画の立て方から仮説の検証、統計を用いる簡単なデータ解析まで、系統的な観察研究のポイントを網羅したコンパクトな解説書。動物福祉の観点から「観察」の重要性が高まっている現在、行動科学に携わるすべての人に必携の書。

目次 第1章 観察の有用性，第2章 適切な問いかけ，第3章 1例の観察で十分な場合，第4章 観察計画の3原則，第5章 観察項目の絞り込み，第6章 実施計画書の作成，第7章 農場や動物園、野生下で観察する，第8章 観察結果の解析，第9章 観察を深める，第10章 観察の未来を展望する

白揚社 2015.10 220p 21cm（A5）〈原書名：Observing Animal Behaviour: Design and Analysis of Quantitative Data〈Marian Stamp Dawkins〉〉3600円 ⓘ978-4-8269-0183-3 Ⓝ481.78

『フィールドで出会う哺乳動物観察ガイド―生態写真でわかる探し方や見わけ方のポイント』

山口喜盛著

内容 本書は、フィールドで出会う哺乳動物を多くの貴重な生態写真で紹介しています。また、その見わけ方や観察のポイント、動物たちが残したフィールドサインについて詳しく解説しています。動物の探し方や観察の心得も学べるため、実際のフィールドで役立つ一冊です。

目次 食虫目，翼手目，霊長目，齧歯目，兎目，食肉目，偶蹄目

誠文堂新光社 2017.1 207p 21cm（A5）1800円 ⓘ978-4-416-61639-0 Ⓝ489.021

情報を集める

『世界一まじめなおしっこ研究所―高校の先生が本気で教える！自由研究課題・実験事例付き』

金子大輔著

目次 1号室 おしっこ解剖生理学研究室，2号室 おしっこ動物学研究室，3号室 おしっこ物理化学研究室，4号室 おしっこ人間科学研究室，5号室 おしっこ歴史学研究室，6号室 おしっこ自然科学研究室，7号室 おしっこ芸術学研究室

(大阪) 保育社 2017.7 150p 21cm (A5) 1900円 ⓘ978-4-586-08585-9 Ⓝ491.348

『保健実験大図鑑 Vol.1 環境・衛生管理』

少年写真新聞社「全国保健実験研修会」編

内容 手や衣服の汚れなどを調べる実験、室内の空気の汚れを調べる実験など、環境・衛生管理を中心とした保健実験をまとめてあります。

目次 第1章 手の洗い残しを調べる実験（ヨードでんぷん反応で手の洗い残しを調べよう，蛍光剤とブラックライトで手の洗い残しを調べよう，寒天培地で手についている細菌を調べよう ほか），第2章 空気の汚れを調べる実験（寒天培地で空気中の細菌を見よう，ペットボトルで作るチリダスターで室内の汚れを見よう，ミニチュアハウスを作って換気の大切さを調べよう ほか），第3章 衣服の衛生状態を調べる実験（ニンヒドリン反応で下着の汚れを見よう，ニンヒドリン反応で白衣の汚れを見よう，ニンヒドリン反応でくつの中の汚れを見よう ほか），巻末付録 実験ワークシート

少年写真新聞社 2004.7 79p 30cm (A4) 3143円 ⓘ4-87981-180-7 Ⓝ498.07

続刊
　『Vol.2 食生活と健康』
　『Vol.3 喫煙・飲酒・おしゃれ』

フィールドワーク

『「見る」と「書く」との出会い―フィールド観察学入門』

麻生武著

内容 フィールド研究は観察から―だが観察は実に奥が深く難しい。それを他者と共有できるよう書くのはさらに難しい。「"見た"ことを"書く"」とはどういうことかを観察の基本に立ち返って考えるために。

目次 第1章 観察とは何か，第2章 観察と視点，第3章 観察とその対象（モノや空間），第4章 コミュニケートしている人々の観察，第5章 目の前で生成する子どもたちの遊びの観察，第6章 観察記録文（フィールドノーツ）は何を記録しているのか，第7章 観察とエピソード記憶，終章 自分のための「フィールドノー

ツ」から他者に向けた「文章」へ

新曜社 2009.9 272,12p 19cm（B6）2800円 ⓘ978-4-7885-1176-7 Ⓝ002.7

『ネット時代の「取材学」—真実を見抜き、他人とつながるコミュニケーション力の育て方』

藤井誠二著

内容 「取材」はマスコミ専門職のための技術ではなく、子どもでも大人でも使える「学びの方法」であり、「人と関わるための技術」である。

目次 人に会って話を聴く、「取材」とはなにか？、社会の肌触りを体感する、自分の身のまわりを掘り下げてみよう、自分の「入れ替え可能性」について、相手の怒りから逃げてはいけない、「あたりまえ」のことをする、パターン認識で相手との共通項をさがす、「出会う」プロセスも大切、「場」と「空白」を味方にする、相手の「見た目」は情報のかたまりだ、「反逆する風景」を無視してはいけない、共同体や文化背景からくる「言葉」を読む、マイ目利きをつくる

IBCパブリッシング 2017.10 269p 19cm（B6）1400円 ⓘ978-4-7946-0503-0 Ⓝ070.16

『フィールドワーク探求術—気づきのプロセス、伝えるチカラ』

西川麦子著

目次 事例編 フィールドワークにマニュアルはない—いろいろな始め方（テーマの連鎖—3つの場所から考える、誰に向けて何を伝えたいのか—本は旅する、「何でも見てやろう」の落とし穴、記録のモードを切り替える—「日記」「手紙」「情報カード」、街を歩いて資料探索—情報の窓口を知る ほか）、概論編 フィールドワークの魅力—伝えてつなぐ、実践のための14章（問題意識から実践へ、記録と発信—心身をとおして考える、関係と時間—人と人、情報とをつなぐ）

（京都）ミネルヴァ書房 2010.4 171p 21cm（A5）2200円
ⓘ978-4-623-05687-3 Ⓝ301.6

『見てみよう！挑戦してみよう！社会科見学・体験学習 1 市役所・図書館・郷土資料館』

国土社編集部編

内容 地域学習・郷土学習などで訪れる、市役所・図書館・郷土資料館を徹底取材。本当に見学しているように、たくさんのイラストや写真でわかりやすく解説。見学先の見つけ方や質問事項など、事前準備のための情報をくわしく解説。見学が終わった後のまとめ方や、発表の仕方、発展学習なども充実。

目次 施設見学に行く前に、ポイントをおさえて、楽しい見学を、見学したことをまとめよう、住んでいる街の市役所を見てみよう（市役所の疑問について先生

情報を集める

にきいてみよう，議会を学ぶ ほか），図書館は本や資料、情報の宝庫！（図書館のひみつ，図書館を学ぶ ほか），地域の郷土資料館を見学しよう（いろいろな郷土資料館，地場産業を学ぶ ほか）

国土社 2013.1 47p 29×22cm 3000円 Ⓘ978-4-337-27701-4 Ⓝ307

続刊
『2 工場・テレビ局・金融機関』2013.2
『3 牧場・博物館・科学館・ミュージアム』2013.3
『4 児童館・保育園・介護施設・商店街』2013.3

『聞く力、話す力—インタビュー術入門』

松原耕二著

内容 沢尻エリカ、玉三郎、カストロ議長…1000人以上にインタビューしてきた名キャスターによる、すぐに身につく聞き方・話し方の教科書。

目次 第1章 問いってなんだろう（聞くことと、話すこと，話す人は多いけど、聞く人は少ない ほか），第2章 インタビューの準備をしよう（誰に何を聞きたいのかをまず考えよう，依頼文の書き方 ほか），第3章 インタビューをしてみる（最初はその場の雰囲気から始めよう，始まったら流れに身をまかせよう ほか），第4章 話をもう一歩、展開させるために（相手の答えに、さらに問いをぶつけてみよう，予想外の方向に行ったほうが面白い ほか），第5章 さらに話を深めるために（インタビューだからこそ聞けることがある，「どう答えるかわからないものは、聞けません」ほか）

河出書房新社 2015.11 205p 19cm（B6）（14歳の世渡り術）1300円
Ⓘ978-4-309-61699-5 Ⓝ361.454

『社会調査ハンドブック』新装版

林知己夫編

目次 社会調査の目的—効用と限界，社会調査の対象の決定，データ獲得法，各種の調査法とそれを行う方法，各種の調査デザイン，質問・質問票のつくり方，調査実施，データの質の検討，分析に入る前に，分析，データの共同利用，報告書，実際の調査例

朝倉書店 2017.4 757p 21cm（A5）17000円 Ⓘ978-4-254-12225-1 Ⓝ361.9

『入門・社会調査法—2ステップで基礎から学ぶ』第3版

轟亮，杉野勇編

内容 社会調査士資格取得カリキュラムA・B・G対応。変わり続ける社会を捉える方法。調査現場の実践知を、わかりやすく基礎と発展の2段階で示す好評のテ

キストが、最新の知見と読者の声をとりいれてヴァージョンアップ。

目次 社会調査とは何か―調査法、はじめの一歩，社会調査の種類―質的調査と量的調査とは？，社会調査のプロセス―アイディアから後かたづけまで，社会調査のデザイン―因果分析を念頭に調査を設計するには？，実査の方法―どのようなデータ収集法を選べば良いのか？，調査票の作成―質問の作成からレイアウトまで，サンプリング―対象者はどのように選べば良いのか？，調査の実施―郵送法・個別面接法・インターネット調査，データの電子ファイル化―大切な正確性と一貫性，データの基礎的集計―たくさんの情報を要約する，統計的推測―見えない「全体」に対する想像力，変数間の関連―データを分析する，調査報告とデータの管理―調査のフィナーレもしっかりと，社会調査の意義と今日的課題―私たちはいま何を考えるべきか？

(京都) **法律文化社** 2017.3 245p 21cm (A5) 2500円 ①978-4-589-03817-3 Ⓝ361.9

『最強の社会調査入門―これから質的調査をはじめる人のために』

前田拓也，秋谷直矩，朴沙羅，木下衆編

内容 社会調査は面白い！「聞いてみる」「やってみる」「行ってみる」「読んでみる」ことからはじまる社会調査の極意を、失敗経験も含めて、16人の社会学者がお教えします。

目次 第1部 聞いてみる（昔の（盛ってる）話を聞きにいく―よく知っている人の体験談を調査するときは，仲間内の「あるある」を聞きにいく―個人的な経験から社会調査を始める方法，私のインタビュー戦略―現在の生活を理解するインタビュー調査，キーパーソンを見つける―どうやって雪だるまを転がすか），第2部 やってみる（「わたし」を書く―障害者の介助を「やってみる」，「ホステス」をやってみた―コウモリ的フィールドワーカーのススメ，"失敗"にまなぶ，"失敗"をまなぶ―調査前日、眠れない夜のために，暴走族のパシリになる―「分厚い記述」から「隙のある調査者による記述」へ），第3部 行ってみる（フィールドノートをとる―記録すること、省略すること，学校の中の調査者―問い合わせから学校の中ですごすまで，好きなもの研究の方法―あるいは問いの立て方、磨き方，刑務所で「ブルー」になる―「不自由」なフィールドワークは「不可能」ではない，仕事場のやり取りを見る―「いつもこんなかんじでやっている」と「いつもと違う」），第4部 読んでみる（「ほとんど全部」読む―メディア資料を「ちゃんと」選び、分析する，判決文を「読む」―「素人でいる」ことから始める社会調査，読む経験を「読む」―社会学者の自明性を疑う調査の方法）

(京都) **ナカニシヤ出版** 2016.7 223p 21cm (A5) 2300円 ①978-4-7795-1079-3 Ⓝated361.9

情報を集める

『社会調査の考え方 上』
佐藤郁哉著

目次 第1部 ふたつのトライアングル（不思議の国の社会調査―リサーチ・リテラシーを目指して，リサーチ・トライアングル―「筋の良い」社会調査の3要件，リサーチャー・トライアングル―社会調査における分業と協働），第2部 リサーチ・デザイン（漸次構造化アプローチ―リサーチ・トライアングルの時間軸，問いを育てる―筋の良いリサーチ・クェスチョンの条件，仮説をきたえる―筋の良い「仮の答え」の条件，リサーチ・デザイン―社会調査における計画と創発，サンプリング―標本調査のサイエンス&アート）

東京大学出版会 2015.5 297p 21cm (A5) 3200円 ⓘ978-4-13-052026-3 Ⓝ361.9

続刊
『社会調査の考え方 下』2015.7

『人はみなフィールドワーカーである―人文学のフィールドワークのすすめ』
西井凉子編

目次 人はみなフィールドワーカーである（西井凉子著），負ける体験としてのフィールドワーク（中山俊秀著），物語を追いかける旅（星泉著），偶然を飼いならす（錦田愛子著），いのちのフィールドワーク（真島一郎著），関係を調べることの迷宮（深澤秀夫著），旅するフィールドワーク（床呂郁哉著），偽バナナの誘惑（石川博樹著），文字からことばへ（町田和彦著），天女の末裔から聞いた物語に頼って文法を書く（塩原朝子著），ウシを数えてひとを知る（河合香吏著），ペルシア語文書の世界（近藤信彰著），丁稚奉公の勧め（クリスチャン・ダニエルス著），セネガルにおけるアラビア語資料調査（苅谷康太著），死言語のフィールドワーク（荒川慎太郎著），インドで多様な歴史認識に触れる（太田信宏著），「体験」の語りを伝えていくこと（三尾裕子著）

(府中（東京都）) 東京外国語大学出版会 2014.6 295p 21cm 2300円
ⓘ978-4-904575-38-3 Ⓝ361.9

『フィールドに入る』
椎野若菜，白石壮一郎編

目次 1 社会的活動としてのフィールドワーク―人づきあいで調査も変わる？（ミシャキ家の居候―アフリカ農村調査での人づきあい，「鯨捕り」に染まりゆく私―鯨類の行動学的調査への布石，森の水先案内人―大型類人猿調査と「トラッカー」），2 極地フィールドワークとの出会い―そのロマンとサバイバル

情報を集める

（新たな調査地への挑戦—ロシア・アルタイの素晴らしい自然との出会い，のこのこと犬ソリにのって—北極探検家と行くフィールドワーク，これからの「南極フィールドことはじめ」—フロンティアを目指す人のための温故知新術），3 フィールドワーカーとフィールド—現場と調査の相互関係（中国・黄土高原に「カメラマン」として住まう—カメラを通して複数の眼をとり込む，「恊働」を生み出すフィールド—廃校をめぐる研究・開発・教育のはざまで，ふたりの調査助手との饗宴（コンヴィヴィアリティ）—ウガンダ・アドラ民族の世界観を探る），4 フィールドワークする私—参与観察のなかでの調査者（ウガンダでパフォーマーになる—「調べる」ことと「なる」こと，フィールドは「どこ」にある？—ホセさんのまなざしが教えてくれること，家族，友人，アシスタントとともに—フィールドワークという暮らし）

古今書院 2014.6 242p 21cm（A5）（FENICS 100万人のフィールドワーカーシリーズ 1）
2600円 ⓘ978-4-7722-7122-6 Ⓝ361.9

続刊

『2 フィールドの見方』増田研，梶丸岳，椎野若菜編 2015.6
『5 災害フィールドワーク論』木村周平，杉戸信彦，柄谷友香編 2014.9
『6 マスメディアとフィールドワーカー』椎野若菜，福井幸太郎編 2017.8
『7 社会問題と出会う』白石壮一郎，椎野若菜編 2017.6
『11 衣食住からの発見』佐藤靖明，村尾るみこ編 2014.6
『12 女も男もフィールドへ』椎野若菜，的場澄人編 2016.6
『13 フィールドノート古今東西』梶丸岳，丹羽朋子，椎野若菜編 2016.5
『14 フィールド写真術』秋山裕之，小西公大編 2016.12
『15 フィールド映像術』分藤大翼，川瀬慈，村尾静二編 2015.1

『フィールドワークと映像実践—研究のためのビデオ撮影入門』

南出和余，秋谷直矩著

目次 第1章 フィールドワークと映像（はじめに，フィールドワークとは何かほか），第2章 撮影倫理（調査する/されること，撮影許可をとる ほか），第3章 観察のための撮影（なぜビデオカメラを使うのか？，撮影前の取り組み ほか），第4章 記録のための撮影（映像で記録するということ：何のために撮るか，企画：何を撮るか，何を伝えたいか ほか），第5章 撮影の技術（必要な機材の準備，カメラの持ち方：安定した映像を撮るために ほか）

（西東京）ハーベスト社 2013.12 119p 21cm（A5）（知のアート・シリーズ 1）1000円
ⓘ978-4-86339-048-5 Ⓝ361.9

続刊

『2 ソーシャル・メディアでつながる大学教育—ネットワーク時代の授業支援』籠谷和弘，小林盾，秋吉美都，金井雅之，七條達弘ほか著 2013.12
『3 アクティブ・ラーニング入門—すぐ使える中学校からの17メソッド』小林盾著 2016.4
『4 知のフロンティア—生存をめぐる研究の現場』立命館大学生存学研究センター監修，渡辺克典編 2017.3

情報を集める

『はじめて学ぶ社会調査—リサーチ・マインドを磨く8つのレクチャー』

侭田徹著

内容 学部生はもちろん、大学院生、社会人のニーズにも応える、充実の入門書。量的データ、質的データの収集・分析から倫理面まで、体系的、具体的に解説。読みやすく、よくわかる、コンパクトな社会調査テキスト。

目次 第1講 科学観の変化と社会調査，第2講 よく使われる言葉の意味，第3講 社会調査を始めるために，第4講 量的データの収集方法—質問紙調査，第5講 量的データの分析方法，第6講 質的データの収集方法—インタビューと参与観察，第7講 質的データの分析方法，第8講 社会調査の倫理，補講 量的データや質的データを分析して何がわかるのか—「対話的構築主義」の観点から

慶應義塾大学出版会 2012.10 160p 21cm（A5）2000円 ①978-4-7664-1979-5 Ⓝ361.9

『よくわかる質的社会調査 プロセス編』

谷富夫，山本努編著

目次 第1部 質的社会調査概説（質的社会調査の方法と意義，名著に学ぶ質的社会調査 ほか），第2部 問いを立て、技法を選ぶ（問いを立てる，先行研究に学ぶ ほか），第3部 現地に入り、記録する（フィールドに入る，フィールドワークを楽しむ ほか），第4部 データを処理して、報告書を作成する（インタビュー記録を利用する，ビジュアルな記録を利用する ほか）

（京都）ミネルヴァ書房 2010.11 235p 26cm（B5）（やわらかアカデミズム・わかるシリーズ）
2500円 ①978-4-623-05844-0 Ⓝ361.9

『ようこそ文化人類学へ—異文化をフィールドワークする君たちに』

川口幸大著

内容 身近な出来事から考えをめぐらせ、あなたの"あたりまえ"を揺さぶってみよう。家族、結婚、宗教などのトピックについて、古典から最新の研究成果までを踏まえつつ、世界各地の事例から解きほぐした入門書。

目次 第1章 文化とは、文化人類学とは，第2章 家族—あなたの大切な人は誰ですか，第3章 結婚—なぜするのか、しないのか，第4章 性—バリエーションは無限大，第5章 宗教—あなたの信じるものは何ですか，第6章 儀礼—どのように境界が設けられるのか，第7章 贈与と交換—貰ったのと同じだけ施しなさい、そうすれば万事うまくいく，第8章 観光—「観光客向け」は嫌ですか，第9章 フィールドワーク—文化人類学の方法論，第10章 文化人類学を学んで—いったい何の役に立つ？

（京都）昭和堂 2017.4 184p 21cm（A5）2200円 ①978-4-8122-1606-4 Ⓝ389

『京大式フィールドワーク入門』

京都大学大学院アジア・アフリカ地域研究研究科,京都大学東南アジア研究所編

内容 フィールドワークとは、文化などの垣根を越えて人と人とがぶつかり合い、分野と分野が融合する「関わりの方法論」である。時代や地域を縦横に行き来したフィールドワークの中で、どういう問いをたて、どのように分析したら説得力のある議論が展開できるのか、新しい世界観や世界認識を構築するヒントをどのように得ていったのか、多様な事例からその試行錯誤のプロセスを紹介する。

目次 第1章 いま、なぜフィールドワークなのか,第2章「問い」を立てる―フィールドでの気づきから論文の「問い」へ,第3章 仮説を検証する,第4章 フィールドでインタビューする,第5章 分野を超えて考える―学際的研究事始,第6章 サーベイ型調査,第7章 事例研究,第8章 一般的なモデルの構築に向けて

NTT出版 2006.6 162p 21cm (A5) 1900円 Ⓘ4-7571-4137-8 Ⓝ389.07

『自然体験学習に役立つアウトドアガイド 1 外へとびだせ！アウトドアたんけんガイド』

下城民夫監修

目次 第1章 野山をたんけんしよう（野山を楽しもう！,昆虫をさがそう！,鳥をさがそう！,野山は動物のすみかだ！,木や草花を見てみよう！）,第2章 海や川をたんけんしよう（海や川には不思議がいっぱい,砂浜をたんけんしよう！,干潟をたんけんしよう！,磯をたんけんしよう！,川をたんけんしよう！,川のまわりも見てみよう！,つりを体験しよう！）,アウトドアで役立つ知識（たんけんの準備,危険な生きものや植物）

教育画劇 2015.4 39p 29×22cm 3300円 Ⓘ978-4-7746-2006-0 Ⓝ786

続刊
『2 やってみよう！アウトドアあそび』2015.2
『3 つくろう！おいしいアウトドアごはん』2015.4

『ことばとフィールドワーク』

久保進,久保裕愛,久保博雅共著

目次 導入編（音を学ぶ,語を学ぶ,意味と曖昧性,文彩とことば遊び,地域・社会とことば,民俗に生まれたことば）,調査とフィールドワーク篇（質問紙法を用いた調査の実際―「亥の子」の現状を調べる,聞き取り調査を行うフィールドワークの実際―忽那諸島アクセントの現状を調べる,参加型フィールドワークの実際―八股榎お袖大明神信仰の現状を調べる）

(京都) 晃洋書房 2017.12 275p 21cm (A5) 2800円 Ⓘ978-4-7710-2950-7 Ⓝ810.7

教科別参考図書

総　記
国　語
数　学
理　科
社　会
外　国　語
芸　術
保健体育
情　報
技術・家庭

教科別参考図書

本章では、課題研究に役立つ参考図書を主要教科別に紹介しています。研究テーマによっては教科を横断する内容が含まれているでしょう。興味関心のある教科以外にも、役立つ参考図書が見つけられるかもしれません。また、最寄りの図書館では新聞や雑誌、紀要といった資料等も利用できます。教科書や参考図書と合わせて、大いに活用してください。

総　記

『ギネス世界記録 2019』

クレイグ・グレンディ編

内容 想像を超える世界記録。長い地球の歴史のなかで生まれた世界一。最先端テクノロジーが生み出した驚きの世界一。人類の英知が、人体の限界が、努力と団結力、あくなき探究心がもたらした世界一。日本各地の記録も充実！

目次 宇宙，地球，地球の生き物，人間，素晴らしい偉業，メイカーに聞く，科学と技術，アート＆メディア，スポーツ，家で試してみよう，日本版オリジナルページ

角川アスキー総合研究所，KADOKAWA〔発売〕2018.9 251p 28×21cm
3056円 Ⓘ978-4-04-911007-4 Ⓝ049.1

『世界のしくみまるわかり図鑑』

リチャード・プラット，ジェイムズ・ブラウン著，三枝小夜子訳

内容 雲の重さはどのくらい？鉛筆を発明したのはだれ？ひもの結び方は何種類ある？みんなの疑問にズバッと答える楽しい雑学図鑑。楽譜の読み方、人体の骨格、太陽系の仲間など、多彩なテーマが美しい図版とやさしい解説でわかる。子どもから大人まで、あらゆる世代の好奇心を刺激する一冊。

目次 いろいろな結び方，雲の分類，太陽系の仲間，活字の構造，人体の骨格，通話表、モールス信号、手旗信号のアルファベット，原子の構造，黄金比とフィボナッチ数列，音楽を書き表す演奏記号，自転車の構造，地球の内部構造と大気，ギリシャ文字のアルファベット

柏書房 2017.9 63p 38×28cm〈原書名：A WORLD OF INFORMATION〈Richard Platt, James Brown〉〉2700円 Ⓘ978-4-7601-4887-5 Ⓝ049.1

教科別参考図書

『ポプラディアプラス 人物事典』

今泉忠明, 小野田襄二, 金井直, 川手圭一, 久保田篤, 阪上順夫, 田中比呂志, 坪能由紀子, 西本鶏介, 野口剛, 山村紳一郎, 山本博文, 吉田健城, 渡部潤一監修

内容 歴史上および現代の著名な人物4300人以上を五十音順で掲載。第5巻には学習資料集とジャンル別、時代別、地域別などで引ける索引を収録。

ポプラ社 2017.1 5巻(セット) 29cm 40000円(5巻セット, 分売不可)
ⓘ978-4-591-91639-1 Ⓝ280.3

『白書の白書 2018年版』

木本書店・編集部編

内容 現代の日本を統計で見る本！政府白書41冊のうち基本的なデータ約700種を厳選して収録。新聞・テレビでは報道されにくい日本の現状を、客観的に分析したい方に最適！

目次 特集 データでみる囲碁・将棋「プロ棋士の世界」, エネルギー白書, 外交青書, 海上保安レポート, 開発協力白書, 科学技術白書, 環境循環型社会生物多様性白書, 観光白書, 経済財政白書, 警察白書, 原子力白書, 公害紛争処理白書, 厚生労働白書, 交通安全白書, 交通政策白書, 公務員白書, 高齢社会白書, 国土交通白書, 子ども・若者白書, 首都圏白書, 障害者白書, 消費者白書, 情報通信白書, 消防白書, 人権教育・啓発白書, 食料・農業・農村白書, 食育白書, 森林・林業白書, 水産白書, 男女共同参画白書, 地方財政白書, 中小企業白書, 通商白書, 土地白書, 独占禁止白書, 犯罪白書, 犯罪被害者白書, 防衛白書, 防災白書, 文部科学白書, ものづくり白書, 労働経済白書

木本書店 2018.5 703p 21cm (A5) 3800円 ⓘ978-4-904808-20-7 Ⓝ317

国　語

『ちくま評論入門―高校生のための現代思想ベーシック』改訂版

岩間輝生, 太田瑞穂, 坂口浩一, 関口隆一編

内容 評論読解に必要な資質とは、自分の頭で考えることを恐れない勇気である。評論を読み解く基礎が身につく。好評の『ちくま評論入門』、待望の増補改訂版！

目次 第1部 評論への招待, 第2部（"私"のなかの"世界"―問いかける言葉, 芸術表現の冒険―形づくる言葉, 科学というスタイル―究める言葉, 変わる都市・変わる人間―関わる言葉, 言葉, この人間的なもの―言葉の言葉, "世界"のなかの"私"―呼びかける言葉, 国家権力と人間―政治の言葉, 伝統と創造力―時をひらく言葉, "問い"としての現代―考える言葉）

筑摩書房 2015.11 223p 21cm (A5)（高校生のための現代文アンソロジー・シリーズ）
〈付属資料：別冊1〉 1000円 ⓘ978-4-480-91729-4 Ⓝ041

教科別参考図書

『簡明 書道用語辞典』
伊藤文生編

内容 作品を書きたい。筆や墨を買いたい。古典を知りたい。書を読めるようになりたい。そんな疑問に答える辞典。耳慣れない用語や最新の研究など、字が大きくルビも多い、「読む辞典」としても使える、待望の書。

天来書院 2017.4 215p 19cm (B6) 2000円 Ⓘ978-4-88715-336-3 Ⓝ728.033

『古典・新作 落語事典』
瀧口雅仁著

内容 江戸・東京落語を中心に古典落語と新作落語の「あらすじ」と詳細な「解説」を約700演題収載。落語の種別、舞台、季節、登場人物など多数の索引から演題検索が可能な画期的試み。『怪談牡丹灯篭』『真景累ヶ淵』『名人長二』などの圓朝作品をはじめとした長編落語の全貌がわかる構成。『中沢家の人々』や『林家彦六伝』などの地噺、柳家金語楼による落語や落語芸術協会に伝わる落語をコラムで紹介。古典落語の系譜をさかのぼり原話や原典を再調査。資料として活用できる価値ある事典。古典落語の舞台となった江戸・東京の地名を現在の地名と対照させた「落語江戸歴史地名事典」を掲載。

目次 季節の噺，長屋噺，武家噺，旅の噺，地噺，廓噺，艶笑噺，禁演落語，禁演落語（戦後），圓朝物，人情噺，怪談噺，芝居噺，音曲噺，文芸物，新作落語

丸善出版 2016.6 445p 21cm (A5) 4800円 Ⓘ978-4-621-30035-0 Ⓝ779.13

『ビジュアル「国字」字典―森羅万象から生まれた和製漢字の世界』

内容 私たちが世界に誇れる豊かな四季、暮らしから生まれたメイド・イン・ジャパン。ふだんよく目にする字、見たこともない珍字…。知られざる"日本オリジナル"の漢字＝国字の世界へようこそ。

目次 第1章 陸上の風景，第2章 動物の表情，第3章 人間の心身，第4章 暮らしの原点，第5章 実り豊かな生活，第6章 名づけ測る大地

世界文化社 2017.2 319p 26cm (B5) 3700円 Ⓘ978-4-418-17208-5 Ⓝ811.2

『罵詈雑言辞典』 新装版
奥山益朗編

内容 名詞、動詞、形容詞、成句のうち、いわゆる罵語・悪態語1200を集め解説した辞典。排列は見出し語の五十音順。文例は江戸・明治・大正・昭和・平成の各時代の文学作品から引用。

東京堂出版 2017.6 348p 19cm (B6) 1800円 Ⓘ978-4-490-10892-7 Ⓝ813

教科別参考図書

『見やすいカタカナ新語辞典』第2版
三省堂編修所編

内容 大きな見出しで見やすい紙面。よく使われる語から、最新の用語まで、社会生活に必須のカタカナ語約1万3千語を収録。詳しい「意味と使い方」、最新事情がよくわかる「アップデート」、2つのコラムを新たに収録。付録にABC略語と内閣告示「外来語の表記」を収録。

三省堂 2017.8 983p 19×14cm 2200円 Ⓘ978-4-385-16048-1 Ⓝ813.7

『音の表現辞典』
中村明著

内容 さまざまな音声・音響をどう語り、微妙なニュアンスの差をどう表現してきたのか？その発想やオノマトペ、比喩表現を中心とする数々の工夫の跡をたどる。音声（声の大・小・囁、太・細、明・暗、乾・湿、冷・温…）、口調（鋭、荒、強、怒、哀、甘…）、音響（人間の涙、息、歯、胃、鼓動、足音…。動物の声、鳥の羽音…。生活音、風・雨・海・雷などの自然音、楽器の音、落下音…）など、音源やトピックなどに分類配列。

目次 音声（大，響，小 ほか），口調（鋭，烈，荒 ほか），音響（人間，動物，物体・現象）

東京堂出版 2017.6 287,13p 19cm（B6）2500円 Ⓘ978-4-490-10891-0 Ⓝ814

『日本語 笑いの技法辞典』
中村明著

内容 笑いを誘う日本語の発想と表現の技法を、12類287種に整理。

目次 展開―流れの操作，間接―さりげなく遠まわり，転換―他のイメージに置き換えて，多重―ことばの二重写し，拡大―極端に誇張，逸脱―意表をつくズレ，摩擦―矛盾感で刺激，人物―人もいろいろ，対人―相手を意のままに，失態―失敗談に花が咲く，妙想―ものは考えよう，機微―人の世の味わい

岩波書店 2017.11 630,21p 19cm（B6）3400円 Ⓘ978-4-00-080320-5 Ⓝ816.036

『東京のきつねが大阪でたぬきにばける 誤解されやすい方言小辞典』
篠崎晃一著

内容 著者が編修代表を務める『例解新国語辞典』の"方言"欄を充実させ、イラストもまじえ詳しく解説。共通語と同じ語形だが、じつは地域独特の意味があるという項目を五十音順に181項目掲載。学校方言や食の方言、交通安全・防犯対策で活

教科別参考図書

躍する方言など,テーマ別のコラムも20点。

目次 あがく,あずかる,あたる,あて,あまる,あやまち,いか,いきなり,いける,いじ〔ほか〕

三省堂 2017.6 223p 19cm（B6) 1300円 Ⓘ978-4-385-36444-5 Ⓝ818.033

『関西ことば辞典』

増井金典著

内容 日本の歴史と文化を支えた知られざる「関西ことば」約1万2000語を精選。

（京都）ミネルヴァ書房 2018.2 338p 21cm（A5) 4000円 Ⓘ978-4-623-08099-1 Ⓝ818.6

『日本の古典大事典』

加藤康子監修

内容 むずかしい、親しみにくいと思われがちな「日本の古典」をわかりやすく紹介。教科書掲載の作品など、古典の名作二十作品を厳選。「キャラクター図解」+美しいイラスト。作品が作られた時代背景なども詳しく解説。

目次 第1部 奈良時代の古典（古事記,万葉集,風土記/懐風藻),第2部 平安時代の古典（竹取物語,古今和歌集,土佐日記,伊勢物語,枕草子,源氏物語,今昔物語集,大鏡/梁塵秘抄),第3部 鎌倉〜安土桃山時代の古典（方丈記,平家物語,宇治拾遺物語,小倉百人一首,徒然草,能,太平記/風姿花伝),第4部 江戸時代の古典（おくのほそ道,蕪村七部集,おらが春,曽根崎心中,仮名手本忠臣蔵,雨月物語,東海道中膝栗毛,日本永代蔵/誹風柳多留,南総里見八犬伝/東海道四谷怪談）

あかね書房 2018.12 144p 30cm（A4) 5000円 Ⓘ978-4-251-07802-5 Ⓝ910.2

『文豪図鑑 完全版—あの文豪の素顔がすべてわかる』

開発社編

内容 日本の歴史に残る50人の文豪たちがここに集結！あの有名作品の元になったエピソードから、文豪の生い立ちや趣味嗜好、読むべき代表作まですべてがわかる！さらには人間関係までも網羅した、これが『文豪図鑑』完全版!!

目次 明治の文豪（坪内逍遙,夏目漱石,二葉亭四迷,森鴎外,正岡子規,島崎藤村,幸田露伴,国木田独歩,広津柳浪,尾崎紅葉,泉鏡花,徳田秋聲,小泉八雲,北原白秋,若山牧水,田山花袋),大正の文豪（芥川龍之介,武者小路実篤,谷崎潤一郎,有島武郎,志賀直哉,高村光太郎,菊池寛,萩原朔太郎,梶井基次郎,内田百閒,川端康成,石川啄木,佐藤春夫,室生犀星,広津和郎,永井荷風,斎藤茂吉),昭和の文豪（井伏鱒二,太宰治,夢野久作,小林多喜二,中島敦,三好達治,宮沢賢治,中野重治,中原中也,新美南吉,江戸川乱歩,横光利一,坂

110

口安吾，堀辰雄，織田作之助，三島由紀夫，吉川英治）

自由国民社 2017.3 111p 21cm（A5）1300円 ⓘ978-4-426-12245-4 Ⓝ910.26

『日本近代文学年表』

石崎等，石割透，大屋幸世，木谷喜美枝，鳥羽耕史，中島国彦編

内容 明治元(1868)年から平成23(2011)年までに発表・刊行された小説・詩歌・戯曲・評論を網羅し，社会動向や文学事象も掲載した。文学史の副読本としても最適の書。歴代芥川賞・直木賞受賞一覧も収録。

鼎書房 2017.2 158p 21cm（A5）1500円 ⓘ978-4-907282-30-1 Ⓝ910.26

『村上春樹語辞典―村上春樹にまつわる言葉をイラストと豆知識でやれやれと読み解く』

ナカムラクニオ，道前宏子著

内容 村上春樹にまつわる「作品」「登場人物」「キーワード」「関連作家」などの言葉を五十音順に紹介。

誠文堂新光社 2018.7 191p 21cm（A5）1400円 ⓘ978-4-416-61853-0 Ⓝ910.268

『漱石辞典』

小森陽一，飯田祐子，五味渕典嗣，佐藤泉，佐藤裕子，野網摩利子編

内容 生誕150年歿後100年記念出版。本辞典が掲げるすべての項目は，漱石が現実に用いた言葉であり，漱石が確かに実見し，手に取り，触れたことのある書物や芸術作品ばかりである。

目次 人，時代，生活空間，土地，性愛，身体感覚・情緒，思想・思潮，メディア，作品，よむ・みる，文学用語

翰林書房 2017.5 829p 21cm（A5）7800円 ⓘ978-4-87737-410-5 Ⓝ910.268

『ハンディ版 入門歳時記』 新版

大野林火監修，俳句文学館編

内容 一九八四年から三十刷を重ねるロングセラーの入門歳時記が新しくなりました。四季折々の基本季語約800を収録。初心者にわかりやすい丁寧な解説と一句鑑賞。全例句が総ルビ。文字を読みやすくした新レイアウト。新たに1000余の例句を採用。

目次 春（春，立春 ほか），夏（夏，立夏 ほか），秋（秋，立秋 ほか），冬（冬，立冬 ほか），新年（新年，去年今年 ほか）

KADOKAWA 2018.3 712p 16×12cm 1900円 ⓘ978-4-04-400379-1 Ⓝ911.307

教科別参考図書

『合本源氏物語事典』合本4版

池田亀鑑編著

内容 本書は源氏本文中の重要事項3000項目を注釈・解説し，その他に注釈書解題・諸本解題・所引詩歌仏典・作中人物解説・人物呼称一覧・年表・図録などを収録した源氏研究の基本図書である。

東京堂出版 2008.9 589,589p 27cm〈年表あり〉25000円 ⓘ978-4-490-10223-9 Ⓝ913.36

『源氏物語事典』

林田孝和，植田恭代，竹内正彦，原岡文子，針本正行，吉井美弥子編

内容 光源氏の恋をめぐる複雑な人間関係を軸に、登場人物の深い心に迫り、この物語が、歴史や政治・社会といかにかかわるか…近年のめざましい研究成果を汲み上げ、新たな「読み」の指針を示す気鋭の試み。「諸説一覧」「作中人物」「生活・習慣・環境」「ことば・用語」「術語・表現」「文化史」「話型」の7つの柱を設け、369項目を立て、紫式部と要覧編を加えた。

目次 葵の上，明石の君，明石の中宮，明石の入道，秋好中宮，朝顔の姫君，あさきゆめみし，あだ，あて，海人〔ほか〕

大和書房 2002.5 465,68p 21cm（A5）7200円 ⓘ4-479-84060-5 Ⓝ913.36

『平家物語作中人物事典』

西沢正史編

内容 物語に紡がれた様々な人間模様や、日本各地を縦断した興亡の舞台を、より深く、適確に味わうための知識を満載。「平家物語」を読むための宝典。

目次 第1章「平家物語」系図・あらすじ・名文抄（平家物語関係系図，あらすじ ほか），第2章 平家物語作中人物（後鳥羽天皇，平清経 ほか），第3章 諸記録・日記に描かれた平家物語作中人物（安徳天皇，祇王 ほか），第4章 平家物語作中人物論評（主要作中人物，副次的作中人物）

東京堂出版 2017.7 268p 21cm（A5）4500円 ⓘ978-4-490-10887-3 Ⓝ913.434

教科別参考図書

数　　学

『数学図鑑―やりなおしの高校数学』

永野裕之著，ジーグレイプ制作

目次 第1章 集合と論理(数1)，第2章 場合の数と確率(数A)，第3章 関数(数1、数2)，第4章 微分・積分(数2、数3)，第5章 数列(数B)，第6章 ベクトル(数B)＆行列(旧数C)，補章 複素数平面(数3)，大学入試の問題に挑戦！

オーム社 2018.1 253p 21cm（A5）2200円 ⓘ978-4-274-22171-2 Ⓝ410

『ビジュアル高校数学大全』

涌井良幸，涌井貞美著

内容 数1Aから数2B、数3、行列まで！高校数学のエッセンスをすぐに理解できる158項目！豊富な例題と図解でわかりやすい！一生使える高校数学事典。ずっと手元に置いていつでもわかる学び直し大全！

目次 数学1編（数と式，集合と命題 ほか），数学A編（場合の数と確率，図形の性質 ほか），数学2編（式と証明，複素数と方程式 ほか），数学B編（平面上のベクトル，空間のベクトル ほか），数学3編（高校数学3と旧課程の復習）

技術評論社 2017.10 383p 26cm（B5）2980円 ⓘ978-4-7741-9226-0 Ⓝ410

『ビジュアル数学全史―人類誕生前から多次元宇宙まで』

クリフォード・ピックオーバー著，根上生也，水原文訳

目次 紀元前1億5000万年ころ アリの体内距離計，紀元前3000万年ころ 数をかぞえる霊長類，紀元前100万年ころ セミと素数，紀元前10万年ころ 結び目，紀元前1万8000年ころ イシャンゴ獣骨，紀元前3000年ころ キープ，紀元前3000年ころ サイコロ，紀元前2200年ころ 魔方陣，紀元前1800年ころ プリンプトン322，紀元前1650年ころ リンド・パピルス〔ほか〕

岩波書店 2017.5 256p 26cm（B5）〈原書名：The Math Book:From Pythagoras to the 57th Dimension, 250 Milestones in the History of Mathematics〈Clifford A.Pickover〉〉4200円
ⓘ978-4-00-006327-2 Ⓝ410.2

『数学小辞典』第2版増補

矢野健太郎編，東京理科大学数学教育研究所第2版増補編集

内容 多数の既存項目を見直して修訂増補を行い、100件近くの新規項目を追加。追加された項目には、グレブナー基底のような新しい話題や測度論の主要定理などにならび、帰納的極限や射影的極限あるいはテンソル代数などの数学的対象の抽象的

113

教科別参考図書

構成法の解説も含まれている。

共立出版 2017.5 877p 20×15cm 5600円 ⓘ978-4-320-11319-0 ⓃN410.33

『数学英和・和英辞典』増補版

小松勇作，東京理科大学数学教育研究所編

内容 ふつうの英和辞典・和英辞典に準じた形態で，数学に関連する用語を網羅的に収録。数学における術語を核とし，類縁分野の用語を含め，なるべく広く・多くの語彙を集めて，その対訳と用例を示す。

目次 英和（アルファベット）の部，和英（五十音）の部，付録1 記号・式の英語での読み方，付録2 数の呼称，付録3 各種の字体

共立出版 2016.2 391p 19cm（B6）3500円 ⓘ978-4-320-11150-9 ⓃN410.33

『世界数学者事典』

ベルトラン・オーシュコルヌ，ダニエル・シュラットー著，熊原啓作訳

内容 古代から現代までの数学者859名を収録！数学者のエピソードとともに、名前がついた定理や概念も紹介した数学者事典、待望の完訳。

目次 アーベル，アポロニオス，アルキメデス，アリストテレス，ヴェイユ，オイラー，ガウス，ガリレイ，カルダーノ，ガロア，カントール，コーシー〔ほか〕

日本評論社 2015.9 692p 21cm（A5）〈原書名：Des mathématiciens de A à Z〈Bertrand Hauchecorne, Daniel Suratteau〉〉6500円 ⓘ978-4-535-78693-6 ⓃN410.33

『面白くて眠れなくなる数学BEST』

桜井進著

内容 累計23万部のベストセラーシリーズの傑作選！

目次 美しい文字のはなし，読めそうで読めない数式，おならの匂いは半分でもやっぱり臭い？，クレジットカードの会員番号のひみつ，マンホールはなぜ丸い？，ミステリアス・ナンバー12―数の歳時記，宝くじとカジノ、どちらが儲かる？，ギャンブル必勝法！ただし…，数学でモテる！美人角，電卓でひみつの数当てマジック〔ほか〕

PHPエディターズ・グループ，PHP研究所〔発売〕2014.3 223p 18cm 900円 ⓘ978-4-569-81847-4 ⓃN410.4

教科別参考図書

『数と図形のパズル百科』

D.ウェルズ著，宮崎興二編訳，日野雅之，鈴木広隆訳

内容 数と図形に関する古今東西の有名なパズルについて、歴史的な流れに沿って、それぞれのルーツを明示しながら列挙。だまし絵、錯覚、手品、一筆書き、虫食い算、魔方陣、タングラム、継子立てなど、さまざまなパズルを、身近な日常生活や歴史的事件に具体的に関係させて解説。パズルの世界をリードするサム・ロイド、ヘンリー・デュードニー、ルイス・キャロル、マーティン・ガードナーら総出演。一風変わった数学史を見せるように、アルキメデスやディオファントスなど歴史上著名な数学者も数多く登場。有名な難題の解法を、あっと驚くどんでん返しや笑いを誘うジョークを交えながら、手品の種明かしをするように簡単にわかりやすく解説。数理科学や図形科学を楽しく学ぶための頭の体操にもなる問題満載。

目次 世界最古のパズル，7の問題，セント・アイブズの謎，フィボナッチの方法，単位分数表示，数字当て，パンの分配，ピタゴラス以前の平方数，畑の遺産分け，敷地の大きさ〔ほか〕

丸善出版 2017.10 381p 21cm（A5）
〈原書名：Book of Curious and Interesting Puzzles〈David Wells〉〉6800円
Ⓘ978-4-621-30181-4 Ⓝ410.79

『数学パズル事典』改訂版

上野富美夫編

内容 数とカタチの楽しさ発見！ロングセラー待望のリニューアル。数や図形の不思議を使ったパズルを多数収録。ひらめき力・思考力アップで数学が好きになる！

目次 1 数学パズルの世界（数学パズルとは，数学パズルの発展 ほか），2 数字パズル（数の性質，魔方陣 ほか），3 図形パズル（図形合成，トロポジーのパズル ほか），4 推理パズル（移動パズル，対戦パズル ほか）

東京堂出版 2016.3 199p 21cm（A5）1900円 Ⓘ978-4-490-10875-0 Ⓝ410.79

『多面体百科』

宮崎興二著

内容 おもしろくて不思議で魅力的な多面体を、自然界や人工界さらには芸術界や数学界など各分野から収集し、その形・歴史・性質・種類などを、豊富な図版を交えて興味深く、分かりやすく解説。多面体研究の第一人者が、とっておきの話題を通して、多種多様な「多面体の世界」の奥深さを熱く語る。想像力がかき立てられるユニークな事典。

目次 編み紙多面体，アユイ構成，アラベスク，アルキメデス双対（カタランの立体），アルキメデスの立体，アンドレーニのブロック積み，一様多面体，一様ブロック積み，糸張り多面体，色分け空間〔ほか〕

丸善出版 2016.10 325p 21cm（A5）5800円 Ⓘ978-4-621-30044-2 Ⓝ414.13

115

教科別参考図書

『統計学図鑑』

栗原伸一，丸山敦史共著，ジーグレイプ制作

内容　統計学は科学の文法である。今の世の中、私たちの身の回りで「統計学」が重要になってきています。名前は聞くけれど、一体何をどうすればわからない。授業で習った気もするけれど、実際にどんな手法を選べばいいのかわからない。そう思っていないでしょうか？この『統計学図鑑』は、そんな私たちがイラストと丁寧な解説で「統計学」の基礎から応用まで、しっかり学ぶことができます。きっと難しい事はありません、統計学の世界へ出かけてみましょう。

目次　序章 統計学とは？，第1章 記述統計学，第2章 確率分布，第3章 推測統計学，第4章 信頼区間の推定，第5章 仮説検定，第6章 分散分析と多重比較，第7章 ノンパラメトリック手法，第8章 実験計画法，第9章 回帰分析，第10章 多変量解析，第11章 ベイズ統計学とビッグデータ

オーム社 2017.9 299p 21cm（A5）2500円 Ⓘ978-4-274-22080-7 Ⓝ417

『すぐわかる統計用語の基礎知識』

石村貞夫，デズモンド・アレン，劉晨著

内容　コトバがわかれば統計学はもっと面白くなる。あの『すぐわかる統計用語』が新しくなりました。英語論文のための基礎知識付き！

目次　英語で論文を書くときの基礎知識，すぐわかる統計用語の基礎知識

東京図書 2016.2 306p 21cm（A5）2800円 Ⓘ978-4-489-02233-3 Ⓝ417

『和算百科』

和算研究所編，佐藤健一編集代表

内容　江戸時代には庶民も巻き込んで一大ブームとなった和算。近年再び、日本独自の数学文化ということで和算への関心がかなり高まってきている。本書では、我が国唯一の和算研究機関である和算研究所が編集母体となり、和算の黎明期から誕生、確立、円熟、発展の各時期における、興味深い数々のトピックスを4～6ページの中項目でまとめ上げる。和算の全体像が興味深いエピソードを通して理解できるユニークな百科。

目次　第1部 和算の黎明，第2部 和算の誕生に向かって，第3部 和算の確立，第4部 和算の円熟，第5部 和算の発展，第6部 和算家列伝（五十音順）

丸善出版 2017.10 310p 21cm（A5）5800円 Ⓘ978-4-621-30174-6 Ⓝ419.1

教科別参考図書

『数える・はかる・単位の事典』

武藤徹, 三浦基弘編著

内容 単位の世界は数えることから始まった。私たちの生活にかかせない、「数えること」「はかること」「単位」を、数の誕生から測定器具、言葉の由来や人物、歴史的背景まで幅広く収録・解説。

目次 1 概説編, 2 事典編, 付録（記号一覧, いろいろな助数詞, 日本の命数法, SI基本単位・SI接頭語, ギリシア文字, いろいろな長さ, いろいろな質量, いろいろな時間）

東京堂出版 2017.11 276p 21cm（A5）3200円
ⓘ978-4-490-10894-1 Ⓝ609.033

『ルネサンスの多面体百科』

デヴィッド・ウェイド著, 宮崎興二編訳, 奈尾信英, 日野雅之, 山下俊介訳

内容 ルネサンス時代の絢爛豪華な手書き多面体の図集。ダ・ヴィンチ、デューラー、ケプラーが大活躍。隠れた有名人ヴェンツェル・ヤムニッツァー登場。昔の天才が夢見た未来のかたちや建築の集大成。科学者と芸術家のための新しい歴史書。未来の造形のためのヒント満載。

目次 幻想の幾何学, プロローグ, 1.驚くべき発想の古代における源泉, 2.西方ラテン世界のルネサンス, 3.北方ルネサンスの幾何学と透視図法, 4.16世紀のドイツにおける幾何学, 5.関連分野の流行と衰退

丸善出版 2018.7 297p 21cm（A5）〈原書名：FANTASTIC GEOMETRY：Polyhedra and The Artistic Imagination in The Renaissance〈David Wade〉〉5800円
ⓘ978-4-621-30311-5 Ⓝ723.3

理　　科

『美しい科学の世界―ビジュアル科学図鑑』

伊知地国夫写真・文

内容 不思議できれい。まるでアート！拡大・瞬間・光のマジック…身近なものも科学のレンズでのぞいてみると、こんなにも美しい。

目次 1 かたち（毛管現象, 赤インクの結晶 ほか）, 2 瞬間（煙, ミルクの形 ほか）, 3 生命（鱗粉模様, おしべと花粉 ほか）, 4 光（発光バクテリア, 薄氷の色 ほか）, 5 身近なもの（紙やすりの宝石, プラスチックの虹色 ほか）

東京堂出版 2017.9 121p 21cm（A5）2200円 ⓘ978-4-490-20969-3 Ⓝ400

117

教科別参考図書

『科学』

ペニー・ジョンソン監修，伊藤伸子訳

内容 動いている物を見たり、生き物にふれたりすると、不思議だな、なぜだろうって思うことがあるよね。あれこれわきあがる疑問に科学は答えを教えてくれます。レモンはどうしてすっぱいの？電気はどこからくるの？植物はどうやって自分で食べ物をつくるの？頭になぞが浮かんだら、この小さな図鑑を開いて調べてみてください。

目次 物質と材料（物質の状態，状態の変化 ほか），エネルギーと力（エネルギーとは？，原子力，電気 ほか），生き物の世界（生物のグループ，生物の分類，微生物 ほか）

（京都）化学同人 2016.6 156p 18×15cm（手のひら図鑑 1）
〈原書名：Pocket Eyewitness SCIENCE〉1300円 ①978-4-7598-1791-1 ⓃN400

続刊
『2 人体』リチャード・ウォーカー著，伊藤伸子訳 2016.6
『3 恐竜』マイケル・J.ベントン著，伊藤伸子訳 2016.6
『4 昆虫』リチャード・ジョーンズ監修，伊藤伸子訳 2016.6
『5 動物』キム・デニス‐ブライアン監修，伊藤伸子訳 2016.11
『6 哺乳類』キム・デニス‐ブライアン監修，伊藤伸子訳 2016.11
『7 馬』キム・デニス‐ブライアン監修，伊藤伸子訳 2016.11
『8 犬』キム・デニス‐ブライアン監修，伊藤伸子訳 2016.11
『9 サメ・エイ』トレヴァー・デイ監修，伊藤伸子訳 2017.4
『10 宇宙』ジャクリーン・ミトン監修，伊藤伸子訳 2017.4
『11 地球』ダグラス・パルマー監修，伊藤伸子訳 2017.4
『12 岩石・鉱物』ケビン・ウォルシュ監修，伊藤伸子訳 2017.4

『高校生のための科学キーワード100』

久我羅内著

内容 サイエンスは知れば知るほどおもしろい。たとえば、惑星と準惑星、ニュートン力学と相対性理論、天気予報でよく耳にするエルニーニョとラニーニャは、何が違うのか。身近なところでは、太陽電池はどうやって発電するのか。あるいは、犯人を追い詰めるDNA鑑定の方法とは…。常識として知っておきたい基本から、最新の科学ニュースの凄さまで、100のキーワードで解説。理科アレルギーは、もったいない。

目次 1 宇宙論，2 相対性理論，3 量子力学，4 一般物理学，5 自然現象，6 遺伝子と進化，7 脳科学，8 医療，9 テクノロジー

筑摩書房 2009.10 238p 18cm（ちくま新書）740円 ①978-4-480-06507-0 Ⓝ400

『世界の科学者まるわかり図鑑』
　　藤嶋昭監修

目次　一人三役の大科学者(マイケル・ファラデー,アイザック・ニュートン,ガリレオ・ガリレイ ほか),三人一組の科学者たち(ルイージ・ガルヴァーニ,アレッサンドロ・ボルタ,ハンフリー・デービー ほか),いろいろな分野の科学者たち(ウィリアム・ハーシェル,コンスタンチン・エドゥアルドビチ・ツィオルコフスキー,ロバート・ハッチングズ・ゴダード ほか)

　　　　学研プラス 2018.4 118p 27×22cm (学研の図鑑) 2500円 Ⓘ978-4-05-204792-3 Ⓝ402.8

『理科年表2019 (平成31年第92冊)』
　　国立天文台編

内容　科学知識のデータブック。世界各地で猛威をふるう異常気象や自然災害、「記録的」「観測史上初」「前例にない」といった言葉が躍るなか、その目安となる基礎データが満載。

目次　暦部,天文部,気象部,物理/化学部,地学部,生物部,環境部,附録

　　　　丸善出版 2018.11 1130p 15cm (A6) 1400円 Ⓘ978-4-621-30331-3 Ⓝ403.6

『ビジュアル科学大事典』 新装版

内容　宇宙や地球の成り立ちから生物の進化、工学、IT技術まで、必須トピックを分野別に凝縮。約1200点のビジュアルでわかりやすく解説。最新情報を追加して装いを新たに。「ニホニウム」を追加した新元素周期表も収録!

目次　宇宙(宇宙と銀河,太陽系),地球(起源と地質,水 ほか),生物学(進化,微生物 ほか),化学(無機化学,有機化学と生化学),物理学と技術(物理学(エネルギー,力学 ほか),技術(食品技術,エネルギー技術 ほか)),数学(数学の歴史,古典数学 ほか)

　　日経ナショナルジオグラフィック社,日経BPマーケティング〔発売〕2016.12 432p 28×22cm 〈原書名:the sciencebook〉9600円 Ⓘ978-4-86313-369-3 Ⓝ403.6

『中学理科用語集』 三訂版

内容　本書は、理科用語の意味を、いろいろな場面ですぐに調べることができる用語集です。すぐにその意味をひくことができるように工夫してあります。

目次　物理編(第1章 身近な物理現象,第2章 電流とその利用,第3章 運動とエネルギー,第4章 科学技術と人間),化学編(第1章 身のまわりの物質,第2章 化学変化と原子・分子,第3章 化学変化とイオン),生物編(第1章 植物の生活と種類,第2章 動物の生活と生物の変遷,第3章 生命の連続性,第4章 自然と人間),

教科別参考図書

地学編（第1章 大地の成り立ちと変化，第2章 気象とその変化，第3章 地球と宇宙，第4章 自然と人間），資料編（科学史上の人物，代表的な実験・観察，おもな公式・法則，季節の星座 ほか），さくいん

旺文社 2018.3 351p 19cm 1050円 Ⓘ978-4-01-022103-7 Ⓝ407

『「物理・化学」の単位・記号がまとめてわかる事典』

齋藤勝裕著

内容 7つの基本単位、長さ、質量、時間、電流、温度、物質量、光度から、自然界、量子世界、周期表、化学、工学、宇宙の単位・記号までをたっぷり収録。読み方・意味・由来などをスッキリ整理！

目次 単位と記号を知る前に，第1部 SI単位系を中心とした7つの世界（時間の単位と記号，長さ・面積・体積の単位と記号，重さの単位と記号，電気・磁気・電磁波の単位と記号，温度の単位と記号，物質の単位と記号，光・音・色彩の単位と記号），第2部 特殊な世界の単位と記号（自然を知る単位と記号，量子世界の単位と記号，周期表に出てくる単位と記号，化学的な性質を知るの単位と記号，工学に強くなるの単位と記号，宇宙を知るための単位と記号），付録 日本の伝統的な単位，付表 物理・化学の単位と定数

ベレ出版 2017.10 302p 21cm（A5）1700円 Ⓘ978-4-86064-527-4 Ⓝ420.75

『錬金術のイメージ・シンボル事典』

リンディー・エイブラハム著，大木富訳

内容 本書は、その全盛期にあたる16世紀から17世紀に流布していた錬金術文献や当時の文学的な資料を中心とし、その他、年代的に幅広く、大量の文献資料を学術的に精査して、錬金術における用語や、紀元後初頭の数世紀から20世紀末までの象徴表現を網羅的に収録、集大成し、それらが持つ意味を、具体的に錬金術と文学の資料を引用しながら、専門家ではない一般読者にも分かりやすい物理的（自然科学的）観点と、秘義的すなわち哲学的観点の双方の視点から簡要に解説している錬金術事典である。

アルファベータブックス 2017.10 395p 21cm（A5）〈原書名：A DICTIONARY OF ALCHEMICAL IMAGERY〈Lyndy Abraham〉〉4000円 Ⓘ978-4-86598-041-7 Ⓝ430

―――――――――――――――― 物　理 ――――――――――――――――

『知っておきたい物理の疑問55─物理の基本知識を問う「疑問中の疑問」』

日本物理学会編

内容 答えられそうで答えに窮する極上の疑問集。高校生から寄せられた物理の疑問には物理の世界を理解する法則やエッセンスが溢れている。空が青く、夕日が赤いのはなぜ？といった、だれもが抱く疑問から、宇宙がはじまる前には何が

あったの？といった、専門家でもまだわからない疑問まで結論にいたる方法に重きをおいて解説した物理の基本知識の集大成。

目次 第1章 身近な疑問（鉛筆で紙に字が書けるのはなぜですか。，いくつもの絵具を混ぜると黒くなるのはなぜですか。ほか），第2章 考えるとやはり不思議（レーザーポインターの光が広がらないのはなぜですか。，超伝導体の上で磁石が浮き上がるのはなぜですか。ほか），第3章 地球から宇宙空間（長さの単位が1mになったのはなぜですか。，地球は何からできているのですか。ほか），第4章 太陽からブラックホールまで（太陽が輝いていられるのはなぜですか。，宇宙には星がいくつあるのですか。ほか），第5章 宇宙は時空（遠い銀河ほど速く遠ざかっているのはなぜですか。，ビッグバンのエネルギーはどこから来たのですか。ほか）

講談社 2011.12 205p 18cm（ブルーバックス）820円 ⓘ978-4-06-257750-2 Ⓝ420

『美しい光の図鑑—宇宙に満ちる、見えない光と見える光』

キンバリー・アーカンド，ミーガン・ヴァツケ著，Bスプラウト訳

内容 本書では、光というテーマを画期的な方法で解説。電波からガンマ線まで、電磁スペクトルの順序どおりに並んだ各章では、各種の光の特徴、特性、用途を詳しく掘り下げています。各章には日常生活に関連する光の利用を取り上げた「A Day in the Light:身近な光」、ある種の光を発見したり、その重要な用途を導き出した人物を取り上げた「SPOTLIGHT：人物紹介」の項が含まれています。また、「フルスペクトル」の項では、蛍光や屈折など、すべてのタイプの光に共通の特性を解説します。そして「宇宙と光」では、遙か彼方の宇宙における光の存在と、それを利用して肉眼では感知できないものをどのように観測しているかを明らかにします。数百にもおよぶフルカラーの写真とイラストに彩られた本書は、理屈抜きに、気軽に手に取り、眺めるだけでも楽しい書籍です。

目次 光とは，1 電波，2 マイクロ波，3 赤外線，4 可視光，5 紫外線，6 X線，7 ガンマ線，エピローグ

ボーンデジタル 2016.3 208p 26×27cm 4000円 ⓘ978-4-86246-312-8 Ⓝ425

化　学

『化学史事典』

化学史学会編

内容 21世紀に入り、日本の多くの化学者がノーベル賞を受賞している。わが国の科学技術力の高さは世界で認められている。しかし、明治期に西欧の科学技術が導入されてから百数十年に過ぎない。一方、化学は四百年近い歴史をもつ。私たちは科学技術の伝統が浅いために、化学や化学技術の歴史について知らないことが、あまりに多い。この状況を鑑みて企画されたのが本事典である。化学史学会創立40年を記念する共同企画。全2079項目を収録。大・中・小項目で記載。化

学者は国内外合わせ1168名を掲載。理論・用語、物質、装置・器具、著作のほか、環境問題を含む化学が関与した歴史的出来事も取り上げる。国内外の化学企業や学術団体も数多く収載。カラー口絵に化学史の代表的な図・写真、巻末には年表、文献一覧、詳細な索引を収める。執筆陣は、国内外で活躍する歴史研究者182名。

(京都) 化学同人 2017.3 985p 21cm (A5) 22000円 Ⓘ978-4-7598-1839-0 Ⓝ430.2

『ビジュアル大百科 元素と周期表』

トム・ジャクソン著, ジャック・チャロナー監修, 藤嶋昭監訳, 伊藤伸子訳

内容 水素からニホニウムまで、118の元素がぜーんぶのってる！

目次 水素, アルカリ金属, アルカリ土類金属, 遷移金属, ランタノイド, アクチノイド, ホウ素族, 炭素族, 窒素族, 酸素族, ハロゲン, 貴ガス

(京都) 化学同人 2018.8 208p 28×23cm 〈原書名：The Periodic Table Book〈Tom Jackson, Jack Challoner〉, 付属資料：元素周期表ポスター1〉 2800円 Ⓘ978-4-7598-1963-2 Ⓝ431.11

『元素の名前辞典』

江頭和宏著

内容 ニホニウムを含む全118元素の名前の由来について、元になったギリシャ語やラテン語はもとより、ギリシャ・ローマ神話の登場人物、地名や人名をその語源に遡って解説する。命名に関連する発見の逸話や、『古事記』や『日本書紀』での元素の記述も紹介する。命名者が名づけに込めた思いに迫り、「ことば」の面から元素を考える。英・独・仏・スウェーデン・ギリシャ・ロシア語の元素名と読みのカタカナも記載。

目次 H 水素, He ヘリウム, Li リチウム, Be ベリリウム, B ホウ素, C 炭素, N 窒素, O 酸素, F フッ素, Ne ネオン〔ほか〕

(福岡) 九州大学出版会 2017.8 278p 19cm (B6) 2400円 Ⓘ978-4-7985-0210-6 Ⓝ431.11

『世界で一番美しい化学反応図鑑』

セオドア・グレイ著, ニック・マン写真, 若林文高監修, 武井摩利訳

内容 エネルギーやエントロピーや時間という、化学反応を特徴づける重要な概念の説明。続いて、燃焼、爆発、光合成から、塗料が乾くしくみや植物の成長や水の沸騰まで、著者が大好きな反応の数々が登場します。

目次 第1章 化学はマジック, 第2章 原子、元素、分子、化学反応, 第3章 ファンタスティックな化学反応に出あえる場所, 第4章 光と色の起源, 第5章 退屈な章, 第6章 速いか遅いか、それが問題だ

(大阪) 創元社 2018.9 216p 26×26cm 〈原書名：Reactions〈Theodore Gray, Nick Mann〉〉 3800円 Ⓘ978-4-422-42008-0 Ⓝ431.3

教科別参考図書

――――――――――― 生　物 ―――――――――――

『視覚でとらえるフォトサイエンス 生物図録』 三訂版

鈴木孝仁監修，数研出版編集部編

内容　図解が充実していて、複雑なメカニズムもよくわかる。―生物では呼吸・光合成・発生などの複雑なメカニズムが登場します。本書では、これらのメカニズムを見やすい図でわかりやすく表現しました。また、図だけでは実物のイメージがわかない、写真だけでは細部がわからない。そういったものには、図を写真と対比させ、構造やメカニズムがつかみやすいようにしました。生きものの写真が豊富。―生物にはたくさんの生きものも登場します。それらはふつう目にすることが難しく、なかなか実物を見る機会がありません。本書は、教科書や参考書に登場する多くの生きものを豊富な写真でお見せします。実験の手順や結果が一目瞭然。―実験のページでは、操作手順や結果を見やすい写真とわかりやすい解説文で紹介しました。顕微鏡の使い方と基本的な実験を序章で8ページにわたってくわしく解説。さらに、おもな実験（探究活動）については、本文中でページを割いて手順を説明しています。最新の話題を「特集 生物学の最前線」で紹介。―ニュースなどでよく取り上げられている話題やわたしたちの実生活に関わることについて、見開きで特集を組みました。各分野それぞれ興味深い内容ばかりですので、より深く幅広い知識を得ることができます。

目次　第1編 細胞と分子，第2編 代謝，第3編 遺伝情報の発現，第4編 生殖・発生・遺伝，第5編 生物の生活と環境，第6編 生態と環境，第7編 生物の進化と系統

数研出版 2017.3 280p 26×21cm 1130円 Ⓣ978-4-410-28166-2 Ⓝ375.464

続刊

『視覚でとらえるフォトサイエンス 化学図録』 三訂版 2017.3
『視覚でとらえるフォトサイエンス 物理図録』 改訂版 2017.3
『視覚でとらえるフォトサイエンス 地学図録』 改訂版 2018.12

『生命史図譜』

土屋健著，群馬県立自然史博物館監修

目次　第1部 生命史図譜（海綿動物，刺胞動物，棘皮動物，脊索動物，脊椎動物，腕足動物，軟体動物，鰓曳動物，有爪動物，節足動物 ほか），第2部 シリーズ総索引

技術評論社 2017.8 215p 21cm（A5）（生物ミステリーPRO）2680円
Ⓣ978-4-7741-9075-4 Ⓝ457.038

『かたちと色、その不思議 世界一うつくしい生物図鑑』

クリストファー・マーレー著，奥本大三郎監修

内容　自然主義者にしてデザイナーであるクリストファー・マーレーが昆虫から水棲生物、爬虫類、鳥類、植物、鉱物まで自ら保存した標本を独自の手法で作品

123

教科別参考図書

に昇華した一冊。生き物の色、形、質感の不思議に迫る―。
目次 生き物のデザイン，愛は伝染する VIRALAFFECTION，再生 RECLAMATION，昆虫 INSECTS，水棲生物 SEA CREATURES，爬虫類 REPTILES，鳥類 BIRDS，鉱物 MINERALS，調和 UNITY

世界文化社 2016.12 287p 28×22cm〈原書名：BIOPHILIA〈Christopher Marley〉〉4000円 ⓘ978-4-418-16436-3 Ⓝ460.87

『奇界生物図鑑』

内容 見たことのない生き物たちを美麗な写真と秀逸な文章で存分に紹介。ぺらぺら眺めてもじっくり読んでも楽しめる贅沢な写真図鑑！
目次 ニセモノ生物，ピンク生物，小さきヒト，キモカワ生物，極彩色生物，虹色生物，エイリアン生物，長すぎ生物，金ぴか生物，ピノキオ生物，ツノ生物，トゲトゲ生物，発光生物，ヒゲ生物，毛ダルマ生物，オレンジ生物，モヘア生物，スケスケ生物

エクスナレッジ 2016.7 143p 30cm（A4）2200円 ⓘ978-4-7678-2189-4 Ⓝ460.87

『不思議で美しいミクロの世界』

ジュリー・コカール著，林良博訳

内容 肉眼では見ることができないが、顕微鏡の向こうで確実に広がる世界…。本書を手に取れば、ミクロの世界を発見する旅へといざなわれる。超高画質の顕微鏡写真を最大限に拡大することにより、初めて近寄ることのできる物事の核心。自然学、生物学、化学、医学、鉱物学など、さまざまな分野から観察対象を厳選し、まったく新しい光を当てる…。我々は、その驚きに満ちた美の世界を目撃することになるのだ。
目次 植物，動物，極小，物質

世界文化社 2016.3 203p 28×23cm〈原書名：MICRO,EARTH FROM THE INSIDE〈Julie Conquart〉〉3800円 ⓘ978-4-418-16201-7 Ⓝ460.87

『ウイルス図鑑101―美しい電子顕微鏡写真と構造図で見る』

マリリン・J.ルーシンク著，布施晃監修，北川玲訳

内容 ヒトから細菌まで、すべての生物種に存在するウイルス―ウイルス学の基礎とともに101種類のウイルスを宿主別に紹介。それぞれの特徴、構造、発見の経緯、利用法、分布図などを簡潔にまとめた。ウイルスがさまざまなかたちで生命の根源に深く関わっていることがわかるビジュアルガイド。
目次 イントロダクション，ヒトウイルス，動物ウイルス，植物ウイルス，無脊椎動物ウイルス，菌類・原生動物ウイルス，細菌・古細菌ウイルス

（大阪）創元社 2018.2 255p 25×18cm〈原書名：VIRUS:AN ILLUSTRATED GUIDE TO 101 INCREDIBLE MICROBES〈Marilyn J.Roossinck〉〉3800円 ⓘ978-4-422-43027-0 Ⓝ465.8

教科別参考図書

『卓上版 牧野日本植物図鑑』

牧野富太郎著

内容 1940年10月、植物学者・牧野富太郎が15年の歳月を経て世に問うた「牧野日本植物圖鑑」。それはそれまで図譜でしかなかった"図鑑"が、はじめてサイエンスの後ろ盾を得て真の「図鑑」となった瞬間であった。写真図鑑隆盛の現在もなお、色あせることのない牧野植物学の集大成。

目次 有管植物門，藏卵器植物門，眞菌植物門，紅藻植物門，褐藻植物門，緑藻植物門，輪藻植物門

北隆館 2017.9 1冊 19cm（B6）2300円 ⓘ978-4-8326-0741-5 Ⓝ472.1

『驚くべき世界の野生動物生態図鑑』

小菅正夫日本語版監修，黒輪篤嗣訳

内容 人間の常識など、はるかに超えた驚くべき動物たちとの出会い―息をのむほどの自然界の多様さ、そこに棲む生きものたちの知られざる生態が明らかになる！コスタリカの熱帯雨林の奥深くから、氷に覆われた南極大陸まで、世界の野生動物（哺乳類・鳥類・魚類・両生類・爬虫類・昆虫類）を地理的に分類し、地球上の美しく重要な生息地において、生き生きと暮らす、野生動物たちの真実の姿を解説している。

目次 動物の生息環境，北アメリカ，中央アメリカと南アメリカ，ヨーロッパ，アフリカ，アジア，オーストラレーシア，南極大陸

日東書院本社 2017.6 400p 31×26cm〈原書名：WILDLIFE OF THE WORLD〉7400円 ⓘ978-4-528-02005-4 Ⓝ480.38

『プラナリア実験観察図鑑―刃物の下では不死身の生きもの！』

宮崎武史著

内容 世界初！14頭のプラナリア⁉分裂して殖え続ける⁉切っても切っても再生する⁉驚きの生物「プラナリア」の生体の不思議に迫る！フルカラー・写真満載の実験観察図鑑。130点を超える豊富な写真でプラナリアの秘密を解説！

目次 第1章 プラナリアの種類と新分類表（多岐腸目，三岐腸目），第2章 プラナリアの体制（三岐腸類の体制），第3章 高校虫を使った実験と観察（ナミウズムシの細胞，ナミウズムシの生殖法，ナミウズムシの再生），第4章 大学虫を使った実験（大学虫の多眼形成），第5章 センター虫を使った実験（センター虫の多眼形成）

（大阪）パレード，星雲社〔発売〕2016.2 116p 21cm（A5）1800円 ⓘ978-4-434-21521-6 Ⓝ483.41

125

教科別参考図書

『日本昆虫目録 第2巻 旧翅類』

日本昆虫目録編集委員会編

目次 蜉蝣目（カゲロウ目）（トビイロカゲロウ科，カワカゲロウ科，モンカゲロウ科，シロイロカゲロウ科，ヒメシロカゲロウ科，マダラカゲロウ科，ヒメフタオカゲロウ科，コカゲロウ科，ガガンボカゲロウ科，フタオカゲロウ科，チラカゲロウ科，ヒトリガカゲロウ科，ヒラタカゲロウ科），蜻蛉目（トンボ目）（均翅亜目，不均翅亜目）

日本昆虫学会，櫂歌書房，星雲社〔発売〕2017.12 94p 26cm（B5）4600円
Ⓘ978-4-434-23772-0 Ⓝ486.021

続刊

『日本昆虫目録 第4巻 準新翅類』2016.3
『日本昆虫目録 第5巻 脈翅目群、長翅目、隠翅目、毛翅目、撚翅目』2016.3
『日本昆虫目録 第7巻 鱗翅目 第1号』2013.9
『日本昆虫目録 第8巻 双翅目 第1部 —長角亜目-短角亜目無額嚢節』2014.9
『日本昆虫目録 第8巻 双翅目 第2部 —短角亜目額嚢節』2014.9

『世界で一番美しいサルの図鑑』

京都大学霊長類研究所編

内容 動物園でもイケメンと話題のゴリラ、ペットとしても人気のリスザル、哺乳類には珍しく毒をもつスローロリス、童謡でも有名なアイアイ、日本人にはおなじみのニホンザルから、ヒトに最も近いチンパンジーやボノボまで。知っているようであまり知らない世界中のサル約130種を、「南米」、「アジア」、「マダガスカル」、「アフリカ」の4つの地域ごとに紹介。厳選された美しい写真と、現役の研究者によって書かれた最先端の解説で楽しめる、めくるめくサルたちの物語がここに！

目次 南米（ピグミーマーモセット，コモンマーモセット ほか），アジア（スンダスローロリス，レッサースローロリス ほか），マダガスカル（アイアイ，シロアシイタチキツネザル ほか），アフリカ（オオガラゴ，ショウガラゴ ほか）

エクスナレッジ 2017.11 223p 26×21cm 2800円 Ⓘ978-4-7678-2402-4 Ⓝ489.9

『ひと目でわかる体のしくみとはたらき図鑑』

大橋順，桜井亮太日本語版監修，千葉喜久枝訳

内容 脳・心臓・血管などの「器官別」だけでなく、細胞分裂・免疫・消化などの「しくみ別」に学べるから、全体のはたらきが理解できます。適度にディフォルメされたオールカラー・イラストで、複雑なしくみも直観的に理解できます。リアルな解剖図は苦手…という方も安心。それぞれのテーマは見開き（2ページ）単位で簡潔にまとまっているので、興味に合わせてどこからでも、短い時間で読むことができます。「応用コラム」、「Q&Aコラム」、「雑学コラム」など、各テーマが

126

多彩なコラム形式でまとまっているので、長々とした文章を読む必要がありません。体の物理的な構造だけでなく、ホルモンなどの化学的な反応、脳や神経に関わる精神的な事柄まで、人体の不思議をさまざまな切り口で解説しています。

目次 第1章 顕微鏡で見ると，第2章 支え合う，第3章 活動中，第4章 感覚，第5章 物事の本質，第6章 入口と出口，第7章 体調と健康，第8章 化学物質のバランス，第9章 命のサイクル，第10章 心のはたらき

〈大阪〉創元社 2017.7 255p 25×21cm（イラスト授業シリーズ）
〈原書名：How the Body Works〉2800円 ①978-4-422-41095-1 Ⓝ491.3

『ウイルス・細菌の図鑑―感染症がよくわかる重要微生物ガイド』

北里英郎，原和矢，中村正樹著

内容 微生物の基礎知識から感染症の仕組みまでを徹底図解！

目次 0 巻頭ビジュアル 人類の脅威となった感染症，1 ウイルスと細菌の基礎知識（微生物の分類，細菌の観察，細菌の代謝・増殖，ウイルスの構造，ウイルスの増殖 ほか），2 感染症からみたウイルス・細菌（肺炎，結核，中耳炎，咽頭炎，風邪とインフルエンザ，感染性心内膜炎 ほか），3 ウイルス・細菌図鑑

技術評論社 2016.1 191p 19cm（B6）（知りたい！サイエンス）2180円
①978-4-7741-7716-8 Ⓝ491.77

『ペットビジネスハンドブック 2018年版』

目次 第1章 ペット市場動向（ペットの市場環境と予測，メーカー動向，流通（問屋）動向，流通（小売）動向，関連サービス動向 ほか），第2章 データ資料（犬の登録頭数，ペット関連業種の状況，平成28年度ペットフード産業実態調査の結果，ペットフード・観賞魚の輸入統計，ペットフード安全法関連問い合わせ先一覧 ほか）

産経広告社 2018.4 162p 21cm（A5）5000円 ①978-4-88238-033-7 Ⓝ645.9

―――――――――――――――― 地　学 ――――――――――――――――

『天文年鑑 2019年版』

天文年鑑編集委員会編

目次 巻頭口絵（星の会の50周年，2018年2月15日の部分日食，2018年7月13日の部分日食 ほか），こよみ（展望，毎月の空，日食と月食 ほか），データ（天文基礎データ，軌道要素からの赤経・赤緯の計算，太陽面現象 ほか）

誠文堂新光社 2018.11 343p 19cm（B6）1000円 ①978-4-416-71802-5 Ⓝ440.59

教科別参考図書

『図説 地球科学の事典』

鳥海光弘編集代表

内容 地殻、マントル、コア、造山運動、大陸衝突、沈み込み帯、地球の誕生、超大陸、地球深部、超高圧、地震、津波、火山、シミュレーション、太陽系天体。現代の観測技術、計算手法によって視覚化された地球の最新の姿を108のキーワードで学ぶ。全項目見開きページの読み切り形式で解説。豊富な図・写真をオールカラーで掲載。

目次 第1章 地殻・マントルを含めた造山運動―日本の地質付加体，第2章 地球史，第3章 地球深部の物質科学，第4章 地球化学:物質分化と循環，第5章 測地・固体地球変動，第6章 プレート境界の実像と巨大地震・津波・火山，第7章 地球内部の地球物理学的構造，第8章 地殻・マントルシミュレーション，第9章 太陽系天体

朝倉書店 2018.4 236p 26cm（B5）8200円 ⓘ978-4-254-16072-7 Ⓝ450

『雲と天気大事典』

武田康男，菊池真以著

内容 美しい写真、分かりやすい図表で、気象についてパーフェクトにわかる決定版です。豊富な写真による説明で、10種類の雲の特徴や見分け方がわかります。天気の変化がどのように起こるのかを、風や地形といった観点だけでなく、地球規模の動きからもわかりやすく説明しています。天気予報がどのように行われているのか、「アメダス」や「気象レーダー」などの気象観測から、それらのデータを分析する「スーパーコンピュータ」までをふくめ、くわしく解説しています。昔から言い伝えられた天気の予想「観天望気」を、理解しやすくまとめています。さらに、「クイズ」で天気を予想することに挑戦できます。

目次 第1章 空のようすを知ろう（雲の分類，積雲（わた雲，にゅうどう雲（雄大積雲）），積乱雲（にゅうどう雲，かなとこ雲，かみなり雲）ほか），第2章 気象現象のしくみを知ろう（雲と風の関係，雲のでき方，雲を動かす風（上昇気流，下降気流）ほか），第3章 天気予報のしくみを知ろう（雲の動きから見えてくる天気，天気予報のしくみ，天気予報で使う用語 ほか），空からの挑戦状！どんな天気になるのか予想しよう！

あかね書房 2017.1 144p 30cm（A4）5000円 ⓘ978-4-251-08291-6 Ⓝ451.61

『カラー図鑑 日本の火山』

高田亮監修

内容 火山の基本的な知識から、それぞれの火山の特徴まで、わかりやすく解説。過去の火山活動がわかる「日本活火山年表」付き。日本の活火山111をすべて掲載。

目次 序章 火山の基本，1章 北海道地方の活火山，2章 東北地方の活火山，3章 関東・中部地方の活火山，4章 伊豆・小笠原諸島の活火山，5章 中国・九州地方の活火山，6章 北方領土の活火山

ナツメ社 2017.10 239p 21cm（A5）2200円 ⓘ978-4-8163-6332-0 Ⓝ453.821

『地層の見方がわかるフィールド図鑑—岩石・地層・地形から地球の成り立ちや活動を知る』増補改訂版

青木正博，目代邦康著

内容 "生きている地球"が感じられる場所や、そこに現れる岩石・鉱物を、写真を用いて解説しています。実際にこれから訪れることができる場所の話題も多く含まれています。自然探索の気軽な手引き書として、お役立てください。本書は、2008年に初版を、2015年に増補版を刊行した同名の書籍をもとに、新たに「ゼノリス」、「土柱」、「砂鉄」、「砂州と陸繋島」、「岩石肉眼鑑定の手引き」の項目を加え、既存の項目についてもタイトルを見直し、記述や写真を加えています。

目次 地層・地形のフィールドガイド（地層とは何か？，隆起してできる山，堆積岩山地の谷と川，岩盤クリープ，地すべり・崩壊 ほか），野外観察の基礎知識（必要な道具，野外活動で気を付けること，地形図の使い方・読み方，地層の見える場所を探そう，空中写真を利用した地形の観察 ほか）

誠文堂新光社 2017.7 239p 21cm（A5）2200円 ⓘ978-4-416-61782-3 Ⓝ456.91

『宝石と鉱物の大図鑑—地球が生んだ自然の宝物』

スミソニアン協会監修，諏訪恭一，宮脇律郎日本語版監修，高橋佳奈子，黒輪篤嗣訳

内容 宝石と鉱物、そして有名な美しい宝飾品まで世界中の自然の宝をまとめた豪華な一冊。比類なき魅力を放つ、世界屈指の宝石やジュエリーを美しい写真と興味をそそる逸話の数々とともに紹介。きらびやかな宝石の世界の奥深さを知ることができ、鉱物と岩石のレファレンスとしても充実している総合的な宝石図鑑！

目次 序章（地球の宝，鉱物とは何か？ ほか），元素鉱物（ゴールド，カール大帝の王冠 ほか），宝石（パイライト，スファレライト ほか），生体起源の宝石（真珠（パール），ラ・ペレグリーナ ほか），岩石宝石と岩石（モルダバイト（モルダウ石），オブシディアン ほか）

日東書院本社 2017.11 440p 31×26cm〈原書名：Gem〉8800円 ⓘ978-4-528-02010-8 Ⓝ459.13

『レアメタルハンドブック 2016』

内容 掲載鉱種は全42種。各種産業分野で使用されているレアメタルを網羅し、グラフ・表・チャートを多用してわかりやすく解説。高校生や大学生・社会人に愛用いただけるレアメタル全般の基礎情報の詰まった、持ち運びにも便利なA5版

教科別参考図書

のハンドブックです。

目次 全42鉱種の各解説，一般概要，物理・化学的性質と特徴，原料事情，主要用途，代表的な製造法，国内外の主要生産者，需給動向，価格動向，代替・リサイクル状況，元素の周期表，元素の物理的性質

石油天然ガス・金属鉱物資源機構調査部金属資源調査課 2016.12 423p 21cm 2250円 Ⓝ565.8

社会・地理歴史・公民

―――――――――――― 地　理 ――――――――――――

『キリスト教の歳時記―知っておきたい教会の文化』

八木谷涼子著

内容 世界中のキリスト教会が備えている一年サイクルの暦。イエスやマリアに関わる日を中心に諸聖人を記念した祝祭日でいろいろな期節が彩られる。クリスマス・イースターという共通イベントの他に、教派や地域により意味や形に違いのある祝祭内容。各教会では実際にどんなことを祝っているのか、人々の生活とどう関わっているのかを、詳しく紹介する。

目次 アドベント第一主日，聖フランシスコ・ザビエルの日（12月3日），聖ニコラウスの日（12月6日），無原罪の聖マリアの日（12月8日），聖母グアダルーペの日（12月12日），聖ルシアの日（12月13日），喜びの主日（アドベント第三主日），使徒聖トマスの日（12月21日），クリスマス（12月25日），最初の殉教者聖ステファノの日（12月26日）〔ほか〕

講談社 2016.12 338p 15cm（A6）（講談社学術文庫）1100円 Ⓘ978-4-06-292404-7 Ⓝ196

『中東世界データ地図―歴史・宗教・民族・戦争』

ダン・スミス著，龍和子訳

内容 地図やグラフィックを用いて、中東世界を読み解く決定版。オスマン帝国の時代に始まり、ヨーロッパの帝国拡大、アラブ世界のナショナリズム、アルカイーダ、「アラブの春」、ISISまで、170点以上の地図、グラフ、年表により解説する。

目次 第1部 中東の形成（オスマン帝国，ヨーロッパの植民地主義，第一次世界大戦後の新たな中東 ほか），第2部 転換期にある中東地域（政治と人権，信仰，民族 ほか），第3部 紛争の舞台（イスラエルとパレスチナ，レバノン，アルジェリア ほか）

原書房 2017.9 177p 28×22cm〈原書名：THE STATE OF THE MIDDLE EAST ATLAS 〈Dan Smith〉〉5800円 Ⓘ978-4-562-05430-5 Ⓝ227

教科別参考図書

『世界の国旗・国章歴史大図鑑』
苅安望著

内容 世界の独立国197カ国の歴史的な国旗・国章を網羅。類書の15倍を超える3000点以上の国旗・国章（域旗、軍旗も含む）を図柄解説つきでオールカラー掲載。各国国旗の歴史的変遷をわかりやすくレイアウトし、国旗からその国の歴史がわかる「世界にも類のない」（著者）大図鑑です。

目次 アジア，アフリカ，ヨーロッパ，北アメリカ・中央アメリカ，南アメリカ，オセアニア

山川出版社 2017.8 366p 27×22cm 12000円 ⓘ978-4-634-16004-0 Ⓝ288.9

『世界の国情報 2018』

内容 2018年3月までに入手可能な資料およびデータベースをもとに、日本を加えた196カ国・4地域を紹介。面積、人口、対日輸出入額、在留日本人数などの情報を掲載する。

目次 アジアの地図と各国情報，中東の地図と各国情報，ヨーロッパの地図と各国情報，アフリカの地図と各国情報，北米・中南米の地図と各国情報，オセアニアの地図と各国情報，その他の国・地域情報，付録：ランキング/主な国の祝祭日

リブロ 2018.5 76p 21cm 648円 ⓘ978-4-903611-65-5 Ⓝ290

『地球情報地図50──自然環境から国際情勢まで』
アラステア・ボネット著，山崎正浩訳

内容 地球の今がわかる。世界の見方が変わる。気象、海洋、災害、エネルギーから移民、格差、幸福度、生物多様性まで、50ジャンルにおよぶ統計データをマッピングした現代世界の知られざる側面を映し出すビジュアル報告書。

目次 陸、海、空（森林火災，小惑星の衝突，自然災害に対する脆弱性 ほか），人類と野生動物（両生類の多様性，アリの多様性，鳥類の多様性 ほか），グローバリゼーション（Twitterのつながり，アメリカのファストフードチェーン，航路 ほか）

（大阪）創元社 2018.3 223p 30×26cm〈原書名：NEW VIEWS:The World Mapped Like Never Before〈Alastair Bonnett〉〉3200円ⓘ978-4-422-25082-3 Ⓝ290

『世界「奇景」探索百科 ヨーロッパ・アジア・アフリカ編』
ジョシュア・フォア，ディラン・スラス，エラ・モートン著，吉富節子，颯田あきら，高野由美訳

内容 1200項目を超える世界の不思議を600点以上の写真とともに集大成した決定版！

目次 ヨーロッパ（イギリスおよびアイルランド，西ヨーロッパ，東ヨーロッパ ほか），アジア（中東，南・中央アジア，東アジア ほか），アフリカ（北アフリカ，西アフリカ，中部アフリカ ほか）

原書房 2018.1 316p 21cm（A5）〈原書名：ATLAS OBSCURA〈Joshua Foer, Dylan Thuras, Ella Morton〉〉2800円 ⓘ978-4-562-05462-6 Ⓝ290

続刊
『世界「奇景」探索百科 南北アメリカ・オセアニア編』

『プレミアムアトラス世界地図帳』新訂第3版
平凡社編

内容 複雑化する世界を知り、地理的・地政学的な理解を助ける、ロングセラー地図帳。地名に欧文を併記し、国旗や各国現勢、主要国の都市図・行政図などの情報も満載した改訂新版。

目次 ビジュアル世界地理（地球が生み出す壮大な自然―世界の山・川・湖・島，躍動する地球―世界の地震・火山・プレート ほか），各国図（世界の国々，アジア ほか），都市図（ソウル，北京 ほか），世界の国々（主要国の行政区分，世界の小さな島々 ほか）

平凡社 2017.7 162p 30cm（A4）1500円 ⓘ978-4-582-41733-3 Ⓝ290.38

『プレミアムアトラス日本地図帳』新訂第3版
平凡社編

内容 知りたい地名や地形がすぐに調べられる！激動する日本列島が地図を通してわかる最新地図帳。地図本来の機能を追求したロングセラー地図帳の改訂新版。

目次 ビジュアル日本地理（山岳列島，日本―日本の山，恵まれた水資源―日本の河川・湖沼，地震と火山の国―日本の地震・火山・プレート ほか），分県図（沖縄県・先島諸島，沖縄県，鹿児島県・奄美群島 ほか），都市図（熊本・那覇，福岡，広島 ほか）

平凡社 2017.7 176p 30cm（A4）1500円 ⓘ978-4-582-41732-6 Ⓝ291.038

『地図で見る中国ハンドブック』

ティエリ・サンジュアン著，太田佐絵子訳，マドレーヌ・ブノワ＝ギュイヨ地図製作

内容 今の中国が一目瞭然でわかるアトラス！交通、宗教、金融・産業投資などの未刊行資料を掲載。世界のあらたな秩序を判断するために必要不可欠の著書!!

目次 遺産，先進社会に向けて，グローバル化した領土，中国の都市，周辺地域，グローバル化の主役，付録

原書房 2017.8 160p 21cm (A5)〈原書名：ATLAS DE LA CHINE：UNE GRANDE PUISSANCE SOUS TENSION, 3rd Ed.〈Thierry Sanjuan, Madeleine Benoit-Guyod〉〉 2800円 Ⓘ978-4-562-05422-0 Ⓝ302.22

続刊

『地図で見るアラブ世界ハンドブック』マテュー・ギデール著，太田佐絵子訳 2016.12

『地図で見るロシアハンドブック』パスカル・マルシャン著，太田佐絵子訳，シリル・シュス地図制作 2017.6

『地図で見るバルカン半島ハンドブック』アマエル・カッタルッツァ，ピエール・サンテス著，太田佐絵子訳 2017.11

『地図で見るラテンアメリカハンドブック』オリヴィエ・ダベーヌ，フレデリック・ルオー著，太田佐絵子訳，オレリー・ボワシエール地図製作 2017.12

『地図で見るアメリカハンドブック』クリスティアン・モンテス，パスカル・ネデレク著，鳥取絹子訳，シリル・シュス地図製作 2018.9

『地図で見る日本ハンドブック』レミ・スコシマロ著，神田順子，清水珠代訳，クレール・ルヴァスール地図製作 2018.11

『地図で見る東南アジアハンドブック』ユーグ・テルトレ著，ティボー・ルロワ執筆協力，セシル・マラン，メラニー・マリー地図製作，鳥取絹子訳 2018.12

『地図で見るインドハンドブック』イザベル・サン＝メザール著，太田佐絵子訳 2018.12

『地図で見るフランスハンドブック 現代編』ジャック・レヴィ著，土居佳代子訳，コロス研究所地図製作 2019.2

『アメリカ文化事典』

アメリカ学会編

内容 アメリカ合衆国は現在、50の州および連邦区からなる連邦共和国であり、約985万平米の総面積ならびに3億1,700万人の人口がいずれも世界第3位という超大国である。1776年の独立宣言により誕生した国家であり、世界で最も多文化な社会を形成しつつ、今日に至っている。本書は、アメリカ合衆国を研究対象とするさまざまな学問領域の研究者が、最新の研究動向を反映しながらアメリカという国の多様な側面をわかりやすく解説し、立体的に紹介することを目的とした事典である。生活習慣から政治経済、軍事外交まで、人間の営みの多様な側面を広義の文化として定義し、それらの密接な関りを20章立て、370以上の項目で浮き彫りにした。どこからでも興味深く読める中項目事典。

目次 1章 地理・自然，2章 政治，3章 経済・産業，4章 法と秩序，5章 民族・人種，6章 宗教，7章 社会思潮，8章 科学技術，9章 ジャーナリズム・メディア，10章 教育，11章 ジェンダー，12章 生活，13章 アート，14章 文学，15章 スポーツ・娯楽，16章 映画と映画産業，17章 音楽・舞台，18章 軍事，19章 世界とアメリカ，20章 アメリカと日本

丸善出版 2018.1 28,917p 22cm 20000円 Ⓘ978-4-621-30214-9 Ⓝ302.53

教科別参考図書

続刊

『スペイン文化事典』川成洋，坂東省次編 2011.1
『イタリア文化事典』イタリア文化事典編集委員会編，日伊協会監修 2011.12
『フランス文化事典』田村毅，塩川徹也，西本晃二，鈴木雅生編 2012.7
『イギリス文化事典』イギリス文化事典編集委員会編 2014.11
『日本文化事典』神崎宣武，白幡洋三郎，井上章一編 2016.1
『中国文化事典』中国文化事典編集委員会編 2017.4
『北欧文化事典』北欧文化協会，バルト＝スカンディナヴィア研究会，北欧
　建築・デザイン協会編 2017.10
『インド文化事典』インド文化事典編集委員会編 2018.1

『データブック オブ・ザ・ワールド―世界各国要覧と最新統計 2019 Vol.31』

二宮書店編集部編

内容 世界のすべての独立国・地域の最新dataを網羅!!統計資料編（系統的）と世界各国編（国別）の立体的2部構成!!激動する世界情勢をコンパクトに集成!!

目次 統計要覧目次（自然環境，世界の国々，人口・都市，農牧・林・水産業，エネルギー，鉱工業，交通・通信，貿易，企業・投資・経済協力，経済・生活・文化，環境問題，日本，国際機構），世界各国要覧目次（アジア，アフリカ，ヨーロッパ，北アメリカ，南アメリカ，オセアニア）

二宮書店 2019.1 479p 21cm（A5）680円 Ⓣ978-4-8176-0437-8 Ⓝ350.9

『世界国勢図会 2018/19―世界がわかるデータブック』第29版

矢野恒太記念会編

内容 世界の社会・経済情勢を表とグラフでわかりやすく解説したデータブック。

目次 世界の国々，人口と都市，労働，経済成長と国民経済計算，資源とエネルギー，農林水産業，工業，貿易と国際収支，財政・金融・物価，運輸，情報通信・科学技術，諸国民の生活，軍備・軍縮

矢野恒太記念会 2018.9 478p 21cm（A5）2685円 Ⓣ978-4-87549-452-2 Ⓝ350.9

『統計でみる市区町村のすがた 2018』

総務省統計局編

目次 1 市区町村編（人口・世帯，自然環境，経済基盤，行政基盤，教育，労働，文化・スポーツ，居住，健康・医療，福祉・社会保障），2 基礎データの説明，参考

日本統計協会 2018.6 306p 30cm（A4）4800円 Ⓣ978-4-8223-4022-3 Ⓝ351

教科別参考図書

『日本国勢図会 2018/19—日本がわかるデータブック』第76版
　　矢野恒太記念会編

内容　厳選した最新のデータをもとに、日本の社会・経済情勢を表とグラフでわかりやすく解説したデータブック。
目次　世界の国々，国土と気候，人口，府県と都市，労働，国民経済計算，企業活動，資源・エネルギー，石炭・石油・天然ガス，電力・ガス，農業・農作物，畜産業，林業，水産業，工業，金属工業，機械工業，化学工業，食料品工業，その他の工業，建設業，サービス産業，商業，日本の貿易，世界の貿易，国際収支・国際協力，物価・地価，財政，金融・株式・保険，運輸・郵便，情報通信・科学技術，国民の生活，教育，社会保障・社会福祉，保健・衛生，環境問題，災害と事故，犯罪・司法，国防と自衛隊

　　　　　　　　　　矢野恒太記念会 2018.6 526p 21cm（A5）2685円 Ⓘ978-4-87549-149-1 Ⓝ351

『統計から読み解く 47都道府県ランキング』
　　久保哲朗著

内容　さまざまなデータから見えてくる47都道府県の個性。第1章では、総務省「家計調査」「社会生活基本調査」等から各項目の県別ランキングを紹介。どの都道府県で何が多く消費され、何に時間を費やしているか、深く県民性に迫っていきます。第2章では、各都道府県それぞれの100項目のランキングについて紹介。県によって何が上位で、何が下位なのか各都道府県の強み・弱みがよくわかります。また相関をとることで、似ている項目、似ていない項目も比較できます。
目次　第1章 項目別ランキング（森林率，1人あたりの面積，平均標高，河川延長距離，道路延長 ほか），第2章 47都道府県別ランキング（北海道，青森県，岩手県，宮城県，秋田県 ほか）

　　　　　　　　　　日東書院本社 2018.5 303p 26cm（B5）1800円 Ⓘ978-4-528-02187-7 Ⓝ361.91

『統計でみる都道府県のすがた 2019』
　　総務省統計局編

目次　1 社会生活統計指標（人口・世帯，自然環境，経済基盤，行政基盤，教育，労働，文化・スポーツ，居住，健康・医療，福祉・社会保障，安全，家計），2 指標計算式，3 基礎データの説明

　　　　　　　　　　日本統計協会 2019.2 164p 30cm（A4）〈付属資料：CD-ROM1〉2700円
　　　　　　　　　　　　　　　　　Ⓘ978-4-8223-4047-6 Ⓝ365.5

135

教科別参考図書

『世界の祝祭日の事典』

中野展子著

内容 ウェブの検索だけでは不明な祝祭日・記念日の意味やいわれがよくわかる!!
366日のカレンダーを通して世界各国の歴史や文化を理解でき、ビジネスや国際
交流の幅が広がる便利な一冊。

目次 1 祝祭日・記念日のはじまり，2 世界の祝祭日・記念日366日，3 世界各国
の祝祭日・記念日

東京堂出版 2016.5 212p 21cm（A5）2600円 Ⓘ978-4-490-10877-4 Ⓝ386.9

『世界遺産100断面図鑑』

中川武監修

内容 「ピサの斜塔」の上層2層は下の6層と違う？ 「五重の塔」の心柱は建物を
支えていない？ 外観は5階建て、構造は6階建ての「姫路城」…世界の文化遺産、
自然遺産、複合遺産100ヵ所を網羅。内部の構造と成り立ちで美しさの秘密に迫
る！長崎と天草地方の潜伏キリシタン関連遺産も紹介。

目次 第1章 ヨーロッパの世界遺産（モン・サン・ミシェル—モン・サン・ミシェ
ルとその湾，ヴェルサイユ宮殿—ヴェルサイユ宮殿と庭園 ほか），第2章 アメリ
カ大陸の世界遺産（グランド・キャニオン—グランド・キャニオン国立公園，イ
エローストーン—イエローストーン国立公園 ほか），第3章 アジアの世界遺産（万
里の長城—万里の長城，紫禁城—北京と瀋陽の明・清朝の皇宮群 ほか），第4章
アフリカ・オセアニアの世界遺産（ピラミッド—メンフィスとその墓地遺跡 ギー
ザからダハシュールまでのピラミッド地帯，ツタンカーメン ほか），第5章 日本
の世界遺産（清水寺，金閣寺 ほか）

宝島社 2018.7 159p 21cm（A5）1500円 Ⓘ978-4-8002-8486-0 Ⓝ709

『世界遺産事典 2019改訂版』

古田陽久著，世界遺産総合研究所企画・編集

内容 ユネスコの世界遺産1092全物件のプロフィールを、地域別、国別、登録年
順にコンパクトに整理。各物件については、正式英語名、所在位置、物件の概要、
自然遺産、文化遺産、複合遺産、それに、危機遺産などの物件種別、登録基準、
登録年などの概要を簡潔に紹介。A5版のハンディな体裁であり、観光・旅行等に
も携帯できて便利。

（広島）シンクタンクせとうち総合研究機構 2018.8 240p 21cm 2778円
Ⓘ978-4-86200-219-8 Ⓝ709.036

136

教科別参考図書

―――――――――――― 歴　史 ――――――――――――

『標準世界史地図』 増補第48版

亀井高孝，三上次男，堀米庸三編

目次 古人骨の発見地と現生人類のひろがり，先史時代の遺跡の分布，前2千年紀の世界，前15世紀のオリエント諸国，中国の先史時代及び殷代遺跡，エーゲ世界の文化（ミノア文明，ミケーネ文明），前10世紀前後のオリエント，前7世紀の世界，前600年頃のオリエント，前6・7世紀の中国（春秋時代）〔ほか〕

吉川弘文館 2018.4 64,16p 19×26cm 750円 ①978-4-642-09543-3 Ⓝ203.8

『ビッグヒストリー大図鑑―宇宙と人類138億年の物語』

デイヴィッド・クリスチャンほか監修，ビッグヒストリー・インスティテュート協力

内容 あらゆる分野を統合した新たな歴史。世界で注目を集める画期的な「ビッグヒストリー」を世界初の完全ヴィジュアル化！ビッグバンから宇宙の拡大、地球と生命の誕生、人類の現在まで、138億年の壮大な歴史を網羅！全歴史を8つの変革期に分け、156のテーマで解説する明快な構成！

目次 1 ビッグバン，2 星の誕生，3 元素の生成，4 惑星の形成，5 生命の出現，6 進化する人類，7 文明の発達，8 近代産業の勃興

河出書房新社 2017.11 375p 31×26cm 〈原書名：Big History〈David Christian, Andrew Mckenna, Tracy Sullivan〉〉8800円 ①978-4-309-22707-8 Ⓝ209

『兵士の歴史大図鑑』

R.G.グラント著，等松春夫日本語版監修，山崎正浩訳

目次 第1章 ギリシアのファランクスとローマ軍団―紀元前600年-紀元450年，第2章 征服戦争と騎士道―450年-1500年，第3章 パイク兵とマスケット銃兵―1500年-1775年，第4章 帝国と辺境―1775年-1914年，第5章 塹壕と空中戦―1914年-1945年，第6章 ゲリラと特殊部隊―1945年-現代

（大阪）創元社 2017.2 360p 31×26cm 〈原書名：Soldier〉15000円 ①978-4-422-21524-2 Ⓝ209

『世界の歴史大図鑑』 増補改訂版

アダム・ハート＝デイヴィス総監修，樺山紘一日本語版総監修，鹿沼博史，河島美季，岡崎精一，三浦朋訳，三浦嘉治，エス・プロジェクト日本語版編集

内容 本書は、私たちの過去と歴史に対する見方を大きく変え、世界史の認識を新たにさせてくれる。それは、私たち自身の認識を塗りかえることでもある。また本書には、450万年前の人類の出現からまさに現在まで、あらゆる角度から見た人類の発展と進歩が浮き彫りにされている。たとえばそれは、重要な事件や出

137

来事，決定的な思想，政治的な権力，中心的な人物，科学技術の画期的な進歩などであり，それらは人類の物語を形づくってきたものである。本書ではこうしたものを，驚嘆すべきヴィジュアル写真の迫力と充実した最新知識によって，わかりやすく役立つように編集し，かつてない素晴らしさで魅了してくれる決定版である。

目次 人類と歴史の起源，文明のあけぼの，古代世界の底流，中世に生きる，近代への胎動，産業と革命の時代，現代の世界

河出書房新社 2016.6 619p 31cm 〈原書名：History〉13800円 Ⓘ978-4-309-22657-6 Ⓝ209

『47都道府県・遺跡百科』
石神裕之著

内容 遺跡とは，人間と自然の営みそのものであり，その痕跡がない場所などは存在しない。何かしらのかたちで，遺跡は残されている。本書は47都道府県という現在的な枠組みのなかで，広く壮大なスケールで営まれてきた人間活動をまとめたものである。個々の遺跡の記述から，その多様な背景を伝えきることは不可能だが，さまざまな土地に根ざし生きてきた過去の人々の姿が，少しでも立体的に浮かび上がるように遺跡を選択した。知りたい遺跡とその特色が探しやすい都道府県別の編集！専門用語は「コラム」で易しく解説！利便性の高い「遺跡名索引」も収録！

目次 第1部 遺跡の基礎知識（遺跡大国日本，遺跡の発見か破壊か，考古資料の性質，日本考古学の先駆者たち，考古学トピック，遺跡のゆくえ），第2部 都道府県別 遺跡とその特色

丸善出版 2018.2 344p 19cm（B6）3800円 Ⓘ978-4-621-30224-8 Ⓝ210.025

『日本史年表・地図』第25版
児玉幸多編

内容 永遠のベストセラー！ 2018年の記事を追加して新年度版を刊行。年表は政治・外交・文化の外，世界史の事象を縦の帯とし，横に年代を揃えて時代の流れを有機的に把握できる。地図は政治・経済・文化事象の地図化と諸事項の表示に新工夫を施し，毎頁図版説明と時代概観を脚注で示す。

目次 図式日本史年表，日本史重要年表，年表，諸表，系図，文化勲章受章者一覧，年号表

吉川弘文館 2019.4 1冊 19×26cm 1300円 Ⓘ978-4-642-09546-4 Ⓝ210.032

『日本史パノラマ大地図帳』
山本博文監修

内容 古代から現代までの重要な出来事を完全網羅。充実の史料図版！新発見

の史実を掲載。日本史の秘話もとりあげているから時代背景がより深く理解できる！大迫力の美麗CG、地図、写真で立体的に解説。日本史の100大テーマが見るだけでわかる。

目次 1章 旧石器時代～奈良時代，2章 平安時代～鎌倉時代，3章 室町時代～戦国時代，4章 戦国時代末～江戸時代，5章 明治時代～昭和時代，6章 昭和時代～平成

宝島社 2017.12 159p 30cm（A4）1200円 Ⓘ978-4-8002-7783-1 Ⓝ210.1

『日本合戦図典』

笹間良彦文・画

内容 イラストから時代考証をする。テレビ・映画の時代劇等で目にすることも多い合戦シーン。武器や戦の方法等、考証を必要とすべき事項は数多く存在する。綿密な研究に裏付けされた緻密なイラストで、微細な考証図を描く。これは約260点の合戦時代考証絵巻。

目次 合戦の諸相，旗・旗指物と軍装，旗指物に見る陣中人物，旗指物の種類，甲冑その他軍装装着法，軍陣の備器と陣中，武器の変遷と馬具

雄山閣 2017.6 260,11p 26cm（B5）（イラストで時代考証）3500円
Ⓘ978-4-639-02493-4 Ⓝ210.19

『絵図史料 江戸時代復元図鑑』

本田豊監修

内容 将軍から市井の人々まで―当時の暮らしを豊富な絵図史料で復元！絵図史料約900点から浮かぶ江戸時代の日本。

目次 1 江戸城のくらし，2 江戸幕府の組織と政治，3 武家のくらし，4 町のすがた，5 運輸・交通・旅，6 庶民のくらし，付録 江戸時代の人々の肖像

遊子館 2016.1 354p 26cm（B5）15000円 Ⓘ978-4-86361-028-6 Ⓝ210.5

『三国志事典』

渡邉義浩著

内容 三国志研究の第一人者による初めての総合的な三国志事典！正史「三国志」に伝のある人物全員を取り上げ、三国時代の歴史・文化・国際関係や、三国志の基礎情報を網羅。

目次 第1章 正史『三国志』，第2章 魏の歴史と人物，第3章 蜀の歴史と人物，第4章 呉の歴史と人物，第5章 後漢書・晋書の人物，第6章 名場面四十選，第7章 思想と文学，第8章 魏志倭人伝と国際関係，第9章 資料集

大修館書店 2017.6 352,32p 21cm（A5）3600円 Ⓘ978-4-469-23278-3 Ⓝ222.043

教科別参考図書

『大研究！日本の歴史 人物図鑑 1 弥生時代〜鎌倉時代』
歴史教育者協議会編

内容　「人物でたどる日本の歴史」を全面刷新！最新の情報を反映し、魅力的な人物イラスト、貴重な図版を多数掲載した、オールカラーのビジュアル版日本史人物図鑑です。第1巻は卑弥呼、聖徳太子、紫式部、遣唐使、源頼朝など、弥生時代から鎌倉時代までの人物を解説。「聖徳太子の本名は？いなかった？」、「古墳を現代に造ると費用や期間は？」などなど、日本史に興味がわく情報が満載。

目次　卑弥呼，古墳をつくった人びと，蘇我馬子，聖徳太子（厩戸皇子），小野妹子，中大兄皇子と中臣鎌足，持統天皇，聖武天皇，大仏をつくった人びと，行基〔ほか〕

岩崎書店 2017.3 76p 26cm（B5） 3300円 ①978-4-265-08549-1 Ⓝ281

続刊
『2 鎌倉時代〜江戸時代』2017.2
『3 江戸時代』
『4 明治時代〜大正時代』
『5 明治・大正〜昭和』

『戦国武将 人物甲冑大図鑑』
本郷和人監修，グラフィオ編

内容　戦国武将を愛用の武具と合わせて紹介。

目次　第1章 信長の台頭―室町時代後期〜安土・桃山時代前期（織田信長，柴田勝家，丹羽長秀，滝川一益 ほか），第2章 秀吉の天下―安土・桃山時代中期（豊臣秀吉，蜂須賀小六，竹中半兵衛，黒田官兵衛 ほか），第3章 家康の覇業―安土・桃山時代後期〜江戸時代初期（徳川家康，酒井忠次，本多忠勝，井伊直政 ほか）

金の星社 2016.12 143p 25×20cm 3800円 ①978-4-323-07378-1 Ⓝ281.04

『世界史モノ事典』新版
平凡社編

内容　モノから歴史が見えてくる。紋章・武器・乗り物・衣装など、古代から第二次世界大戦頃までの世界に存在した"モノ"約3000点の形と名前がわかる便利な一冊。よみやすい判型で再登場！

目次　国家・戦争，海・帆船・汽船，気球・飛行機，馬・車・橇，農業・農民，衣装・歴史と民族，下着・傘・靴，教会・民家，建築・遺跡，音楽・楽器，神話・神々，文字・文様

平凡社 2017.6 437p 19cm（B6） 2800円 ①978-4-582-12430-9 Ⓝ382.036

続刊
『日本史モノ事典』新版 2017.6
『続日本史モノ事典』新版 2018.2

―――――― 公　民 ――――――

『現代用語の基礎知識―学習版 2018-2019』
現代用語検定協会監修

内容　朝鮮南北首脳会談、米朝対話、森友、加計問題、公文書、辺野古、裁量労働、Me Too、銃規制……。テーマを厳選。しかも、わかりやすい。14歳からの基礎知識。

目次　カラー口絵（内戦のシリア（安田菜津紀））、テーマ解説（米朝対話の進展、朝鮮半島南北首脳会談、森友学園問題、加計学園問題、天皇退位、9条改憲、辺野古移設、シリア情勢、Me Too）、調べ学習（米国大統領、弾劾裁判、銃規制、エルサレム、難民、国連、公文書、裁量労働制、円高、デフレ、日本銀行、消費税、コメの減反、北方領土、介護保険、マイナンバー、年金、仮想通貨、SNS、リニアモーター、火星、太陽フレア、地震、放射線、ドーピング、高齢者の運転、食物アレルギー、将棋）、小論文講座（働き方改革、2020年東京オリンピック、AIの活躍、フリーマーケットアプリ、成人年齢、日本食、災害弱者）

自由国民社 2018.7 287p 19cm〈索引あり〉1200円 Ⓘ978-4-426-10165-7 Ⓝ302

『現代社会用語集』
入江公康著

内容　148のキーワードを手に思考の冒険にでかけよう。超人気講義ついに書籍化！巻末付録：関連年表・コメント付きブックリスト・名著引用集。

目次　ことば、ひと、出来事、シネマ

新評論 2018.2 204p 19×12cm 1700円 Ⓘ978-4-7948-1070-0 Ⓝ304

『図説 歴代アメリカ大統領百科―ジョージ・ワシントンからドナルド・トランプまで』
DK社編、大間知知子訳

内容　歴代の大統領44人を総解説。ファーストレディー、独立宣言などの歴史上の重要な出来事、選挙、有名なスピーチ、執務室や、大統領の乗り物なども簡潔に説明するヴィジュアル・エンサイクロペディア。

目次　第1章 歴代大統領（ジョージ・ワシントン、ジョン・アダムズ ほか）、第2章 有名なファーストレディ（マーサ・ワシントン、アビゲイル・アダムズ ほか）、第3章 合衆国憲法と大統領（アメリカ独立戦争、独立宣言 ほか）、第4章 大統領の施設と乗り物（ホワイトハウス、大統領執務室 ほか）、第5章 参考資料（大統領の出身地、波乱の大統領選挙 ほか）

原書房 2017.5 210p 20×16cm 2800円 Ⓘ978-4-562-05401-5 Ⓝ312.8

教科別参考図書

『ヴィジュアル版 ラルース 地図で見る国際関係—現代の地政学』新版

イヴ・ラコスト著，猪口孝日本語版監修，大塚宏子訳

内容 一目でわかる新たな国際情勢！地政学的な観点から書かれた、縮尺の異なる150以上の地図が、ズーム効果によって空間的・歴史的流れを浮き彫りにする！世界情勢の現状に即して全面的に見なおした新版！

目次 第1部 過去から現代までの地政学，第2部 アメリカ合衆国：困難をかかえる超大国（アメリカ合衆国—世界システムの中心たる超大国，あいつぐ紛争に直面する国，21世紀の夜明け—新たな地政学的困難 ほか），第3部 大国の地政学（EUとNATO，フランス—西ヨーロッパの十字路，ドイツ—ヨーロッパの中央で ほか），第4部 世界の緊迫地域（アフリカ—新たな黄金郷？，地中海—世界の大緊迫地帯，バルカン半島—人々の情熱、諸帝国の利害 ほか）

原書房 2017.1 385p 21cm（A5）〈原書名：Géopolitique La longue histoire d'aujourd'hui 〈Yves Lacoste〉〉 5800円 ⓘ978-4-562-05350-6 Ⓝ312.9

『しらべよう！世界の選挙制度—ヨーロッパ・アメリカ・ロシアほか』

大野一夫著

目次 イギリス，フランス，ドイツ，イタリア，スペイン，スイス，フィンランド，EU，ロシア，アメリカ，ブラジル，政治のしくみや議会に関するQ&A

汐文社 2018.2 63p 27×19cm 2800円 ⓘ978-4-8113-2468-5 Ⓝ314.8

続刊

『しらべよう！世界の選挙制度—アジア・アフリカ・オセアニアほか』2018.3

『政治のしくみを知るための日本の府省しごと事典 1 内閣府・復興庁』

森田朗監修，こどもくらぶ編

目次 内閣府（内閣府のしくみ，内閣をサポートする仕事，男女共同参画と少子化対策，沖縄と北方対策，内閣府の特別の機関），復興庁（復興庁のしくみ，産業の復興，くらしの復興，福島・原子力災害からの復興）

岩崎書店 2018.1 47p 29×22cm 3200円 ⓘ978-4-265-08591-0 Ⓝ317.2

続刊

『2 法務省・財務省』2018.3
『3 外務省・文部科学省』2018.1
『4 厚生労働省・経済産業省』2018.3

教科別参考図書

『5 農林水産省・環境省』2018.3
『6 国土交通省』2018.3
『7 総務省・防衛省』2018.3

『「外国」の学び方』

石田洋子, 友松篤信, 桂井宏一郎編著

内容 「外国」理解・交流の重要ポイントをわかりやすく網羅するハンドブックの決定版！各分野の専門家・体験者の声が結集した14章。

目次 第1部 基礎編（異文化理解，初めての外国，対象国の地理と歴史を学ぶ，外国人留学生，外国へ留学する，外国へ留学する，外国生活入門，ジェンダーを通して外国を学ぶ，異文化と海外危機管理），第2部 応用編（国際交流における日本文化の理解，国際協力で技術移転する，NGOとして活動する，イスラム教と日本人，外国人労働者（介護分野），国際結婚に伴う子供の日本語教育）

ラピュタ 2017.7 139p 21cm (A5) 1500円 Ⓘ978-4-905055-47-1 Ⓝ319.1

『平和と安全保障を考える事典』

広島市立大学広島平和研究所編

内容 この1冊で世界がわかる！戦争が伝わる！平和が見える！過去から現在までの"紛争・平和・安全保障"だけでなく、"人権・環境・原子力・平和思想・平和運動"にいたるまで広範な領域を網羅。

(京都) 法律文化社 2016.3 701p 21cm (A5) 3600円 Ⓘ978-4-589-03739-8 Ⓝ319.8

『ポケット六法 平成31年版』

宇賀克也, 佐伯仁志編集代表

内容 小型六法のトップセラー！民法（成年年齢・相続法）・商法（運送・海商）の重要改正に対応！収録法令202件。法学の講義から日常実務まで必要な基本法令をもれなく収録。重要法令は大文字・理解を深める参照条文・便利な事項索引付き。

有斐閣 2018.9 2044p 19cm 1900円 Ⓘ978-4-641-00919-6 Ⓝ320.91

『新解説世界憲法集』第4版

初宿正典, 辻村みよ子編

内容 今こそ、世界の憲法を読もう！最新の世界情勢を反映した待望の第4版！解説つき世界憲法集の決定版！

143

教科別参考図書

目次 イギリス，アメリカ合衆国，カナダ，イタリア共和国，ドイツ連邦共和国，フランス共和国，スイス連邦，ロシア連邦，中華人民共和国，大韓民国，日本国憲法

三省堂 2017.6 448p 19cm（B6）2500円 Ⓘ978-4-385-31309-2 Ⓝ323

『犯罪心理学事典』

日本犯罪心理学会編

内容 犯罪に対する国民の関心は一層高まっている。多くの人々に応えるべく、犯罪心理学の基礎知識からより専門的なテーマまで丁寧に解説している。日本犯罪心理学会（設立1951年）の中心的な役割を果たしてきた「矯正（少年鑑別所、少年院等）」「家庭裁判所」「保護（保護観察所等）」「警察（科学警察研究所、科学捜査研究所等）」「大学」といった五つの研究領域において、特に重要と思われる項目を選び出し、そこにわが国における犯罪心理学研究の最前線といえるエッセンスをもれなく盛り込んで全体を構成した。見開き完結型で、読み通しやすさ、調べやすさを重視し344項目を掲載している。文献情報や索引も充実させたレファレンス機能の高い「読む事典」。学生ほか、心理学研究者、実践者のみならず、教育・非行・犯罪に関心のあるすべての読者に捧げる一冊。

目次 編集委員一覧，執筆者一覧，目次，1. 犯罪・非行の原因，2. 犯罪心理学の研究法，3. 各種犯罪，4. 捜査，5. 査定，6. 施設内処遇，7. 社会内処遇・更生保護，8. 犯罪・非行の予防，9. 犯罪被害者，10. 司法制度・指導・福祉的措置，付録〔ほか〕

丸善出版 2016.9 864p 22cm 20000円 Ⓘ978-4-621-08955-2 Ⓝ326.34

『先輩に聞いてみよう！弁護士の仕事図鑑』

鬼頭政人編

内容 どこで働く？どんなことをしている？憧れの弁護士13人にOB・OG訪問しました‼学生・若手社会人のための働き方ガイド。

目次 巻頭インタビュー 先輩に聞いてみよう！弁護士って何をしている人？（弁護士の仕事を知ろう！，弁護士のキャラクター図鑑），1 弁護士の仕事図鑑（本書の登場人物紹介，新しい分野を先取りし、企業の国際戦略をサポート！大野志保（森・濱田松本法律事務所・弁護士），世界が舞台！企業を支える国際法務のスペシャリスト 坂元靖昌（北浜法律事務所・弁護士）ほか），2 弁護士になるには？（司法試験ってどんな試験？，司法試験の受験勉強は？，就職活動はどうする？）

中央経済社, 中央経済グループパブリッシング〔発売〕2017.12 143p 21cm（A5）1500円
Ⓘ978-4-502-24681-4 Ⓝ327.14

『経済用語イラスト図鑑』

鈴木一之監修

内容 ビジネスマンの基礎力が上がる！経済・経済学の基本が身につく！

目次 1 日本経済―身近な経済用語1，2 国際経済―身近な経済用語2，3 経済学の基本用語，4 家計・企業―ミクロ経済学の用語1，5 価格・市場―ミクロ経済学の用語2，6 GDP・景気―マクロ経済学の用語1，7 政府・日銀―マクロ経済学の用語2，8 経済学史の用語，巻末付録 経済用語事典

新星出版社 2018.3 303p 21×14cm 1700円 Ⓘ978-4-405-10307-8 Ⓝ330

『13歳からの経済のしくみ・ことば図鑑』

花岡幸子著，matsu（マツモトナオコ）イラスト

内容 経済を知ることは、すなわち、世の中を理解すること。本書では、生きていくうえで必要で、そして、一生役に立つ知識―経済のしくみや用語をイラストでわかりやすく解説しています。1冊読めば、経済のしくみだけでなく、ニュースや世の中の流れが理解できる、10代～大人まで、必携の書！

目次 第1章 経済のしくみ（お金，経済，市場），第2章 ミクロ経済学―家計や企業の経済を考える（需要と供給，企業），第3章 マクロ経済学―地域や国の経済を考える（国の経済，景気，家計関連，金融，通貨，中央銀行，物価，財政），第4章 国際経済学（外国為替，貿易），第5章 経済の歴史

WAVE出版 2018.2 198p 19cm（B6）1400円 Ⓘ978-4-86621-126-8 Ⓝ330

『現代日本経済史年表 1868～2015年』

矢部洋三代表編者

内容 明治から2015年までの年表（経済と一般項目）と各期毎の概説、事項解説、統計を、持ち運びに便利なコンパクトサイズに収録。日本経済がどのような発展をしてきたかを史実と論理から把握できる。

目次 戦前日本経済の発展―1868～1945，戦後日本経済の出発―1945～1954，高度成長時代の日本経済―1955～1973，日本経済の構造調整―1974～1982，1980年代の日本経済―1983～1990，1990年代の日本経済―1991～2000，2000年代の日本経済―2001～，経済指標（1955～2014），アジア経済データ（1990～2014），サミット諸国の経済データ（1990～2014）

日本経済評論社 2016.8 602p 19cm（B6）3700円 Ⓘ978-4-8188-2430-0 Ⓝ332.106

『日本貨幣カタログ 2019年版』 52版

目次 近代貨幣（01），現行貨幣（02），記念貨幣（03、05），地方自治60周年記念貨（07），貨幣セット（04、06），試鋳貨，軍用貨幣（08），古金銀（09），丁銀・豆板銀（09），地方貨（09），穴銭，絵銭，幕府・政府及府県札類（10），近代紙幣（11），軍用手票類（12、13），在日米軍軍票（14），在外銀行券類（15～17），在外貨幣類（18～24），日本貨幣商共同組合発行メダル他，スーベニアカード

日本貨幣商協同組合，紀伊國屋書店〔発売〕2018.12 314p 21cm（A5）1500円 Ⓘ978-4-930810-23-6 Ⓝ337.2

教科別参考図書

『10代からのマネー図鑑』
マーカス・ウィークス著, デレク・ブラッドン監修, 加藤洋子訳

内容 お金で幸福を買えるか？はじめて学ぶ経済学ガイドブック。

目次 お金を見せてください！（お金って何？, 市場で ほか）, どれほどの価値があるのか？（経済問題, だれが何を得るのか？ ほか）, お金は世界をまわしていけるのか？（余計な口出しはしない, 自由貿易 ほか）, お金で幸福を買えるか？（国の豊かさを測る, だれがお金を供給しているのか？ ほか）, ポケットには何が入っている？（バランスをとる, 生計をたてる ほか）

三省堂 2017.8 160p 25×19cm 〈原書名：Heads Up Money 〈Marcus Weeks, Derek Braddon〉〉 2200円 ⓘ978-4-385-16236-2 Ⓝ337.2

『税金の大事典』
神野直彦監修

内容 みんなの暮らしに身近な税金について、その意義、しくみ、使われ方などを、さまざまな角度からとき明かす大事典。税金のなぞや疑問がこの1冊で解決！

目次 第1章 税金って何だ？（暮らしには、たくさんのお金がかかっている, 税金の3つのやくわり ほか）, 第2章 税金の使い道を知ろう（財政のしくみを知ろう, 財政の3つの機能 ほか）, 第3章 税金の種類を知ろう（税金は誰がどうやって集めるの？, 税金を払わないとどうなるの？ ほか）, 第4章 もっと知りたい！税金のこと（租税の平等を守る「控除」, マイナンバー制度と税金は関係あるの？ ほか）

くもん出版 2017.1 143p 28×22cm 5000円 ⓘ978-4-7743-2650-4 Ⓝ345

外 国 語

『世界の文字を楽しむ小事典』
町田和彦編

内容 人と文字が織りなす歴史ドラマ+世界の現役文字44が集合。

目次 第1部 文字の世界へ（アイデンティティと文字―文字を求めて, 文字の伝播―文字は言語に憑依して, 文字の多様性―さまざまな「文字」のかたち, 文字の不思議―文字にまつわる謎を探る, 文字文化圏―旅人たちの見た文字, ラテン文字のはなし―発音と文字の一筋縄ではいかない関係, 漢字のはなし―最古の現役文字の歴史と未来, 文字政策・文字改革―時代・社会で変る文字, 現代日本社会と文字―多様化する文字環境, 情報伝達と文字―文字の危うさと力）, 第2部 世界の現役文字44

大修館書店 2011.11 264p 19cm（B6）2600円 ⓘ978-4-469-21335-5 Ⓝ801.1

教科別参考図書

『滅びゆく世界の言語小百科』

ジニー・ナイシュ著，伊藤眞監訳

内容 言語は数千年にわたって進化し、100以上の語族、多数の諸語、数千もの異なる言語へと発展・分化してきた。しかし21世紀の終わりにはその半分は失われることになる。消滅の危機にある世界の言語30—それらが話される地域社会、その言語を作り上げてきた歴史、言語の未来に影響を与える多様な問題を洞察する。

目次 北アメリカの言語，南アメリカの言語，ヨーロッパの言語，アフリカの言語，アジアの言語，オセアニアの言語

柊風舎 2016.6 288p 27×23cm〈原書名：Fragile Languages〈Ginny Naish〉〉15000円
Ⓘ978-4-86498-035-7 Ⓝ802

『世界文学大図鑑』

ジェイムズ・キャントンほか著，沼野充義日本語版監修，越前敏弥訳

目次 英雄と伝説—紀元前3000年〜後1300年，ルネサンスから啓蒙主義へ—1300年〜1800年，ロマン主義と小説の台頭—1800年〜1855年，現実の生活を描く—1855年〜1900年，伝統を破壊する—1900年〜1945年，戦後の文学—1945年〜1970年，現代文学—1970年〜現在

三省堂 2017.5 352p 25×21cm〈原書名：The Literature Book〉4200円
Ⓘ978-4-385-16233-1 Ⓝ902

『シェイクスピア大図鑑』

スタンリー・ウェルズほか著，河合祥一郎監訳

目次 フリーの作家時代 1589年〜1594年（愛において友を大切にする奴がいるか？『ヴェローナの二紳士』，じゃじゃ馬の馴らし方はわかっている『じゃじゃ馬馴らし』，指導者を失った民衆は、怒ったミツバチのように、上を下への大騒ぎだ『ヘンリー六世・第二部』ほか），宮内大臣一座時代 1594年〜1603年（誰が愛と慈悲を切り分けられよう『恋の骨折り損』，降りよう、落ちよう、太陽神の子パエトーンのごとく『リチャード二世』，不幸な星の恋人たち『ロミオとジュリエット』ほか），国王一座時代 1603年〜1613年（人間は、傲慢な人間は、束の間の権威を身にまとう『尺には尺を』，嫉妬にお気をつけください閣下、嫉妬というのは緑の眼をした怪物です『オセロー』，罪を犯すより犯された男『リア王』ほか）

三省堂 2016.7 352p 25×21cm〈原書名：The Shakespeare Book〉4200円
Ⓘ978-4-385-16229-4 Ⓝ932.5

147

教科別参考図書

『決定版 グリム童話事典』
高木昌史編著

内容 世界中で翻訳され、愛読されている童話200話、子供のための聖人伝説10話からなる210話に第二版からカットされた物語も網羅した完全版。世界の類話や絵本一覧など貴重な資料を満載。この1冊でグリム童話がすべてわかる。学校・家庭・図書館必携書。

目次 第1部 グリム童話210話―『子供と家庭の童話集』KHM*あらすじ・注釈・話型*(蛙の王様あるいは鉄のハインリヒ、猫とねずみの共暮らし ほか)、第2部 モティーフ―動植物、人間、身体/魂、身分/職業、道具、異界(動植物、人間 ほか)、第3部 人名辞典―グリム以前-同時代-以後34人の人々(アールネ、アンティ、アファナーシェフ、アレクサンドル・ニコラエヴィッチ ほか)、第4部 資料編(年譜と著作、エッセイ 昔話の再発見 ほか)

三弥井書店 2017.4 429p 21cm (A5) 3800円 ⓘ978-4-8382-3312-0 Ⓝ943.6

―――――――――――――― 英　語 ――――――――――――――

『日米ボディートーク―身ぶり・表情・しぐさの辞典』増補新装版
東山安子、ローラ・フォード編著

内容 出会いのあいさつは、「握手」?「お辞儀」?日米のしぐさや顔の表情は、それぞれの文化に根づいています。なにげない日常の身ぶりが語るメッセージを読み解く異文化理解の必携書!日本人とアメリカ人の身ぶり約150を、インタビューやアンケートをもとにイラスト付きで解説。巻末に、解説「身ぶりと異文化理解」を増補し、ハンディな新装版として再登場。小・中学校の国際理解教育や、留学生・在日外国人への日本語教育にも役立つ最適ガイド!

目次 日本人編、アメリカ人編

三省堂 2016.6 321p 19cm (B6) 1800円 ⓘ978-4-385-10768-4 Ⓝ801.9

『ビッグ・ファット・キャットの世界一簡単な英語の大百科事典』
スタジオ・エトセトラ編、向山貴彦文、たかしまてつを絵、向山淳子監修

内容 長い英文にもひるまない方法、完了形が楽に読める方法、一枚の絵だけで難しい動詞を覚える方法…いくら説明されても分からなかった難しい内容があっさり分かる、あらゆる「英語のひみつ」が詰まっています!

目次 第1章 箱と矢印、第2章 付録と化粧品、第3章 七つの小道具、第4章 重なる箱、第5章 変化の目印、第6章 回想文、第7章 空想文、第8章 最後のひみつ

幻冬舎 2017.3 249p 19cm (B6) 1400円 ⓘ978-4-344-03092-3 Ⓝ830

教科別参考図書

『聖書をわかれば英語はもっとわかる』

西森マリー著

内容 何気なく今の英語で使われている、聖書に由来した表現の数々。その言葉に込められた「裏の意味」がわかると、英米社会の真の姿が見えてきます！少しでも英語をかじったことのある人なら知っておきたい、聖書についての「基礎的かつ重要な知識」が満載。人気の高い表現を約100フレーズ紹介。

目次 序章 聖書はこんな物語，第1章 聖書の言葉は、日常会話でこんなに生きている！─何気なく使っている表現の由来，第2章 メディアと聖書─新聞・雑誌の理解度が120％増す，第3章 映画の隠れたテーマ、実は…─銀幕には聖書のテーマがてんこ盛り，第4章 英文学と聖書は切っても切れない関係─赤毛のアンからシェイクスピアまで，第5章 ロックスターも大好きなフレーズの数々─レディ・ガガもボブ・ディランも歌ってる！

講談社 2013.4 255p 19cm (B6) 1500円 Ⓘ978-4-06-218027-6 Ⓝ830.4

『英語辞書マイスターへの道』

関山健治著

内容 まじめな英語学習は「辞書に始まり、辞書に終わる」。本書では、紙の辞書はもちろん、最新の辞書メディアも含めた辞書の活用法を身につける。語源欄の読み方など、従来の辞書活用書にはあまり見られない辞書の使い方も満載。

目次 1 辞書メディアの種類と特徴（冊子辞書，電子辞書専用機 ほか），2 辞書はこうやって使う（日常的な英語学習で使う，資格試験の勉強で使う ほか），3 英和辞典を使いこなそう（英和辞典の種類，学習英和辞典のその先へ ほか），4 英英辞典を使いこなそう（こんな時に英英辞典を，英語学習者向け英英辞典と一般英英辞典 ほか），5 こんな辞書も使ってみよう（シソーラス（類語辞典），コロケーション（連語）辞典）

ひつじ書房 2017.7 142p 19cm (B6)（ちょっとまじめに英語を学ぶシリーズ 1) 1600円 Ⓘ978-4-89476-823-9 Ⓝ830.7

『竹岡広信・安河内哲也のこの英語本がすごい！』

竹岡広信，安河内哲也著

内容 英語教育界のカリスマ2人が自信を持ってすすめる本当に力がつく英語本95。

目次 安河内哲也×竹岡広信対談「なぜ日本人は英語がこんなに苦手なのか」，英単語，英文法，英会話，精読，多読，英作文，リスニング，発音，TOEICテストほか，辞書，英語環境，英語雑学

中経出版 2010.6 191p 21cm (A5) 1300円 Ⓘ978-4-8061-3731-3 Ⓝ830.7

教科別参考図書

『日常英語連想辞典』

橋本二郎編著

内容 小説、海外ドラマ、映画、広告、ウェブサイト、企業マーク、ロゴなどで使われている、日常的な英単語がもつイメージを収集。文化や習慣なども丁寧に解説。実例を示した用例満載。料理・飲み物・家具・行事・動物・体・植物・生活用品など日常的に使う英語一般名詞約1100項目を収録！

三省堂 2018.2 281p 19cm（B6）2200円 ⓘ978-4-385-11037-0 Ⓝ833.3

『日英ことわざ文化事典』

山田雅重著，亀田尚己編集協力，ライアン・スミザース英文校閲

内容 日本語と英語でよく知られていることわざ、故事成語・成句、慣用句などを計600項目取り上げ、日本語のことわざに対応する英語の表現と、英語のことわざに対応する日本語の表現を紹介。また、必要に応じて表現に含まれる単語や語句の歴史、その成立過程などにも触れ、英語圏の歴史や文化、考え方などについて広く学ぶことができる。中学生から読めるかみ砕いた解説で楽しく読み通すことができる。現代の英米人が最もよく使うことわざも多数紹介し、円滑な英語によるコミュニケーションに役立つ。日英の比喩表現の違いから英米人と日本人の心象風景の差を知ることができ、異文化理解を深めることができる。

目次 第1部 日本語のことわざを英語で表現すると（数にまつわる表現編，動物にまつわる表現編，色にまつわる表現編，その他の興味深い表現編），第2部 英語のことわざを日本語で表現すると（数にまつわる表現編，動物にまつわる表現編，色にまつわる表現編，その他の興味深い表現編）

丸善出版 2017.6 316p 19cm（B6）3800円 ⓘ978-4-621-30166-1 Ⓝ833.4

『英単語の語源図鑑―見るだけで語彙が増える』

清水建二，すずきひろし著，本間昭文イラスト

内容 100の語源で10,000語が身につく！すごい英単語集。

目次 ad-（～の方へ、～の方を），con-、com-、co-（共に），de-（離れて、下に），sub-（下に），sur-、super-（上に、超えて），ex-（外に），pro-、pre-、for-（前に、前で），re-（再び、元に、後ろに），in-、im-、en-（中に、上に），ab-、dis-、se-（分離、否定、反対）〔ほか〕

かんき出版 2018.5 287p 19cm（B6）1500円 ⓘ978-4-7612-7345-3 Ⓝ834

教科別参考図書

『日英共通メタファー辞典』

牧野成一，岡まゆみ著

内容 日英の比喩表現約750組、1500語を収録。

くろしお出版 2017.11 741p 21cm（A5）3600円 ①978-4-87424-745-7 Ⓝ836.2

————————————— その他の言語 —————————————

『中国語イラスト辞典』

呉月梅編

内容 中国人の生活を15分野、142の場面で再現。4,000語以上を収録！日本では描けないイラスト満載。

目次 常識，個人情報，家庭，学校，仕事，買い物，飲食，病院，郵便局、銀行、警察署，交通と旅行，レジャーと娯楽，行動と感情，天気と季節，アート、スポーツ、軍事，世界

三修社 2017.5 350p 21cm（A5）2600円 ①978-4-384-05863-5 Ⓝ824.3

『韓国語似ている名詞使い分けブック』

河村光雅，金京子著

内容 本書では「おかず」「つまみ」「車」「韓国の暖房」「韓国の住宅」など、日常生活の中でよく使い、よく間違う名詞を118取り上げ解説していきます。豊富なイラスト・写真と詳しく丁寧な解説で韓国語と日本語の意味の違いをしっかり理解し、練習問題で知識の定着を図ります。韓国の実際の生活や文化を知らない学習者が、教科書や辞書を読むだけでは知ることのできない、それぞれの言葉のイメージや文化的背景にも触れられる、韓国語学習者待望の一冊です。

目次 あかり(灯り、明かり)，あし(足、脚)，あたま(頭)，あたり(当たり)，あと(後、跡)，いたみ(痛み、傷み)，いちばん(一番)，いっぽう(一方)，うら(裏)，えさ(餌)〔ほか〕

ベレ出版 2018.8 316p 19cm（B6）2000円 ①978-4-86064-556-4 Ⓝ829.152

『これならわかる！ドイツ文化&ドイツ語入門』

根本道也著

目次 第1章 ドイツの言語・社会・宗教（日本の文字とドイツ語のアルファベット（文法：つづりと発音の特徴），日本語と漢語、ドイツ語とラテン語（文法：定冠詞），キリスト教と教会（文法：不定冠詞，規則動詞の現在人称変化）ほか），第2章 人と暮らし（お友だちは一人？（文法:haben (=have) の現在人称変化形），結婚—家族（文法:形容詞の比較級），食事 ほか），第3章 あいさつ なにげない一言（「こんにちは」—「さようなら」、「行ってきまーす！」—「ただいまー！」（文法:分離動詞），「ありがとう！」「すみません！」（文法：命令形）ほか）

郁文堂 2017.5 107p 19cm（B6）1200円 ①978-4-261-07333-1 Ⓝ840

教科別参考図書

『フランス語学小事典』

髭郁彦，川島浩一郎，渡邊淳也編著，安西記世子，小倉博行，酒井智宏著

内容 音声学、統辞論、語彙論、修辞学、比較文法、歴史言語学、音韻論、形態論、言語哲学、応用言語学など、幅広い範囲の主要概念約1000件、フランス語学に関係した欧米の主要研究者約200人を掲載。フランス語・フランス語学を学ぶ学生はもちろんのこと、フランス語学・言語学に関心のあるすべての人におすすめします。

目次 用語，人名，参考文献，仏和対照表，付録

駿河台出版社 2011.5 271p 19cm (B6) 1900円 Ⓘ978-4-411-02126-7 Ⓝ850.33

『古代エジプト語基本単語集―初めてのヒエログリフ』 新装版

西村洋子著

内容 日本語で引ける初めての「辞書」(1998年刊行)の新装版。主要な文学作品や碑文に頻出する基本的な単語1324を収録。類義語・反対語検索にも便利な和文索引、文法用語英訳表付き。初心者のために読み方・使い方・書き方を懇切にガイド。付録：王名、人名、神名、地名（地図付き）、文法の要点など。

平凡社 2018.11 227p 21cm (A5) 2800円 Ⓘ978-4-582-12727-0 Ⓝ894.2

芸　術

音　楽

『すぐに役立つ 音楽用語ハンドブック』 改訂新版

カワイ音楽教育研究所編

内容 音楽理論、教育用語からポピュラー俗語まで、約2000の項目をわかりやすく解説。日本の音楽に関する内容を大幅に見直し充実拡張。中学校、高校の日本音楽の内容をカバーして85の項目と16の図説を追加。たいていの疑問はこの1冊で大丈夫！

目次 音楽用語一般，和声・和音，音楽史，曲種，楽器，音楽教育，音楽教育周辺項目，ポピュラー，日本音楽，付録

カワイ出版 2018.4 227p 21cm (A5) 1700円 Ⓘ978-4-7609-5022-5 Ⓝ760.33

教科別参考図書

『エッセンシャル・ディクショナリー 音楽用語 作曲家』

リンジー・C.ハーンズバーガー著,元井夏彦訳,八木澤教司監修

内容 2000語以上の音楽用語、中世から現代まで440人を超える作曲家を掲載。楽典、楽器と声の音域付き。使いやすい事典スタイル。アメリカのベストセラーついに邦訳！

目次 第1章 音楽用語,第2章 作曲家,第3章 楽典（音符/音符の分割,休符/休符の分割,音階の種類,長音階,自然的短音階 ほか）,第4章 楽器と声の音域（木管楽器,金管楽器,弦楽器,打楽器,そのほかの楽器 ほか）

ヤマハミュージックメディア 2016.11 365p 15cm（A6）1200円
Ⓘ978-4-636-92332-2 Ⓝ760.33

『音楽理論まるごとハンドブック―バンド演奏に役立つ』

自由現代社編集部編著

内容 知りたい項目を、パッと確認&解決！

目次 1 音の名前と高さ,2 インターバル,3 コードとコード・ネーム,4 キーとコード進行,5 スケール,6 リズム,7 楽譜の読み方,8 コード表

自由現代社 2018.2 121p 21cm（A5）1300円 Ⓘ978-4-7982-2232-5 Ⓝ761

『読んでナットク！やさしい楽典入門―逆引きハンドブック』

オオシマダイスケ編著

内容 読譜が苦手、楽譜は読めるが少し自信がない人に向けた楽典入門書。知りたいコトバをタブで一発検索！

目次 第1章 目からウロコ！楽譜のなぞとき（五線・音名,音部記号,音の高さ ほか）,第2章 そうだったのか！音楽の正体（3度音程の基本,3度音程の応用,メジャー/マイナー・コード ほか）,第3章 これで完璧！楽譜のルール（略記,速さ・強さ,装飾音 ほか）

自由現代社 2019.1 109p 21cm（A5）1300円 Ⓘ978-4-7982-2293-6 Ⓝ761.2

『エッセンシャル・ディクショナリー 楽器の音域・音質・奏法』

トム・ゲルー,デイヴ・ブラック著,元井夏彦訳,八木澤教司監修

内容 約150の楽器の特徴・音域・音質・奏法・作曲や編曲のヒントを掲載。わかりやすい音域図付き。使いやすい事典スタイル。

目次 弦楽器,フレットのある弦楽器,ハープ,クラリネット,サクソフォン,フルート,ハーモニカ,ダブル・リード楽器,トランペット,トロンボーン,チューバ,ホルン,鍵盤楽器,打楽器,音高のない金属製打楽器,音高のない膜鳴打楽器,音高のない木製打楽器,音高のある電子打楽器,音高のあるガラス製打楽器,

153

教科別参考図書

音高のある金属製打楽器，音高のある膜鳴打楽器，音高のある木製打楽器，声楽
ヤマハミュージックメディア 2016.8 329p 15cm (A6)〈原書名：Essential Dictionary of ORCHESTRATION〈Tom Gerou〉〉1100円 Ⓘ978-4-636-92331-5 Ⓝ763

『ピアノ図鑑―歴史、構造、世界の銘器』

ジョン＝ポール・ウィリアムズ著，元井夏彦訳

内容 本書は、写真やイラストをふんだんに使用して、あらゆる視点でピアノを紹介。ピアノの発展の歴史をその最初期からひもとき、大規模な生産が始まったころの先人たちの努力を振り返るとともに、ピアノ製作の黄金時代に思いを馳せている。世界の主要ピアノメーカーの詳細データを収載し、その魅力を徹底解剖。さらに、ピアノ選びのコツやケアの仕方も学べる大変貴重な案内書でもある。

目次 第1章 ピアノの歴史と発展（イントロダクション，ピアノの発展，大作曲家たちのピアノ，ピアノの解剖），第2章 ピアノメーカー総覧，第3章 メンテナンス（ピアノ選び，修復家の技，ピアノのケア）

ヤマハミュージックメディア 2016.2 157p 26×26cm
〈原書名：the PIANO〈John-Paul Williams〉〉3800円 Ⓘ978-4-636-91066-7 Ⓝ763.2

『楽しいオーケストラ図鑑』

東京フィルハーモニー交響楽団監修

内容 オーケストラの1日のスケジュールは？演奏会でのマナーは？オーケストラの楽器の配置は決まっているの？―日本でいちばん歴史のある東京フィルハーモニー交響楽団のメンバーが教えるオーケストラ入門本。

目次 オーケストラってなに？（オーケストラってなに？，オーケストラの1日 ほか），オーケストラの楽器と演奏者（弦楽器，管楽器・木管楽器 ほか），オーケストラの仕事（指揮者，東京フィルハーモニー交響楽団首席指揮者アンドレア・バッティストーニさんに聞く指揮者の仕事 ほか），もっと知りたいオーケストラ（オーケストラの歴史，オーケストラの1年 ほか）

小学館 2018.10 63p 29×22cm 2200円 Ⓘ978-4-09-221123-0 Ⓝ764.3

『おもしろ吹奏楽事典』

渡部謙一，佐伯茂樹，松本たか子，生乃久法著

内容 よくわかる！吹奏楽の世界。実践に役立つ基本知識からマメ知識まで、おさえておきたい情報が満載!!

目次 第1章 吹奏楽の基礎知識（吹奏楽のルーツ、歴史は？，そんな昔から考えるの？―バロック期以前 ほか），第2章 吹奏楽曲エトセトラ（移調と実音って何？，平均律と純正律っていったい何のこと？ ほか），第3章 楽器マメ知識（ユー

フォニアムのドはB？それともC？，ユーフォニアムは本当にA・サックスの発明？ほか），第4章 マーチングバンド入門（マーチングはどう始まって、発展した？，どんな編成があるの？ ほか）

ヤマハミュージックメディア 2017.2 253p 19cm（B6）
〈『知ってるようで知らない吹奏楽おもしろ雑学事典』改訂・改題書〉1600円
Ⓘ978-4-636-94183-8 Ⓝ764.6

続刊

『おもしろ管楽器事典』佐伯茂樹著 2017.6 ヤマハミュージックエンタテインメントホールディングス出版部

『おもしろジャズ事典』小川隆夫著 2017.6 ヤマハミュージックエンタテインメントホールディングス出版部

『おもしろバイオリン事典』奥田佳道，山田治生著，奥田佳道監修 2017.7 ヤマハミュージックエンタテインメントホールディングス出版部

『必ず役立つ吹奏楽ハンドブック』

丸谷明夫監修

内容 マンガ＆イラスト満載。必要なことが全てわかる。吹奏楽ビギナーに。

目次 第1章 入門編（吹奏楽部ってどんなことするの？，キミの不安を解消する吹奏楽部Q＆A ほか），第2章 基礎編（楽器編，楽譜編），第3章 実践編（吹奏楽の基礎練習，フィンガリング ほか），第4章 知識編（吹奏楽コンクール―普門館への道，アンサンブルコンテスト ほか）

ヤマハミュージックメディア 2011.4 135p 21cm（A5）1500円 Ⓘ978-4-636-86423-6 Ⓝ764.6

続刊

『必ず役立つ吹奏楽ハンドブック コンクール編』丸谷明夫監修 2011.12

『必ず役立つ吹奏楽ハンドブック Q＆A編』丸谷明夫監修 2012.4

『必ず役立つ吹奏楽ハンドブック 楽典編』ヤマハミュージックメディア編 2012.10

『必ず役立つ吹奏楽ハンドブック 指導者編』丸谷明夫監修 2013.3

『必ず役立つ吹奏楽ハンドブック ステージパフォーマンス編』丸谷明夫監修 2013.8

『必ず役立つ吹奏楽ハンドブック 呼吸編』丸谷明夫監修 2013.10

『必ず役立つ吹奏楽ハンドブック アンサンブル編』丸谷明夫監修 2013.11

『必ず役立つ吹奏楽ハンドブック マーチ編』2013.12

『必ず役立つ吹奏楽ハンドブック からだメンテナンス編』丸谷明夫監修 2014.1

『必ず役立つ吹奏楽ハンドブック ジャズ＆ポップス編』丸谷明夫監修 2014.2

『必ず役立つ吹奏楽ハンドブック 和声編』2014.7

『必ず役立つマーチングハンドブック』山﨑昌平監修 2018.7 ヤマハミュージックエンタテインメントホールディングス出版部

『必ず役立つマーチングハンドブック ドリルデザイン編』田中久仁明監修 2019.1 ヤマハミュージックエンタテインメントホールディングス出版部

教科別参考図書

『雅楽を知る事典』

遠藤徹著

内容 大陸から伝来した音楽が雅楽としてどのように発展したのか。その歴史から楽曲・舞踏・演奏、楽器の紹介、音楽的な背景と理論、雅楽に由来する年中行事など、多岐にわたって詳説。千年の雅の音楽。そのすべてがわかる入門事典。

目次 第1章 来歴（雅楽の来歴(1)―歌舞・楽舞の源流、雅楽の来歴(2)―千年の伝承）、第2章 系統と種類（舞楽―左舞と右舞、管絃、歌物―催馬楽と朗詠、御神楽と国風歌舞）、第3章 理論と思想（楽理、陰陽五行説との結合）、第4章 雅楽の原風景（王朝の宮廷音楽(1)―平安朝の年中行事の中の雅楽、王朝の宮廷音楽(2)―宮廷人と雅楽、仏教儀礼と雅楽、神祇祭祀と雅楽）、付録

東京堂出版 2013.3 362p 19cm（B6）3500円 Ⓘ978-4-490-10815-6 Ⓝ768.2

『大研究 能と狂言の図鑑』

国土社編集部編

内容 能は室町時代にできたミュージカル、狂言はコメディです。どちらも600年もの間、人びとを楽しませてきました。基礎知識から演目のキャラクターやストーリー、見どころや鑑賞の仕方まで、図解をまじえてやさしく解説。

目次 能楽ってなんだろう？（能楽堂に行ってみよう、能楽堂ってどんなところ？ ほか）、能の世界を見てみよう（美しく舞う、神秘的な天人―清らかさが漂う『羽衣』、豪華な織物を着て演じられる身分の高い女性―嫉妬の情念が鬼と化す『葵上』ほか）、狂言の世界を見てみよう（狂言の人気者！太郎冠者―主人の大切な砂糖を食べてしまった太郎冠者の言い訳とは…『附子』、見た目は恐いけれど、実は臆病者の鬼―だまされてしまう鬼のこっけいな姿『節分』ほか）、能・狂言を楽しもう（能の基本的な動き、狂言の基本的な動き ほか）

国土社 2016.2 79p 29×22cm（伝えよう！日本の伝統芸能）3800円
Ⓘ978-4-337-27921-6 Ⓝ773

続刊
『大研究 歌舞伎と文楽の図鑑』2016.3
『大研究 落語と講談の図鑑』2016.8
『大研究 雅楽と民謡の図鑑』2017.3

『能面の世界』

西野春雄監修、見市泰男解説

内容 能面鑑賞入門の決定版。能楽名家に伝わる名品・逸品を結集。狂言面も併せて収録。

目次 能面の魅力、能面への招待（式三番面 翁面、能面 尉面 ほか）、能面の種

類（式三番面　翁面，能面　尉面　ほか），能面を知るために（女面―その美と造形の妙，能面に秘められた性格　ほか），狂言面（狂言面の魅力，狂言面　女面　ほか）

平凡社　2012.9　127p　22×17cm　（コロナ・ブックス）　1800円　①978-4-582-63471-6　Ⓝ773.4

『歌舞伎の解剖図鑑―イラストで小粋に読み解く歌舞伎ことはじめ』
辻和子絵・文

内容　歌舞伎の基本の「き」と楽しみ方がこの一冊でまるわかり！初めての観劇も安心！チケットの取り方から当日の観方まで完全ガイド。

目次　美人花魁殺人事件の謎！―籠釣瓶花街酔醒，1章　歌舞伎を観に行こう！（"歌舞伎の観方"歌舞伎は基本、「不良の祝祭」です，"観劇のツボ"歌舞伎を楽しむツボ教えます　ほか），2章　早わかり！歌舞伎のツボ（"衣裳と小道具"はがれるのはウロコだけじゃない，"動物"動物だって"歌舞く"のです　ほか），3章　歌舞伎役者とその芸脈（"名跡と屋号"市川さんとは呼ばないで，一目でわかる歌舞伎役者家系図　ほか），4章　押さえておきたい名作演目23選（"三大名作"仮名手本忠臣蔵，"三大名作"菅原伝授手習鑑　ほか）

エクスナレッジ　2017.7　200p　21cm　（A5）　1600円　①978-4-7678-2353-9　Ⓝ774

『図説江戸歌舞伎事典　1　芝居の世界』
飯田泰子著

内容　江戸時代の歌舞伎の雰囲気をあますところなく伝えるビジュアル事典。江戸の芝居「江戸狂言」の成り立ちから，芝居小屋の舞台や客席，芝居作りを支える楽屋の人びとの姿まで250点以上の図版でご案内します。

目次　第1章　芝居の天文（江戸芝居の根元，口上　ほか），第2章　戯場の地理（江戸三座の起源と見物場所，江戸三座　ほか），第3章　楽屋の人事（作者の構想を実現する戯場の人びと，曽我祭り　ほか），第4章　芝居の道具建て（江戸芝居の大道具は不思議満載，大道具・道具建て　ほか）

芙蓉書房出版　2018.12　215p　21cm　（A5）　2500円　①978-4-8295-0750-6　Ⓝ774.2

続刊
『2　役者の世界』2019.1

『バイリンガルで楽しむ歌舞伎図鑑』
君野倫子著，市川染五郎監修，大島明・マーク英訳

内容　まるで歌舞伎舞台に上がって手に取るかのように衣裳、小道具、かつら、髪飾りを見ることができます！歌舞伎ビギナーの方はもちろん、歌舞伎を長年ご覧の方にも、ぜひ。

目次 女形の世界(情熱を表す姫様の赤,豊かさの象徴 見事な友禅 ほか),立役の世界(忠義のヒーロー山伏スタイル,美しき正義の浅葱色 ほか),小道具(食べ物,年中行事 ほか),歌舞伎の特徴(隈取,こしらえ ほか),歌舞伎舞台を支える人達(黒御簾音楽,衣裳 ほか)

小学館 2016.6 123p 21cm(A5)〈本文:日英両文〉1900円 Ⓘ978-4-09-310843-0 Ⓝ774.6

―――――――― 美 術 ――――――――

『ミニマル・デザイン―引き立つシンプルグラフィックス』

サンドゥー・パブリッシング編

内容 可能な限りデザイン要素を制限したミニマル・スタイルは、不要なものを淘汰することで、その本質とメッセージをより際立たせます。本書では、ブランディング、エディトリアル・デザイン、プロダクト・パッケージなど、ミニマル・スタイルを用いたシンプルかつインパクトのある、世界中の美しいデザイン事例を100点以上ご紹介しています。クリアで明瞭なデザインで、「ターゲットに響く」グラフィックスを生み出すためのインスピレーション・ソースとして、ブランディング、マーケティング、商品企画などにご活用いただけます。

目次 プロローグ,ピクトグラム,数字,文字,インデックス

グラフィック社 2017.8 232p 26cm(B5)〈原書名:simplicity, the charm of minimalism〉
3800円 Ⓘ978-4-7661-3061-4 Ⓝ674.3

『筋肉・骨の動きがわかる美術解剖図鑑』

アンドラス・スンニョギイ,ギョルギ・フェヘール著,奈良信雄監訳,世波貴子訳

内容 骨と筋肉がわかると人体の描き方、人体の構造がわかる。デッサンを学ぶために必要な詳細なイラスト、解剖図を豊富に掲載。美術学生および医療関係者必読の書。

目次 デッサンを学ぶ(肖像画を描く,全身を描く,動きを描く,ひだを描く),人体の解剖学(骨・関節・筋肉,上肢の骨と関節,上肢の動き,上肢の筋肉,下肢の骨と関節 ほか)

エクスナレッジ 2017.8 219p 24×19cm〈原書名:ANATOMY DRAWING SCHOOL:HUMAN 〈András Szunyoghy, György Fehér〉〉1800円 Ⓘ978-4-7678-2267-9 Ⓝ701.5

『江戸の美術大図鑑』

狩野博幸,並木誠士,今橋理子監修

内容 人気の伊藤若冲、葛飾北斎をはじめ、絵画、浮世絵、染織、陶磁器、漆芸、書、建築、デザイン—幅広いジャンルからベストセレクション。花鳥画・美人画から、博物画・禅画・戯画のみならず、文様、着物、焼き物、蒔絵まで—圧倒的なバリエー

ション。収録図版500点超―従来の画集や美術全集では紹介しきれていない作品も収載。

目次 狩野探幽と江戸狩野派，永徳の遺志を継いだ京狩野派，独自の画境に進んだ個性派，幕末・明治の狩野派，漢画諸派―雲谷派・海北派・曾我派，復古大和絵系の土佐派・住吉派，琳派，酒井抱一と江戸琳派，奇想の画家たち，江戸の書 寛永の三筆〔ほか〕

河出書房新社 2017.6 255p 30×23cm 4800円 ①978-4-309-25576-7 Ⓝ702.15

『世界の美術』コンパクト版

アンドリュー・グレアム=ディクソン総監修，樺山紘一日本語版総監修

内容 洞窟絵画から現代の傑作まで、重要な作品を時系列で追い、欧米のみならず日本を含むアジア、アフリカまで全世界の芸術作品を包括した3万年にもわたる大美術史を展開。本書のために特別に撮影されたものを含む2500点以上の絵画・彫刻作品を美しい高品質の図版で収録。あらゆる時代や地域の芸術家700人以上のプロフィールを紹介。芸術家の意図やテクニック、その生涯や時代背景についての信頼できる解説を掲載。レオナルド・ダ・ヴィンチの『最後の晩餐』など主要作品22点を見開き丸ごとの大きさで掲載し、さらに部分的に拡大してテクニックなどを解説。「愛」「戦争」「ヌード」「風景」など10のテーマについて、異なる文化や時代による、感じ方やスタイル、テクニックの変容を紹介。

目次 美術作品を見る（主題と構図,遠近法と視点 ほか），15世紀以前（先史美術,古代の近東 ほか），15～16世紀（イタリア・ルネサンス，北方ルネサンス ほか），17～18世紀（バロック，ロココ ほか），19世紀（ロマン主義，リアリズム ほか），20世紀初頭（フォーヴィスム，ドイツ表現主義 ほか），1945年以降（抽象表現主義,戦後ヨーロッパ ほか）

河出書房新社 2017.10 612p 26×22cm 〈原書名：The Definitive Visual Guide 〈Andrew Graham-Dixon〉〉 3800円 ①978-4-309-25580-4 Ⓝ708.7

『名画のすごさが見える西洋絵画の鑑賞事典』

佐藤晃子著

内容 鑑賞ポイントがひと目でわかり、名画の見方が変わる！磨かれる！西洋美術史を築いた作品を年代ごとに紹介。作品の見所と背景をカラー写真で見える化。巨匠たちの意外なエピソードが満載。美術鑑賞の基礎知識をわかりやすく解説。

目次 名画の見方が変わる！ワンランク上の鑑賞術（ツッコミを入れながら見る，時代やジャンルを問わずなんでも見る，くらべながら見る，西洋絵画のお約束を知る），すごさが見える！美術史を築いた名画と画家68選（14～16世紀 プロト・ルネサンス、ルネサンス，15～16世紀 北方ルネサンス、マニエリスム，17～18世紀 バロック、古典主義、ロココ，19世紀 新古典主義、ロマン主義、写実主義，19世紀 印象主義，19～20世紀 世紀末・20世紀絵画）

永岡書店 2016.1 191p 21cm（A5）1400円 ①978-4-522-43371-3 Ⓝ723

教科別参考図書

『シンボル―アイデンティティを形にするためのヴィジュアルディクショナリー』

アンガス・ハイランド，スティーブン・ベイトマン著，大野千鶴，尾原美保訳

内容 抽象から具象まで、世界中の企業・団体から1,300以上もの優れたシンボルを収録。理念やビジョンを形に落とし込みたい時に力になるアイデアリソース大事典。

目次 1 抽象（円，正方形と長方形，三角形，多角形，楕円と卵形 ほか），2 具象（水、液体、波，雪の結晶，火と炎，花，植物と葉 ほか）

ビー・エヌ・エヌ新社 2017.11 335p 23×19cm〈原書名：Symbol : The reference guide to abstract and figurative trademarks〈Angus Hyland, Steven Bateman〉〉3400円
①978-4-8025-1079-0 Ⓝ727.087

『世界の服飾文様図鑑』

文化学園服飾博物館編著

内容 文様から世界の文化が見えてくる。基礎知識からそれぞれの文様に込められた意味まで、約350点の豊富な図版と共に紹介した充実の一冊。

目次 第1章 知っておきたい基礎知識―文様事始め，第2章 人々の生活を彩る―ボタニカルモチーフ，第3章 共存する生き物たち―アニマルモチーフ，第4章 自然との共生をはかる―ナチュラルモチーフ，第5章 文様を読む―物語や思想を表す文様，第6章 身近なものに思いを託す―暮らしの中の文様

河出書房新社 2017.7 191p 21cm（A5）2400円 ①978-4-309-25581-1 Ⓝ753.087

『決定版 日本刀大全』

原田道寛著

内容 古刀から新刀まで、刀剣ファン必携！日本刀に寄せるうんちくとエピソード満載。斯界の第一人者が愛と執念で綴った、鑑定の世界。

目次 烏呼日本刀，刀剣の趣味，刀剣熱，刀剣界の変遷，刀剣の研究，上古の刀剣，支那の刀剣，造刀術の発達，名工天国，名工の輩出〔ほか〕

河出書房新社 2018.3 345p 19cm（B6）〈『日本刀私談』改題書〉2800円
①978-4-309-22729-0 Ⓝ756.6

『デザイン歴史百科図鑑』

エリザベス・ウィルハイド編，角敦子訳

内容 産業革命の時代以来、プロダクトデザイナーは様式の表現と単純化、機能性と形状といった、デザインの根底にある緊張関係に解決点を見出そうとしてきた。本書は、1000を超える魅力的な図版とともに、高い機能性や印象的な美しさで感銘をあたえる製造者の高度なとりくみを追い、デザインの未来の姿を展望する。

目次 1 デザインの出現 1700-1905年，2 機械の時代 1905-45年，3 アイデンティティと調和 1945-60年，4 デザインとクォリティ・オヴ・ライフ 1960-80年，5 矛盾と複雑さ 1980-95年，6 デジタル時代 1995年-現在

原書房 2017.10 576p 26cm（B5）〈原書名：DESIGN:THE WHOLE STORY〈Elizabeth Wilhide〉〉8000円 ⓘ978-4-562-05415-2 Ⓝ757.02

『図鑑デザイン全史』

柏木博監修，橋本優子，井上雅人，天内大樹訳

内容 決定的図鑑─19世紀から21世紀まで、デザインの流れを一望する初めてのヴィジュアル大図鑑。編年的な構成─アーツ・アンド・クラフツ運動から、アール・ヌーヴォー、アール・デコ、モダニズム、ミッドセンチュリー・モダン、文化革命、ポストモダン、そして現在まで、時代や動向ごとにデザイナーと作品を紹介。ジャンルを網羅─グラフィック、タイポグラフィ、食品、ジュエリー、家具、照明器具、自動車、建築などなど、幅広いデザインのジャンルを豊富な作品写真で丁寧に解説。進化─自転車の進化、カメラの進化、電話機の進化、ギターの進化など、個別のジャンルの変遷が一目でわかる特設ページも多数収録。

目次 デザインとは何か？，アーツ・アンド・グラフツ運動 1850-1920，アール・ヌーヴォー 1880-1910，アール・デコ 1919-1940，モダニズム 1910-1939，ミッドセンチュリー・モダン 1940-1959，文化革命 1960-1979，ポストモダンと現在 1980年代以降

東京書籍 2017.7 400p 31×26cm〈原書名：Design〉5800円 ⓘ978-4-487-81034-5 Ⓝ757.02

『色の名前事典507』

福田邦夫著

内容 JIS規格の269色を含む日本の色、世界の色、507色の由来、おもしろ話、色データ。

目次 ピンク系の色，赤系の色，オレンジ系の色，茶系の色，黄系の色，緑系の色，青系の色，紫系の色，白・灰・黒系の色，その他の基本色名と専門業界の色名，配色の基礎知識，主な襲の色目，色の表現と基本のカラーチャート

主婦の友社 2017.3 311p 21cm（A5）2600円 ⓘ978-4-07-423166-9 Ⓝ757.3

『世界シネマ大事典』

フィリップ・ケンプ著

内容 映画を愛するすべての世代に贈る─古今東西の名作映画を網羅した映画ファン垂涎の大事典、ついに刊行！オールカラー576ページ、図版総数1,100点以上！

目次 第1章 1900年〜1929年，第2章 1930年〜1939年，第3章 1940年〜1959年，第4章 1960年〜1969年，第5章 1970年〜1989年，第6章 1990年代以降

三省堂 2017.1 576p 26cm（B5）〈原書名：THIS IS CINEMA〈Philip Kemp〉〉4200円
①978-4-335-16232-4 ⓝ778.2

『日本映画研究へのガイドブック』

マーク・ノーネス，アーロン・ジェロー著，洞ヶ瀬真人訳

内容 フィルムアーカイブから基本参考文献、ウェブサイト…、日本映画研究には欠かすことのできない資料源を網羅した、2009年版の原著を大増補改訂!!

目次 第1章 アーカイブ・図書館，第2章 古書店案内，第3章 映画の書誌・文献解説，第4章 オンライン及びデジタルリソース，第5章 FAQ

ゆまに書房 2016.6 285p 21cm（A5）〈原書名：Research Guide to Japanese Film Studies〈Markus Nornes, Aaron Gerow〉〉2000円
①978-4-8433-4939-7 ⓝ778.21

保健体育

『個性ハッケン！ 50人が語る長所・短所 1 スポーツで輝く』

田沼茂紀監修

内容 個性とはなにか？ インタビューを通して、その人の長所と短所を、仕事や生き方とともに紹介するシリーズ。第1巻は、プロ野球監督、スキージャンプ選手、プロバレーボール選手、体操選手など「スポーツで輝く」10人を取り上げる。

目次 栗山英樹さん（プロ野球監督），高梨沙羅さん（スキージャンプ選手），石川祐希さん（プロバレーボール選手），田中佑典さん（体操選手），木村敬一さん（パラ水泳選手），柏原竜二さん（元陸上競技選手），倉橋香衣さん（ウィルチェアーラグビー選手），廣瀬隆喜さん（ボッチャ選手），大神雄子さん（元プロバスケットボール選手），塚田真希さん（柔道家）

ポプラ社 2018.9 48p 27×22cm 2900円 ①978-4-591-15981-1 ⓝ159

『体と心 保健総合大百科"中・高校編" 2018』

少年写真新聞社編

内容 2016年度保健ニュース・心の健康ニュース収録。縮刷活用版。

目次 中学保健ニュース縮刷・高校保健ニュース縮刷（間食が多いとむし歯のリ

スクが上昇，「危険ドラッグ」は何が危険なのか，誰にでもなる可能性があるうつ病，腸内細菌を健康の味方につけよう，タバコの害 血管を収縮させるニコチン ほか），心の健康ニュース縮刷（"ジョハリの窓"で自分を知ろう，"手"を添えて"心"を伝えよう，思い込みの力を味方につけるには，先人の生き方 "絶望のとなりは希望です"，今注目の障がい者スポーツ "ボッチャ" ほか）

少年写真新聞社 2018.4 287p 30cm（A4）3771円 ⓘ978-4-87981-633-7 Ⓝ374.97

『医学の歴史大図鑑』

スティーヴ・パーカー監修，酒井シヅ日本語版監修

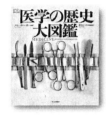

内容 ネアンデルタール人の歯の化石から現代のナノ医療や幹細胞治療などの最先端医療まで，5万年を一冊で網羅。医療器具の写真，19世紀以前の症例の絵画，解説用のCG図解など，約550点の豊富な図版を存分に駆使したオールカラー図鑑。見開き1テーマでポイントをわかりやすく解説。時代順に進む構成で，各時代のトピックもひと目でわかる。重要人物の詳しい紹介，手術用器具や顕微鏡などの写真総覧ページ，各時代の巻頭に配置された年表などのほか，特集コーナーも充実。巻末に，「用語解説」300項目以上（項目名英文付き）と，「索引」1800項目以上（人名欧文付き）。

目次 1 古代の知恵―700年まで（治療師と薬草医，外科手術の先駆け ほか），2 医学の再興とルネサンス―700～1800年（イスラーム医学の黄金時代，イブン・スィーナーの『医学典範』ほか），3 科学が主導する時代―1800～1900年（最初の聴診器，診断用機器 ほか），4 専門化の時代―1900～1960年（ジークムント・フロイト，心電図の開発と発展 ほか），5 過去から未来への期待―1960年～現在（避妊薬，マーガレット・サンガー ほか）

河出書房新社 2017.10 288p 31×26cm〈原題名：MEDICINE：THE DEFINITIVE ILLUSTRATED HISTORY〈Steve Parker〉〉7800円 ⓘ978-4-309-25575-0 Ⓝ490.2

『お母さん、お父さんどうしたのかな？―"こころの病気を抱える親をもつ子ども"のハンドブック』

トゥッティ・ソランタウス著，アントニア・リングボムイラスト，上野里絵訳

内容 なぜこころの病気になるの？親の病気は私（僕）のせい？親のためにできることはある？親がこころの病気になったとき，小学生から高校生ぐらいの子どもによくある疑問にこたえます。親と家族に何が起きているかを理解し，そのときの自分の本当の気持ちがわかるように手助けします。子ども，さらには親，家族，その支援に関わるすべての方へ。12歳以下は親と一緒に読むことをお勧めします。

目次 こころの病気ってどんなもの？，なぜ，こころの病気になるの？，こころの病気ってどうやって治すの？，家族と友だちに与える影響，誤解，子どもの気持ち，自分の人生を大切にしましょう，サポートについて話そう，最後に

教科別参考図書

東京大学出版会 2016.7 61p 19×19cm〈原書名：MIKÄ MEIDÄN VANHEMPIA VAIVAA? -KÄSIKIRJA LAPSILLE JA NUORILLE, JOIDEN ÄIDILLÄ TAI SÄLLÄ ON MIELENTERVEYDEN ONGELMIA〈Tytti Solantaus, Antonia Ringbom〉〉1600円
Ⓘ978-4-13-063404-5 Ⓝ493.7

『カラー版やさしい歯と口の事典』

下山和弘，秋本和宏編

目次 健康に貢献する口腔の重要性，口腔清掃に使用する用品，歯と歯周組織の病気とその治療，歯の喪失とその治療，粘膜その他の疾患と治療，味覚障害とその治療，口臭とその治療，顎関節症・顎関節脱臼とその治療，摂食嚥下障害，食事介助，誤嚥と誤飲、誤嚥性肺炎，全身疾患と口腔

医歯薬出版 2018.2 159p 26cm（B5）7800円 Ⓘ978-4-263-44517-4 Ⓝ497.4

『スポーツ年鑑2019』

小学館クリエイティブ，BBMアカデミー編

内容 世界の主要な大会からパラスポーツ，若手選手の活躍まで平昌オリ・パラ，サッカーW杯，アジア競技大会をはじめ，約150の重要な出来事を，200点を超える写真でていねいに紹介。競技のルールや，試合観戦に役立つ情報も満載の1冊です。

目次 巻頭特集 平昌オリンピック・パラリンピック，アスリートインタビュー アルペンスキー座位 村岡桃佳選手，サッカー 第97回天皇杯 セレッソ大阪が初優勝，箱根駅伝 青山学院大学 逆転で総合4連覇達成，全国高校サッカー選手権 前橋育英高校が悲願の初優勝，ラグビー日本選手権 サントリーが2連覇を果たす，全日本卓球選手権 張本選手が史上最年少優勝，都道府県対抗男子駅伝 埼玉県が3年ぶり2度目の優勝〔ほか〕

ポプラ社 2019.2 223p 25×19cm 3500円 Ⓘ978-4-591-16139-5 Ⓝ780

『名作マンガでよくわかる夢のスポーツ大図鑑 1巻 球技―楽しく見よう！はじめよう！』

夢のスポーツ大図鑑編集委員会編

目次 サッカー『BE BLUES！〜青になれ〜』，バスケットボール『SLAM DUNK』，野球『おおきく振りかぶって』，バレーボール『ハリガネサービス』，テニス『ベイビーステップ』，卓球『ピンポン』，バドミントン『はねバド！』，ソフトボール『ウインドミル』，ラグビー『ALL OUT!!』，フットサル『あかねSAL☆』〔ほか〕

日本図書センター 2018.11 55p 27×22cm 3600円
Ⓘ978-4-284-20432-3 Ⓝ780

164

続刊

『2巻 格闘技・水泳・屋内競技―楽しく見よう！はじめよう！』
『3巻 屋外競技・冬季競技―楽しく見よう！はじめよう！』

『観るまえに読む大修館スポーツルール 2018』

大修館書店編集部編

目次 陸上競技，水泳競技，体操競技，バレーボール，バスケットボール，ハンドボール，サッカー，ラグビー，ソフトテニス，テニス〔ほか〕

大修館書店 2018.4 343p 21cm（A5）1800円 ⓘ978-4-469-26839-3 Ⓝ780

『カラー 運動生理学大事典―健康・スポーツ現場で役立つ理論と応用』

ビクター・カッチ，ウィリアム・マッカードル，フランク・カッチ著，田中喜代次，西平賀昭，征矢英昭，大森肇監訳

内容 栄養摂取、サプリメントの活用、エネルギー代謝、呼吸器・循環器・神経筋系・ホルモンとの相互作用、トレーニングの科学的原則、体重調節、疾病予防、臨床応用…運動生理学のすべてをこの1冊で！筋肉量と除脂肪量の差、除脂肪量のLBMとFFMの違いなど、貴重な情報も！

目次 第1部 運動生理学序説，第2部 栄養とエネルギー，第3部 エネルギー変換，第4部 生理学的サポートシステム，第5部 運動トレーニングと適応，第6部 身体組成の最適化、サクセスフルエイジング、運動による恩恵

西村書店 2017.9 635p 37cm（B4）〈原書名：Essentials of Exercise Physiology, Fourth Edition 〈Victor L.Katch, William D.McArdle, Frank I.Katch〉原書第4版〉9800円 ⓘ978-4-89013-477-9 Ⓝ780.193

『12の問いから始めるオリンピック・パラリンピック研究』

坂上康博編著

内容 メダルの数より大切なこと。スポーツと社会の今と未来を考えよう。オリンピック・パラリンピックの歴史やそのしくみ、スポーツの進化の様子などとともに、「社会をよりよくしていく」というオリンピック・パラリンピックの大目標を考えるうえで手がかりとなるテーマを取り上げた。

目次 1 オリンピックってなんだろう？，2 第1回アテネは9競技、第32回東京は何競技？，3 パラリンピックのほうが数が多いものって何？，4 100m走の世界記録、昔と今はどうちがう？，5 ドーピングって何？，6 参加国・地域の数から何がわかるだろう？，7 オリンピックは国と国との競争じゃないの？，8 ふたつの折れ線グラフが示すものは？，9 大会を開くにはいくらかかるの？，10 小学生はオリンピックに出られるの？，11 オリンピックのレガシー（遺産）とはなんだろう？，12 未来のオリンピック・パラリンピックはどうあったらよいだろう？

（京都）かもがわ出版 2019.1 127p 26cm（B5）3000円 ⓘ978-4-7803-0997-3 Ⓝ780.69

教科別参考図書

『短距離・リレー』
土江寛裕著

内容 短距離走のテクニックを徹底解説。自分でトレーニングメニューが組める。

目次 1 短距離走の基礎知識（陸上競技とは，短距離走とは ほか），2 短距離走のテクニック（100mのレースパターン，200mのレースパターン ほか），3 短距離走のトレーニング（ウォーミングアップ，トレーニングの概要），4 記録向上のための予備知識（体のケア，試合の知識）

ベースボール・マガジン社 2011.10 159p 21cm（A5）（陸上競技入門ブック）1500円
Ⓘ978-4-583-10373-0 Ⓝ782.3

続刊

『跳躍』吉田孝久著 2011.11
『ハードル』谷川聡著 2012.4
『中長距離・駅伝』両角速著 2012.9

『バスケットボール用語事典』
小野秀二，小谷究監修

内容 詳細な図とともに、約1400語を収録！日本代表を含むトッププレイヤー、国際審判員、指導者、研究者によって編纂された、バスケットボール界初となる、待望の用語集です。

廣済堂出版 2017.7 223p 21cm（A5）1500円 Ⓘ978-4-331-52105-2 Ⓝ783.1

『高校サッカー年鑑 2019』
全国高等学校体育連盟サッカー専門部編

目次 第97回全国高校サッカー選手権大会，第27回全日本高校女子サッカー選手権大会，平成30年度全国高校総合体育大会，第73回国民体育大会，高円宮杯U-18，第46回日本高校選抜海外遠征，高校サッカー師弟対談

講談社 2019.2 271p 26cm（B5）2315円 Ⓘ978-4-06-513033-9 Ⓝ783.47

『高校サッカー100年 JAPAN HIGH SCHOOL SOCCER 1918-2018』

全国高等学校体育連盟サッカー専門部編

内容 1918年の成り立ちから2017年の総体、国体、高円宮杯、女子選手権、選手権まで網羅した高校サッカーの正史となる決定版。

目次 高校サッカーから見たサッカー史年表，第1期 1917年度～1932年度―大会の始まりと分立の時代，第2期 1933年度～1947年度―大会の統合と戦争の時代，第3期 1948年度～1965年度―学制改革と高体連発足の時代，第4期 1966年度～1975年度

―総体発足と選手権移転の時代，第5期 1976年度〜1992年度―首都圏開催と高校サッカー隆盛の時代，第6期 1993年度〜2017年度―Jリーグ開幕とリーグ戦成長の時代

講談社 2019.1 287p 26cm（B5）3704円 Ⓘ978-4-06-220356-2 Ⓝ783.47

『テニス教本―指導者、プレーヤー必携』

日本プロテニス協会監修，スマッシュ責任編集

内容 指導者、プレーヤー必携！初めてラケットを握る方から、すでに楽しんでいる愛好家。そして指導者の方まで、1冊は持っておきたい実用書。

目次 第1章 テニスの歴史（1 世界のテニス史，2 日本のテニス史，3 テニス年表，4 テニス史に残る偉大なプレーヤー），第2章 テニスの技術（1 テニスの技術上達のために，2 グリップ，3 打球法 ほか），第3章 テニスの指導（1 上達と指導者の関与，2 段階的指導，3 送球法 ほか），第4章 健康的なテニスライフのために（1 テニスと健康，2 コーディネーショントレーニング，3 トレーニングとストレッチの意味 ほか），第5章 ルールとマナー（1 試合を行なう，2 テニスのマナー，3 テニス用語），第6章 テニスの組織（1 テニスの組織，2 障がいとテニス），第7章 観戦やプレー環境など（1 世界のテニス大会，2 試合に出よう！，3 テニス用具の選び方，4 プロコーチライセンスについて）〔ほか〕

日本スポーツ企画出版社 2018.3 226p 26cm〈スキージャーナル 1999年刊の改良，年表あり〉
2315円 Ⓘ978-4-905411-50-5 Ⓝ783.5

『全国高等学校野球選手権大会100回史』

朝日新聞社，日本高等学校野球連盟，朝日新聞出版監修

目次 上巻 甲子園編 全試合収録（第100回大会までの決勝記録，全国高等学校野球選手権大会全出場校一覧，熱き血潮―永遠に，大会の歩み，コラム 100回の追憶を未来へ ほか），下巻 都道府県編 全国選手権大会出場全登録選手名 地方大会全試合収録（熱き血潮―永遠に 都道府県編，100回を闘った球児たち 都道府県別出場選手一覧，コラム 100回の追憶を未来へ，全国高等学校野球選手権大会全出場校，第100回大会参加校）

朝日新聞出版 2019.3 2冊（セット）31×23cm 15000円 Ⓘ978-4-02-258697-1 Ⓝ783.7

『甲辞園』

ベースボール・マガジン社編

内容 充実の甲子園事典第一版、掲載560項目。甲子園マニアでさえ思わず「へ～！」と言ってしまうトリビアが満載！センバツと夏の選手権の第1回大会からの全結果をコンプリート。甲子園の記録集も充実。

ベースボール・マガジン社 2018.7 400p 21cm（A5）2500円 Ⓘ978-4-583-11173-5 Ⓝ783.7

教科別参考図書

『ダンス部ハンドブック 基礎編』
石原久佳著

内容 現在、高校の部活で女子人気・人口ナンバーワンになっている「ダンス部」へ向けた初の入門書です。従来のステップレクチャーに重きを置いたダンス教則書とは違い、自分たちで練習や振り付けを行なう環境のダンス部にとって、指導者不在でも勝てるダンス部になれるヒントが詰まっています。入部前、入部してから、大会前などに、ずっと使える一冊。著者は、全国ダンス部向けフリーマガジン『ダンスク！』の編集長で、日本で一番ダンス部の現場を知る石原久佳！

ディーエスケイ 2016.5 125p 19cm 920円 ①978-4-9909024-0-7 Ⓝ799

情 報

『子どもの本 情報教育・プログラミングの本2000冊』
野口武悟編

内容 コンピュータ・インターネット・プログラミング等、情報教育について書かれた本1948冊を収録。公立図書館・学校図書館での本の選定・紹介・購入に最適のガイド。最近8年の本を新しい順に一覧できる。便利な内容紹介付き。

目次 パソコン・スマホを知ろう，ICT（情報通信技術）を知ろう，ネットワークコミュニケーションと情報化社会，プログラミングと人工知能（AI），いろいろなソフトウェア，ICTと職業・家庭，学校教育とICT，情報教育全般

日外アソシエーツ，紀伊國屋書店〔発売〕2018.11 383p 21cm (A5) 8000円
①978-4-3169-2746-1 Ⓝ007.031

『最新・基本パソコン用語事典』第4版
秀和システム第一出版編集部編著

内容 情報社会の最新常識1610語超を厳選！最新情報、技術用語の意味と仕組みがよ〜くわかる！

秀和システム 2017.4 491p 19cm (B6) 950円 ①978-4-7980-4866-6 Ⓝ007.033

『情報メディア白書 2019』
電通メディアイノベーションラボ編

目次 特集1 平成の30年 情報メディアの変貌と革新，特集2 新しいメディアの潮流，第一部 情報メディア産業の動向（新聞，出版，音楽，劇映画・映像ソフト，アニメーション ほか），第二部 情報メディア関連データ（情報利用時間，情報支出，ハード普及率，情報メディア関連産業，ハード出荷 ほか）

ダイヤモンド社 2019.2 278p 30cm (A4) 16000円
①978-4-478-10739-3 Ⓝ007.35

168

教科別参考図書

『「ビッグデータ」&「人工知能」ガイドブック』
IO編集部編

目次 序章「ビッグデータ」と「AI」，第1章 人工知能（AIが入り込む世界，人工知能「進化の歴史」，「機械学習」の基礎 ほか），幕間「ビッグデータ」と「ディープラーニング」はどう進化するか，第2章 ビッグデータ（広がる「ビッグデータ」の用途，「ビッグデータ」のセキュリティ，「ローカル」に保存すべきもの ほか），終章「人工知能」と「ビッグデータ」がもたらす未来社会

工学社 2017.8 143p 21cm（A5）（I・O BOOKS）1900円 Ⓘ978-4-7775-2023-7 Ⓝ007.609

『プログラミング言語図鑑―プログラミング言語の現在・過去・未来…知ればもっと楽しめる！』
増井敏克著

内容 知っておきたい！プログラミング言語の学び方、選び方。プログラミング言語を徹底解剖。その特徴と機能がわかる。開発手法、アルゴリズムなど、言語を取り巻く最新事情も解説。オンラインで実行して、すぐに試せる「ハノイの塔」のサンプルコード付き！

目次 プログラミング言語の特徴と歴史（プログラミング言語を選ぶ，プログラミング言語の歴史，プログラミング言語を選ぶ基準，プログラミング言語の分類），サンプルプログラムを試す（プログラミング言語の実行環境の使い方），プログラミング言語図鑑，プログラミング言語を選ぶときに知っておきたいキーワード（開発環境と実行環境，実装の技法），プログラミングに関する基礎知識（変数と型，関数と手続き，プログラミングとアルゴリズム，再帰を使ったアルゴリズムの例）

ソシム 2017.8 200p 21cm（A5）1680円 Ⓘ978-4-8026-1108-4 Ⓝ007.64

『アルゴリズム図鑑―絵で見てわかる26のアルゴリズム』
石田保輝，宮崎修一著

内容 アルゴリズムはどんな言語でプログラムを書くにしても不可欠ですが、現場で教わることはめったになく、かといって自分で学ぶには難しいものです。本書は、アルゴリズムを独学する人のために作りました。はじめて学ぶときにはイメージしやすく、復習するときには思い出しやすくなるよう、基本的な26のアルゴリズム+7つのデータ構造をすべてイラストにしています。ソートやグラフ探索などの「動き」を図で追うことで、考え方や仕組みを理解する手助けをします。よいプログラムを書くために知っておかなきゃいけないアルゴリズムの世界を、楽しく学びましょう。

目次 序章 アルゴリズムの基本，第1章 データ構造，第2章 ソート，第3章 配列の探索，第4章 グラフ探索，第5章 セキュリティのアルゴリズム，第6章 クラ

教科別参考図書

スタリング，第7章 その他のアルゴリズム

翔泳社 2017.6 207p 24×19cm 2380円 Ⓘ978-4-7981-4977-6 Ⓝ007.64

『情報 最新トピック集 2019 高校版』 第11版

久野靖監修，佐藤義弘，辰己丈夫，中野由章監修・著，清水哲郎，能城茂雄，
岩元直久，大島篤，勝村幸博著

目次 インターネットの活用，情報倫理とセキュリティ，わたし達が生きる情報
社会，情報やメディアに関する技術，ネットワークやインターネットに関わる技
術，ハードウェアに関わる技術，ソフトウェアに関わる技術，コンピュータの歴
史と現代のIT業界

日経BP社，（大阪）日本文教出版〔発売〕2019.2 215p 26cm (B5) 940円
Ⓘ978-4-536-25459-5 Ⓝ375

『CESAゲーム白書 2018』

目次 第1部 トレンド/業界動向，第2部 本書の見方，第3部 家庭用ゲームマー
ケット統計データ，第4部 消費者動向データ──CESAマーケティングリサーチよ
り，第5部 関連マーケットデータ──関連団体データより，第6部 参考資料

コンピュータエンターテインメント協会 2018.7 268p 30cm (A4) 7000円
Ⓘ978-4-902346-38-1 Ⓝ589.7

『「あ、それ欲しい！」と思わせる広告コピーのことば辞典』

飯田朝子著

内容 気まぐれな消費者の心をつかむ魅力的な広告コピーや企業スローガンに
は、どんな語句がふさわしいのか？1万本を超える傑作コピーを調査し、3000余
りのコピーから抽出した約1500の見出し語を収録。ことば選びに迷ったらすぐに
引きたい、ビジネスパーソン必携の一冊！

日経BP社，日経BPマーケティング〔発売〕2017.3 252p 21cm (A5) 2400円
Ⓘ978-4-8222-5198-7 Ⓝ674.35

『広告ビジネスに関わる人のメディアガイド 2019』

博報堂DYメディアパートナーズ編

内容 博報堂DYグループで使われている広告メディアのデータブック。

目次 巻頭企画1 2019年のスポーツコンテンツビジネス最新動向，巻頭企画2 メ
ディア環境研究所が読み解く，1章 メディア概況，2章 テレビ，3章 ラジオ，4
章 新聞，5章 雑誌，6章 デジタル，7章 アウトドアメディア

宣伝会議 2019.4 321p 21cm (A5) 2500円 Ⓘ978-4-88335-462-7 Ⓝ674.6

教科別参考図書

技術・家庭

────────── 技　術 ──────────

『放射化学の事典』

日本放射化学会編

目次　1 放射化学の基礎，2 放射線計測，3 人工放射性元素，4 原子核プローブ・ホットアトム化学，5 核・放射化学に関連する分析法，6 環境放射能，7 原子力と放射化学，8 宇宙・地球化学，9 放射線・放射性同位元素の生命科学・医薬学への応用，10 放射線・放射性同位体の産業利用

朝倉書店 2015.9 358p 21cm（A5）9200円 ⑪978-4-254-14098-9 ⑭431.59

『新幹線車両名鑑』

内容　0系からH5系までの全形式全番台の解説と車両履歴、本邦初公開の全編成変遷図をビジュアルで紹介。新幹線車両バイブルの決定版！

目次　新幹線グラフィティ―0系からH5系まで―（東海道・山陽・九州新幹線編，東北・上越・北陸・山形・秋田・北海道新幹線編，新幹線メモリアル ほか），東海道・山陽・九州新幹線（0系，100系，300系 ほか），東北・上越・北陸・山形・秋田・北海道新幹線（200系，400系，E1系 ほか），資料編

JTBパブリッシング 2016.3 352p 26cm（B5）2800円 ⑪978-4-533-10955-3 ⑭516.7

『世界の美しい名建築の図鑑―THE STORY OF BUILDINGS』

パトリック・ディロン文，スティーヴン・ビースティー画，藤村奈緒美訳

内容　建物の物語。人はなぜ、建物を建てるのか。家のはじまりから現代建築まで、そこに込められた思いをたどる。子供から大人まで楽しく学べる、深くてやさしい建築の歴史。

目次　家を建てる，ジェセル王のピラミッド，ギリシアの神殿，パルテノン神殿，古代ローマ人，ハギア・ソフィア聖堂，教会の白き衣，ノートルダム大聖堂，世界各地の建物，紫禁城，ヨーロッパのルネサンス，ヴィラ・ロトンダ，タージ・マハル，ヨーロッパのバロック，ヴォー・ル・ヴィコント城館，メルク修道院，サンクトペテルブルク，過去への憧れ，水晶宮（クリスタル・パレス），近代建築，バウハウス，アメリカ，クライスラー・ビル，インターナショナル・スタイル，シドニー・オペラハウス，ポンピドゥー・センター，ストロー・ベイル・ハウス

エクスナレッジ 2017.2 121p 30×26cm〈原書名：THE STORY OF BUILDINGS 〈Patrick Dillon, Stephen Biesty〉〉2800円 ⑪978-4-7678-2234-1 ⑭520.2

教科別参考図書

『もののしくみ大図鑑』

ジョエル・ルボーム，クレマン・ルボーム著，村上雅人監修

内容 みぢかな道具から最新テクノロジーまで250のしくみを大解明！

目次 家の中（ホームオートメーション，自動開閉門 ほか），まち（スマートフォンと携帯電話，インターネット端末 ほか），遊びと自然（ローラースケートとバランススクーター，ボール ほか），のりもの（マウンテンバイク，自動車 ほか）

世界文化社 2018.6 167p 28×22cm（サイエンスプラス）〈原書名：DOKÉO-COMPRENDRE COMMENT ÇA MARCHE.〈Joël Lebeaume, Clément Lebeaume〉〉2300円
Ⓘ978-4-418-18811-6 Ⓝ530

『正しい工具の揃え方・使い方―写真・図解でプロが教えるテクニック』

堀田源治著

内容 実際の作業のコツが写真・図解で見てわかる。工具の図鑑ではなく、原理・原則、ノウハウを詳述。使い方とともに、工具の揃え方をPDCAに沿って解説。執筆は、工具の使い方を学生に教える唯一の教育機関工業高等専門学校の技官陣。

目次 第1部 正しい工具の揃え方（工具の揃え方PDCA），第2部 正しい工具の使い方（工具の原理と使い方，写真で見るベテランから学ぶ工具のテクニック）

日本能率協会マネジメントセンター 2017.2 115p 26cm（B5）1400円
Ⓘ978-4-8207-5954-6 Ⓝ532

『古今東西エンジン図鑑―その生い立ち・背景・技術的考察』

鈴木孝著

内容 新旧の自動車用、航空用、舶用、戦車用、汎用の個性的なエンジンを発掘し、そのエンジンの誕生と技術的・時代的背景を詳細なイラストとともに解説する、世界のエンジンのフィールドノート。

目次 自動車用（高速2輪馬車 チャリオット，あっちこっちから悪口の的となった キュニョーの蒸気自動車 ほか），航空用（正道を駆け上がり、奇想天外ぶりを発揮した クレマン・アディア，ないない尽くしの世界初アルミエンジン ライト兄弟のエンジン ほか），舶用（自動車用ディーゼルが里子に出されて日本初の舶用ディーゼルに？池貝4HSD10型ディーゼルエンジン，ヒノサムライの血を引き漁場レースを制した 日野エンジン），戦車用（ブリキの玩具と揶揄された 日本の戦車，ディーゼルの宗主国ドイツを征した V2エンジン），汎用（崑崙の高嶺の彼方に大地を削る 日野エンジン，往年の名機と最新の名機との邂逅その1 日野最古参DSエンジン ほか）

グランプリ出版 2017.1 232p 21cm（A5）2400円 Ⓘ978-4-87687-349-4 Ⓝ533.4

『自動車用語辞典』増補二訂版

GP企画センター編，飯塚昭三編集委員長

内容 わかりやすくて、ていねいな用語解説。自動車用語約4500収録、理解を深める図版も掲載。動力源のエンジンやモーターをはじめ、機械・電気・電子・情報・化学・材料技術および生産関連事項を網羅し、最先端技術用語を幅広く集め、動力系・駆動系・制動系・操舵系・デザイン等々、わかりやすくまとめている。生産技術用語や自動車文化の面でも重要と思われる歴史的な技術用語も収録した。

グランプリ出版 2016.3 465p 19cm（B6）2000円 Ⓘ978-4-87687-344-9 Ⓝ537.033

『原子力キーワードガイド』改訂版

目次 原子核と核分裂，放射能・放射線，被曝，原子力発電，原子力発電所，核燃料サイクル，放射性廃棄物，核拡散・核セキュリティ，事故，地震，行政組織と法律，原子力発電所の建設・運転

原子力資料情報室 2017.4 16p 30cm（A4）300円 Ⓘ978-4-906737-08-6 Ⓝ539

『原子力年鑑 2019』

「原子力年鑑」編集委員会編

目次 1 潮流―内外の原子力動向，2 将来に向けた原子力技術の展開，3 福島を契機とした原子力発電をめぐる動向，4 核燃料サイクルの状況，5 原子力教育・人材育成，6 放射線利用，7 各国・地域の原子力動向

日刊工業新聞社 2018.10 477p 26cm（B5）15000円 Ⓘ978-4-526-07884-2 Ⓝ539.059

『基本電子部品大事典』

宮崎仁編著

内容 電子回路を作るために不可欠な各種の電子部品について、原理や基礎知識、外観写真、用途や種類、定番の使い方、プロが知っている使いこなしのノウハウなどの解説を集大成した電子部品事典です。どんな回路にも使われていておなじみの抵抗、コンデンサ、ダイオード、スイッチなど、決まった用途で職人のように仕事をこなしているコイル、トランス、水晶振動子、リレーなど、ふだんは気が付きにくいけれど電気的なトラブルから回路を守ってくれる保護素子、ノイズ対策部品など幅広い部品を網羅し、入門者から上級者まであらゆるニーズに応えられる一冊です。ぜひ、座右に置いてご活用ください。

目次 第1部 抵抗器，第2部 コンデンサ，第3部 ダイオード，第4部 発振器，第5部 インダクタ/コイル，第6部 リレー/スイッチ，第7部 保護素子/ノイズ対策/放熱器

CQ出版 2017.5 472p 26cm（B5）（トラ技Jr.教科書）3000円 Ⓘ978-4-7898-4529-8 Ⓝ549

教科別参考図書

『花火の事典』
新井充監修

内容 どうやって色をつけるのか。音を出すための仕組みは？確実な打ち上げへの計算‼世界でも日本だけの、丸くきれいに広がる花火ができるまでの多くの先人たちの努力の歴史と、今後のさらなる進化した花火が作られていく過程まで、あますところなく「花火」を紹介！

目次 第1章 技術編（花火の定義，花火の原理(1)なぜ燃えるのか？，花火の原理(2)なぜ火花が散るのか？ ほか），第2章 歴史編（火薬の歴史(1)火薬の誕生，火薬の歴史(2)中国での使用例，火薬の歴史(3)中国からヨーロッパに渡る ほか），第3章 資料編（奈良に残された花火のレシピ，五箇山と焔硝，伝統的花火）

東京堂出版 2016.6 253p 21cm（A5）3800円 Ⓘ978-4-490-10878-1 Ⓝ575.98

『イネの大百科』
堀江武編

内容 日本人にとって、イネは特別な作物です。わたしたちの祖先は、大陸などから伝わったイネを古くから大切に育て、日々のくらしを営んできました。イネとともに文化を育み、国や社会を築いてきたのです。しかし、イネは日本だけの食文化というわけではありません。世界をみわたすと、各地に個性的な稲作や文化があり、近年は食料問題への切り札としても注目を集めています。そんなイネについて世界の視点からみてみましょう。

目次 1 イネという作物（コメは、アジアの食文化をささえてきた穀物，イネは水陸両用、適応する力の高い植物 ほか），2 イネの育ちと栽培技術（イネづくりは八十八手 稲作農家の仕事，たねまきと発芽、苗づくりのさまざまな工夫 ほか），3 日本の稲作、世界の稲作（日本の稲作1 水田の開発と高度な利用，日本の稲作2 農具と農業機械の発達 ほか），4 イネの加工・利用（うるち種、もち種 多様なコメの種類と用途，コメの調理と加工1 さまざまなごはんの炊き方 ほか），5 イネのいま、これから（イネは食料問題への切り札になるのか？，自然生態系との調和と水田の多面的機能 ほか）

農山漁村文化協会 2018.4 56p 28×22cm（まるごと探究！世界の作物）3500円
Ⓘ978-4-540-17172-7 Ⓝ616.2

続刊
『ムギの大百科』吉田久編 2018.2
『ダイズの大百科』国分牧衛編 2019.1
『トウモロコシの大百科』濃沼圭一編 2019.3

教科別参考図書

『全国棚田ガイド TANADAS』

中島峰広監修，棚田ネットワーク編

内容 私たちの大切な財産である棚田を少しでも未来に残していきたいという思いから、1999年に農林水産省によって選定された「日本の棚田百選」の134ヶ所のほか、「景観が優れている」「保全活動が盛ん」「希少性がある」などの理由から厳選した合計212ヵ所の棚田を紹介。

目次 東北地方の棚田，関東地方の棚田，信越・北陸地方の棚田，東海地方の棚田，近畿地方の棚田，中国地方の棚田，四国地方の棚田，九州地方の棚田

家の光協会 2017.10 319p 21cm（A5）2500円 ⓘ978-4-259-54763-9 Ⓝ616.2

『図説 果物の大図鑑』

日本果樹種苗協会，農業・食品産業技術総合研究機構，国際農林水産業研究センター監修

内容 注目の新品種や人気ブランド、懐かしの品種まで870種類を紹介！

目次 1 果物の基礎知識，2 果物図鑑（仁果，みかん・柑橘，核果，果菜，さまざまな果物，堅果，熱帯の果物）

マイナビ出版 2016.10 255p 21cm（A5）2180円 ⓘ978-4-8399-5384-3 Ⓝ625

―――――――――――― 家　庭 ――――――――――――

『保育・子育て絵本の住所録―テーマ別絵本リスト』

舟橋斉，富田克巳編著

内容 クリスマス・お正月など季節・行事ごとのリスト。赤ちゃん絵本・保育活動・生活などのテーマ別リストも充実。4000冊以上の絵本を網羅。

目次 1 絵本の力で保育の魅力を高める（保育で絵本を読むことの意味，絵本の選び方・読み方），2 保育の中の絵本読み（子どもの生活・遊びに色を塗る，絵本と響きあう子どもたち―絵本実践から学ぶ，子育ての中にも絵本），3 私と絵本（絵本の読み合い遊びで子どもの「…したい」を育てよう！，絵本の楽しみ，私の写真絵本，「ワニくん」との出会い，『ぽちぽちいこか』で保育がはじける，ブックトークで絵本を楽しむ），4 テーマ別絵本リストの見方・使い方，テーマ別絵本リスト（季節・行事（春，夏，秋，冬），保育活動と生活（子ども，子どもの興味・関心，保育活動，生活・社会，誕生日，赤ちゃん絵本，参加型絵本 やりとり絵本，しかけ絵本，昔話））

（大津）三学出版 2017.9 67,168p 21cm（A5）1850円 ⓘ978-4-908877-16-2 Ⓝ028.09

教科別参考図書

『食べるって何？―食育の原点』

原田信男著

内容 ヒトは生命をつなぐために「食」を獲得してきた。それは文化を生み、社会を発展させ、人間らしい生き方を創る根本となった。いま、人間性の原点である食について考え直す。

目次 第1章 食と文化―生命と文化をつなぐもの，第2章 地球と生命―食物連鎖ということ，第3章 狩猟と牧畜の文化―人間と動物の関係，第4章 農耕という文化―豊かさと貧しさ，第5章 ムギとコメの文化―牧畜と漁撈との関連，第6章 日本の食文化―コメと肉と料理文化，第7章 家庭と集団の食―共食の構造

筑摩書房 2008.8 174p 18cm（ちくまプリマー新書）760円 Ⓘ978-4-480-68793-7 Ⓝ383.8

『食品の栄養とカロリー事典――個、一尾、一切れ、一杯がひと目でわかる』改訂版

奥嶋佐知子·監修

内容 食品の説明や栄養的特徴を紹介。約570食品、900種のデータを収載。

目次 第1群（牛乳・乳製品，卵），第2群（魚類，貝類 ほか），第3群（野菜，野菜加工品 ほか），第4群（穀類/米・ごはんほか，穀類/めん ほか）

女子栄養大学出版部 2017.2 192p 15×21cm 1500円 Ⓘ978-4-7895-0521-5 Ⓝ498.51

『食品添加物表示ポケットブック 平成29年版―平成29年3月28日までの改正分を収載』

日本食品添加物協会技術委員会編

目次 A 食品添加物の食品への表示の概要,B 表示のための食品添加物物質名表,C 用途名併記，D 一括名の定義と範囲，E 別添第1収載の食品添加物の物質名表,F 既存添加物の物質名表，G 一般飲食物添加物の物質名表，H 添加物一般の使用基準，I 添加物各条の使用基準（保存基準を含む）

日本食品添加物協会 2017.6 276p 19cm（B6）2315円 Ⓝ498.519

『日本人がいちばん暮らしやすい間取り図鑑』

フリーダムアーキテクツ著

内容 日本一の住宅設計事務所が教える快適で楽しく暮らせる間取りの極意。家族が幸せに暮らせる住まいの整えかたを部屋別に解説。理想の間取りが必ず見つかる。

目次 居心地のよいリビング・ダイニング，美しく機能的なキッチン，心と体をいやす浴室、機能重視の洗面室，ずっとそこにいたくなるトイレ，家に帰りたくなる玄関，美しく楽しい階段室，寝室は就寝前のリビング，子供の部屋は閉じす

ぎない，書斎は孤立させない，和室があると何かと便利〔ほか〕

エクスナレッジ 2018.4 223p 26cm (B5) 1800円 ⓘ978-4-7678-2426-0 Ⓝ527.1

『新しい住宅デザイン図鑑』改訂版

石井秀樹，杉浦充，都留理子，長谷部勉，村田淳著

目次 1 家のカタチ，2 部屋別（玄関，移動，各室，水廻り），3 外廻り（外観，外構），4 細部（家具，開口，階段など），5 暮らしを見る

エクスナレッジ 2017.11 219p 22×19cm 1900円 ⓘ978-4-7678-2386-7 Ⓝ527.1

『ファッションビジネス用語辞典』改訂第3版

ファッションビジネス学会監修

内容 ファッションビジネス関連語、約5300語を収録。原材料をはじめ、糸や織物、染色・整理、商品企画、裁縫・編み立て、物流、小売りなど多岐に及ぶ領域の専門用語を、やさしく正確に解説。

日本ファッション教育振興協会 2017.3 379,69p 19cm (B6) 3000円
ⓘ978-4-931378-34-6 Ⓝ589.2

『昭和珍道具図鑑―便利生活への欲望』

魚柄仁之助著

内容 生活を合理的に楽にこなせるように、という願いから生まれた手でハンドルを回す洗濯機、電気も氷も使わない冷蔵庫、非電化のマッサージ器やパワースーツ…。電気などの動力に頼らない非電化、非化石燃料を前提とした道具類。「なに？これ！」の道具類には、しかし「生活するためにはこれが必要だ！」という力強いメッセージが込められている。高度経済成長の波に流されて姿を消していった珍道具の数々をよみがえらせ、手仕事が生活を作っていた時代を振り返る。

目次 第1章 冷たいのがイヤ！―人類と洗濯との戦い（ムネタの防水防寒炊事手袋，ゴム製メリヤス裏防寒防水炊事手袋 ほか），第2章 冷たくしたい！―電気冷蔵庫への長すぎた旅（明治・女学校家事教科書の氷箱，大正・家事教科書の冷蔵箱 ほか），第3章 不滅の火なしコンロをたたえよ（日本初の火なしコンロ，料理箱 ほか），第4章 もったいなくない暮らしの手帖（富貴蒸煮鍋，万福釜フタ ほか），第5章 便利そうで便利でなかったモノたち（富士はやと，安全剃刀砥石 ほか）

青弓社 2017.6 151p 21cm (A5) 1800円 ⓘ978-4-7872-2070-7 Ⓝ590

教科別参考図書

『正しい目玉焼きの作り方―きちんとした大人になるための家庭科の教科書』

森下えみこイラスト，毎田祥子，井出杏海，木村由依，クライ・ムキ監修

内容 一人暮らしをしても困らないように、家族と楽しく暮らせるように、「洗濯」「料理」「片付け・掃除」「裁縫」の基本のきを学びましょう。

目次 1時間目 洗濯の授業（洗濯の仕方で、服は長持ちする，まずは「洗濯絵表示」をチェック！ ほか），2時間目 料理の授業（おかゆの作り方，雑炊の作り方 ほか），3時間目 片付けと掃除の授業（片付けの正解は一つではない，実践！片付けと整理整頓 ほか），4時間目 裁縫の授業（まずは針と糸を持つところから，手縫いの基本 ほか）

河出書房新社 2016.12 213p 19cm（B6）（14歳の世渡り術）1300円 Ⓘ978-4-309-61705-3 Ⓝ590

『人生の答えは家庭科に聞け！』

堀内かおる，南野忠晴著，和田フミ江画

内容 「私に向いている仕事って？」「結婚って何？」「同性を好きになったらダメなの？」「衝動買いで大失敗！」…。人生の様々な場面で高校生やその家族たちが抱える悩みや問題を漫画で表し、それらを受けて家庭科のプロが生きるヒントや多様な視点をアドバイス。NHK高校講座「家庭総合」から生まれた、人生の決断を豊かにしてくれる一冊。

目次 1章 自分を知る，2章 人生はどう始まり、どう終わる？，3章 家族って何だろう？，4章 衣食のジレンマ，5章 支えあって生きる，6章 生活することが、社会を変える，7章 人生をデザインする

岩波書店 2016.4 214p 17cm（岩波ジュニア新書）880円 Ⓘ978-4-00-500828-5 Ⓝ590

『きれいに縫うためのパターン・裁断・縫い方の基礎の基礎』

水野佳子著

内容 『きれいに縫うための基礎の基礎』、『パターンから裁断までの基礎の基礎』を一冊に再編集。パターン作り、アイロンかけ、裁断、ミシンかけ、裁断前のパターンの補正…。ホームソーイングに必要な基礎テクニックを、プロセス写真で丁寧に解説した決定版は、初心者の方から上級者の方までのバイブルに。

目次 パターン作り（道具，パターンを写す ほか），アイロンかけ（道具，基本のかけ方 ほか），裁断（道具，布地の重ね方 ほか），ミシンかけ（布と糸と針，縫合せの基本 ほか），パターンの補正（丈の補正，袖ぐりの補正）

文化出版局 2019.3 135p 26cm（B5）1850円 Ⓘ978-4-579-11677-5 Ⓝ593.3

教科別参考図書

『食生活データ総合統計年報 2019』

三冬社編集制作部編

内容 低い日本の食料自給率！世界の人口増加で、日本の未来の食卓を守るための食料供給を考えるデータ集。

目次 第1章 官庁統計データ，第2章 食の国際化，第3章 料理・食事に関するデータ，第4章 中食・外食に関するデータ，第5章 菓子・飲料・酒類に関するデータ，第6章 食と健康・食育に関するデータ

三冬社 2019.2 338p 30×22cm 14800円 ⓘ978-4-86563-044-2 Ⓝ596

『調理のためのベーシックデータ』第5版

松本仲子監修

内容 「日本食品標準成分表2015年版（七訂）」準拠。

目次 1（部位・調理別 肉の脱脂肪によるエネルギーカット率，料理別 調理前後の肉の栄養変化率，揚げ物の吸油率，料理別 油の使用量，サラダのドレッシングと油の付着率 ほか），2（料理の材料・調味料の配合，一日に必要な食品重量とエネルギーのバランス表，体格指数（BMI）の判定表）

女子栄養大学出版部 2018.2 184p 15×21cm 1800円 ⓘ978-4-7895-0323-5 Ⓝ596

『和食のおさらい事典』

後藤加寿子著

内容 親子で学ぶ「食育の基本」から大人のマナー、レシピまで和食のすべてがこの一冊に！世界が注目する"日本の食卓"の基本がすべてわかります。

目次 第1章 知っているようで知らない和食の基本35（和食の知識編，和食のマナー編，和食の調理編），第2章 今日から作れる和食のレシピ（基本の和食，おべんとうにおすすめのおかず4品，おにぎりアレンジ）

光文社 2017.10 207p 21cm（A5）1800円 ⓘ978-4-334-97958-4 Ⓝ596.21

『事典 和菓子の世界』増補改訂版

中山圭子著

内容 代表的な菓子、身近な菓子、年中行事に欠かせない菓子などの名称を広く収録するとともに、菓子のモチーフを多数掲載し、基本的な素材や製法用語についても解説する。和菓子に親しむためのガイドブックとして好評を博した初版から12年。この間に深められてきた和菓子研究の成果を盛り込み、絵巻、錦絵などのビジュアル要素を増補して新たに刊行する。

目次 第1部 名称編（あこや，安倍川餅，甘納豆 ほか），第2部 モチーフ編（植物，動物，自然 ほか），第3部 素材・用語編（餡，豆類，砂糖類・甘味料 ほか）

岩波書店 2018.3 309,25p 19cm（B6）2800円 ⓘ978-4-00-061259-3 Ⓝ596.65

179

教科別参考図書

『洋菓子百科事典』

吉田菊次郎著

内容 洋菓子のすべてがここに。フランス・ドイツ・イギリスのお菓子はもちろん、イタリア・スペイン・ポルトガル・アメリカ・ロシア・東欧・北欧・中東・アジア、各国の地方菓子まで幅広く紹介。配合や製法に加え、歴史やエピソード、社会現象など文化的背景も記述。原材料・器具・製菓用語・製菓人など、洋菓子を取り巻く語彙も収録。巻末に洋菓子の年表。

白水社 2016.5 617p 21cm（A5） 9000円 Ⓘ978-4-560-09231-6 Ⓝ596.65

『世界の茶文化図鑑』

ティーピッグズ，ルイーズ・チードル，ニック・キルビー著，伊藤はるみ訳

内容 白茶、緑茶、ウーロン茶、プーアル茶、紅茶、ハーブティー。各国のお茶事情、種類、飲み方やレシピまで、お茶を愉しむヴィジュアルガイド。

目次 世界のお茶事情（お茶好きの世界，北ヨーロッパ，東ヨーロッパ，ロシア，中央アジア ほか），チャノキからティーポットまで（お茶のことをもっと知ろう，チャノキの育て方，チャノキを育てる場所 ほか），お茶を味わう（ティーテイスターの仕事，プロのようにテイスティングしてみる，完璧な器 ほか），レシピ集―お茶を使った料理と飲物

原書房 2017.9 208p 28×22cm〈原書名：The Book of Tea〈teapigs, Louise Cheadle, Nick Kilby〉〉 5000円 Ⓘ978-4-562-05403-9 Ⓝ596.7

『おいしさの表現辞典』 新装版

川端晶子，淵上匠子編

内容 食べ物、料理別に文学作品を中心に約3000用例を収録。「甘い」「酸っぱい」「苦い」「うまい」などの基本表現はもちろん「すっきり」「まろやか」「香ばしい」「キレのいい」「ふくよかなうまみ」など様々な感覚表現まで味覚表現の集大成。

目次 1 穀類、いも、豆のおいしさ表現，2 野菜、きのこ、藻のおいしさ表現，3 果物、種実のおいしさ表現，4 魚介のおいしさ表現，5 肉、卵、乳のおいしさ表現，6 調味料（含砂糖、油）のおいしさ表現，7 菓子、嗜好飲料のおいしさ表現，8 料理全般（水を含む）のおいしさ表現

東京堂出版 2016.12 405p 19cm（B6） 2200円 Ⓘ978-4-490-10884-2 Ⓝ816

情報の整理と分析

情報の整理と分析

論理的に読む

グラフ・統計

情報の整理と分析

> 研究計画にそって調査・実験等を重ねてきた結果はいかがだったでしょうか。前章で紹介した参考図書には、教科書や問題集と違って、問いの解答・解説はついていません。収集した情報をどのように考察するのかによって、その後の展開は大きく変わっていきます。私たちは次に何を考えるべきか。先人たちの研究業績から学ぶことが沢山ありそうです。

情報の整理と分析

『思考を鍛えるメモ力』

齋藤孝著

内容 著者は、人と話をする時や考える時、必ずメモをとる。話を要約する力がつき、思いついたことも忘れない。メモを基に、文章を書いたり、人に話をしたり、企画をたてたりするのだ。手書きでもスマホでもメモの習慣をつければ、仕事の効率が上がるだけでなく、人生も大きく変わる。具体的なメモのコツ、またナポレオン、アインシュタイン、エジソン、西郷隆盛、黒柳徹子、大谷翔平などの例から、メモにより思考を鍛え、本質を把握する力を養う方法を解説する。

目次 はじめに 思考力がある人は手で考える，第1章 メモの効用とは何か，第2章 まずはメモ力初心者からはじめよう，第3章「守りのメモ力」から「攻めのメモ力」へ，第4章 クリエイティブなメモ力を習得しよう，第5章 達人たちの「鬼のメモ力」，第6章「鬼のメモ力」実践篇

筑摩書房 2018.7 216p 18cm（ちくま新書）840円 Ⓘ978-4-480-07160-6 Ⓝ002.7

『知の越境法─「質問力」を磨く』

池上彰著

内容 世界で起こる問題を誰もが分かる言葉で解説し、総選挙後には政治家への突撃取材でお馴染みの池上彰。しかし、その八面六臂の活躍も、NHK時代の"左遷"から始まった。記者としてのキャリアを順調に積み重ねてきたが突如、「週刊こどもニュース」キャスターへの異動を命じられる。それでも腐らず、複雑なニュースを小学生にも分かるように噛み砕く語り口が好評を得て、ついに国民的番組に押し上げる。この成功体験から、分かりやすさは武器になり、専門を持たないことは分野の垣根を越える強みだと気づき心機一転、フリージャーナリストの道へ──。異動、転身とは、現状を脱し新天地に飛び込むという意味で「越境」であり、積極的な行為だ。幾多の領域を跨いで学び続ける著者が、その効用と実践法を説

情報の整理と分析

く越境のススメ。

目次 第1章「越境する人間」の時代，第2章 私はこうして越境してきた，第3章 リベラルアーツは越境を誘う，第4章 異境へ、未知の人へ，第5章「越境」の醍醐味，第6章 越境のための質問力を磨く，終章 越境＝左遷論

光文社 2018.6 257p 18cm（光文社新書）800円 ①978-4-334-04359-9 Ⓝ002.7

『東大教授が教える知的に考える練習』

柳川範之著

内容 膨大な情報を頭の中で、どう知性に変換すればいいのか？独学で東大教授になった著者による、情報洪水時代の今、本当に必要な頭の使い方。

目次 1章 情報洪水時代で変わる「頭の使い方」（情報洪水時代、新しい頭の使い方が求められる，なぜ「考える」ことの価値が高まってきたのか ほか），2章 頭の中に質の良い情報が集まる「網」を張る（考えている人といない人は、情報の取捨選択の仕方が違う，あらかじめ頭の中に網を張って情報を待ち受ける ほか），3章 知的に考えるための「調理道具」を揃える（いきなり考えてもうまくいかない理由，ものごとを抽象化して構造をとらえるクセをつける ほか），4章 情報は流れてくるまま、流しっぱなしに（入ってくる情報は絞らず、意図的に間口を広げておく，情報そのものより、どう料理して何に使うかが重要 ほか），5章 頭に残った情報は熟成し、やがて知性に変わる（頭に残った情報は「思考の骨組み」になる，いかに違う情報同士を積極的にくっつけていくか ほか）

草思社 2018.2 169p 19cm（B6）1300円 ①978-4-7942-2322-7 ⓃN002.7

『考える力がつく本―本、新聞、ネットの読み方、情報整理の「超」入門』

池上彰著

内容 頭の回転のはやい人、頭がやわらかい人、物事の本質を見抜く人は、どのように情報を収集・整理して、結論を導き出しているのか？突発的なニュースに際しても、すばやく事件の本質を見抜き、あらゆる質問に答え、常に良質な解説をし続ける池上流のノウハウを全公開！「似た言葉の定義をはっきりさせる」「全体像を把握するにはマクロからミクロへ」「図解ですっきり！ベン図、座標軸、相関図」…。本、新聞、ネットの読み方など情報収集術、読書術から、情報整理の超入門まで、すぐに使える「深く考えるコツ」。

目次 第1章 考える力を身につけるためには，第2章「図解」で理解を深める，第3章 新聞の読み方，第4章 雑誌・ネット・テレビの見方，第5章 人から話を聞くためには，第6章 本の読み方・選び方，第7章 リーダーたちは何を読んできたのか

小学館 2017.12 261p 15cm（A6）（小学館文庫プレジデントセレクト）700円 ①978-4-09-470020-6 ⓃN002.7

情報の整理と分析

『情報を活かす力』

池上彰著

内容 テレビ番組のニュース解説、新聞・雑誌連載や書籍の執筆、大学での講義…多方面で活躍し、超多忙な著者。自宅に届く新聞7紙の読み方から、記事のスクラップ法、本の探し方、ネット情報との接し方、話の聞き出し方、わかりやすい説明のコツまで、その情報収集・整理・活用術を一挙公開。「情報の海」で溺れることなく、情報を自らの糧にするためのヒント満載。

目次 序章 情報活用力をいかに高めるか，第1章 私の情報収集術，第2章 私の取材・インタビュー術，第3章 私の情報整理術，第4章 私の読書術，第5章 私のニュースの読み解き方，第6章 私の情報発信術

PHP研究所 2016.7 268p 18cm（PHPビジネス新書）〈『池上彰の情報力』全面改訂・改題書〉
850円 ⓘ978-4-569-83067-4 Ⓝ002.7

『やってみようテキストマイニング―自由回答アンケートの分析に挑戦！』

牛澤賢二著

内容 本物のアンケートデータを分析しながらテキストマイニングの勘所を学ぶ。

目次 第1章 テキストマイニングをはじめる，第2章 データの事前編集，第3章 データの読み込み，第4章 第1段階の分析1：抽出語の分析，第5章 第1段階の分析2：文書の分析，第6章 第2段階の分析：仮説検証的な分析，第7章 テキストマイニングの事例，付録A データ編集の補足，付録B Excelマクロによる外部変数と抽出語のクロス集計，付録C ベイズ学習による分類

朝倉書店 2018.8 166p 21cm（A5）2700円 ⓘ978-4-254-12235-0 Ⓝ007.609

『日常言語で考える論理的思考の手引き―ゼロからスタート イラスト付き』

大崎博著

内容 日常生活の場から論理を取り上げ、日常言語を使用して分かりやすく論理を考える予備知識なしで論理使用の基礎が学べる本。

目次 1 考えるとはどういうこと？，2 日常言語がもっている基本的な論理，3 意味を定めること，4 思考を形に表す，5 推理，6 いろいろな論証と論法，7 誤った議論のしかた

成隆出版 2017.10 145p 19cm（B6）1713円 ⓘ978-4-915348-87-7 Ⓝ116

情報の整理と分析

『論理的に解く力をつけよう』

徳田雄洋著

内容 うそつきか正直か不明な人に質問を1回して、必要な情報を正確に得られる─そんな方法を知っていますか？この本で論理的な解き方を身につければ、一見むずかしそうな問題もかんたんに解けるようになったり、新しい解決法を発見できたりします。数学や論理、情報科学はもちろん、日常おこる問題にも適用できますよ。

目次 第1部 基礎編（論理的に解くとは，論理的考え方を利用する，問題解決法を利用する），第2部 詳細編（まず理想の解があるものとして，仕事は同じサイズに分割する，同じ仕事は1回だけ），第3部 応用編（目印をつくって分類する，場合分けして予測する，可能なかぎりくりかえす）

岩波書店 2013.8 201p 18cm（岩波ジュニア新書）820円 Ⓘ978-4-00-500751-6 Ⓝ116

『10歳でもわかる問題解決の授業─自分の頭で「考える力」が身につく5つの授業』

苅野進著

内容 小学生でもわかるようにコンサルタントが使う"思考のフレームワーク"を解説。「脚の1本折れたイスの新しい使い道とは？」「どう交渉すれば、テレビゲームを買ってもらえるの？」「そら豆の発芽のために必要なものは？」…などの問題から、"論理力・仮説力・実行力"が身につく。だから、仕事のスピードと成果が変わる！

目次 "自分の頭で考える力"が「あらゆる問題」を解決してくれる─なぜ、ロジオ君は決められないのか，第1部 10歳でもわかる問題「解決」力（"限られた情報"でも「仮説力」があれば問題は解決できる─仮説っていったいなんだろう，精度の高い"仮説を立てる手順"とは？─良い仮説の条件ってあるの？，解決力の高い人の「論理的に考える」技術─どうやって、仮説を確かめて、学べばいいの？），第2部 10歳でもわかる問題「設定」力（本当に「取り組むべき問題」が見つかれば"具体的な行動"ができる─現象と論点の違いって何？，本質を見つけるためのフレームワーク─どんなチェックリストがあれば"モレ""ミス"は防げるの？）

フォレスト出版 2017.10 239p 19cm（B6）1400円 Ⓘ978-4-89451-771-4 Ⓝ141.5

情報の整理と分析

『13歳からの論理ノート―「考える」ための55のレッスン』
小野田博一著

内容 本書は「『論理的』の意味を完全に理解しよう」という目的の本です。本書で「論理的」の意味を完全に理解し、論理的に考え、述べることができるようになりましょう。

目次 論理?（論理，論理的，論理的か否かを判定する絶対的な基準はない ほか），論理的であるために（当然のこと，省略されているものに注意，実生活での論理の欠陥 ほか），論理的な文章を書こう（「論文」（何かを論じている文章），作文・小論文の「見かけの構成」（文章形式），「論理構造がしっかりしている文章」についての説明 ほか）

PHPエディターズ・グループ，PHP研究所〔発売〕2006.10 122p 18×13cm 1100円 Ⓘ4-569-65560-2 Ⓝ141.5

『高校生からの経済データ入門』
吉本佳生著

内容 分析的な視点から、経済データを読むことが求められる時代になりました。でも、学校では、その能力を鍛えてはくれません。だからこそ、自分でデータを読める人は、強力なスキルを身につけていることになり、仕事ではかなり優位に立てます。データを読むための効果的なトレーニング方法は、自分の興味のままに、あれこれグラフや表を読む経験を増やすことです。本書では、読み方によっては奥が深くておもしろい経済データを紹介し、高校生でも、そして大人でも、データ分析の技法を基礎から学べます。

目次 序章 若者の就職状況を示すデータをみてみる，第1章 物価の変化，第2章 産業の動向，第3章 職に就くことのたいへんさ，第4章 日本に住む人たちの将来，第5章 金融の世界での感覚，第6章 国際収支統計の黒字・赤字，第7章 日本経済の成長

筑摩書房 2013.3 233p 18cm（ちくま新書）780円 Ⓘ978-4-480-06705-0 Ⓝ331.19

『名探偵コナンに学ぶロジカルシンキングの超基本』
上野豪著

内容 MBAの最初の一歩、「ロジカルシンキング」って何？がすぐわかる！一生使える！コナンの事件解決事例&解説でわかりやすい。

目次 序章 ロジカルシンキングとは何か？，第1章 イシューを特定する，第2章 枠組みを考える，第3章 初期仮説を立てる，第4章 初期仮説を検証し進化させる，第5章 結論づける

かんき出版 2018.6 166p 19cm（B6）1300円 Ⓘ978-4-7612-7352-1 Ⓝ336

情報の整理と分析

『「そうか、ここが問題だったんだ!」がどんどん見えてくるデータの読み方・活かし方』

柏木吉基著

内容 「正解のない問題」をどう解決していくか?限られたデータを駆使して、最大限の結果を出す"問題解決へのリアルな全プロセス"を初公開!

目次 1 勘や経験が活かせない課題に立ち向かう(「正解のない問題」を解決する力とは、必ず頭に入れておくべき課題解決5つのプロセス)、2 入り口で決まる課題解決力(「最初の小さなつまずきに最後まで悩む」事態を防ぐ、お客様・論点・具体性を1つ1つクリアする、与えられた課題を自ら定義し直す)、3 多様なアプローチで課題の具体性に迫る(問題を具体的に絞り込む、比べることで課題のポイントをあぶり出す、データから多面的に情報を切り出す、根拠と共に要因特定のための仮説を立てる)、4 データのつながりに着目して示唆を引き出す(要因候補を適切に挙げるために、仮説をデータで検証する、つながりが「ある」ときの見方、「ない」ときの見方、新たな視点を加えることで見えてきたこと、「外」の視点から「内」を見直す)、5「考える人」から「変える人」に進む(最終フェーズ「方策案」を考える、ロジックのつながりを切らさずに方策を導く、自分を伸ばし現実を変える工夫)

大和出版 2016.5 159p 21cm(A5)1700円 ⓘ978-4-8047-1821-7 Ⓝ336.17

『内容分析の進め方―メディア・メッセージを読み解く』

ダニエル・リフ,スティーヴン・レイシー,フレデリク・フィコ著,日野愛郎監訳,千葉涼,永井健太郎訳

内容 ニュース、ブログ、ツイッター、動画、会話、インタビュー、調査記録…私たちを取り巻くコンテンツの特性を明らかにするには、どのような手法が必要なのか?本書では測定、サンプリング、信頼性、妥当性などをていねいに教えるだけでなく、相関関係と因果関係の違いといった実証分析の基本もきちんと説明する。AIの機械学習での教師データ作成にも内容分析のプロセスと手続きは欠かせない!

目次 第1章 イントロダクション,第2章 社会科学のツールとしての内容分析,第3章 内容分析のデザイン,第4章 測定,第5章 サンプリング,第6章 信頼性,第7章 妥当性,第8章 データ分析,第9章 コンピュータ,付録 内容分析を用いた論文において報告すべき情報の基準

勁草書房 2018.10 291p 21cm(A5)〈Analyzing Media Messages:Using Quantitative Content Analysis in Research〈Daniel Riffe, Stephen Lacy, Frederik Fico〉〉3600円
ⓘ978-4-326-60310-7 Ⓝ361.453

情報の整理と分析

『質的テキスト分析法—基本原理・分析技法・ソフトウェア』

ウド・クカーツ著，佐藤郁哉訳

内容 質的データをどのような方法で分析していけばよいか。なぜ、そのような方法・技法が最適なのか。文字テキストを中心とする質的データ（インタビュー記録、フィールドノーツ等）を分析し、その分析結果を論文にまとめていく際の手順をステップ・バイ・ステップで具体的に解説。さらに、それらのテクニックの前提となる基本的な発想についても理論的背景から説き起こす。質的研究を志す全ての人々にとっての必読書！

目次 1章 質的データの分析—さて、いかにおこなうべきか？，2章 体系的な質的テキスト分析の源流，3章 質的テキスト分析の基本概念と作業プロセス，4章 質的テキスト分析における3つの主要な方法，5章 質的テキスト分析におけるコンピュータ・プログラムの利用，6章 質の基準、研究報告書、研究プロセスの記録，7章 結語，補論 質的データ分析の基本原理とQDAソフトウェアの可能性—佐藤郁哉

新曜社 2018.3 268p 21cm（A5）〈QUALITATIVE TEXT ANALYSIS〈Udo Kuckartz〉〉2900円
①978-4-7885-1560-4 ⑪361.9

『データはウソをつく—科学的な社会調査の方法』

谷岡一郎著

内容 正しい手順や方法が用いられないと、データは妖怪のように化けてしまうことがある。本書では、世にあふれる数字や情報の中から、本物を見分けるコツを伝授する。

目次 第1章 社会科学における「事実」認定プロセス（事実とは何か，帰納と演繹，社会科学における事実，社会科学界の事実とは），第2章 マスコミはいかに事実をねじ曲げるのか（世論の誘導—ニュースの選択と比重，意図的な省略と曲解，表現と誘導，データの誤用と悪用，相関と因果），第3章 実際にデータを分析してみよう—カフェインと心臓の健康度（トピックと仮説，結果に影響を与えるかもしれない変数，データ・プロセス，分析，可能性の追求），第4章 質問票作りのむつかしさ（測定の妥当性と信頼性，用語と選択肢，順序とレイアウト），第5章 リサーチ・リテラシーとセレンディピティ（「痴」は世界を駆けめぐる，学問に向いていない人々，「学ぶ」という楽しみ）

筑摩書房 2007.5 169p 18cm（ちくまプリマー新書）760円 ①978-4-480-68759-3 ⑪361.9

『東大合格生の秘密の「勝負ノート」』

太田あや著

内容 偏差値UP！センター試験満点！東大合格！効率的に苦手克服を可能にする「勝負ノート」のつくり方、教えます！

目次 第1章「勝負ノート」その前に（あなたの「勝負ノート」見せてください！，「勝負ノート」なくして「東大合格」なし，「勝負ノート」ができるまで ほか），

第2章「勝負ノート」と東大合格生（私の「勝負ノート」術1 前田真美さん 最小の努力で最大の効果を目指した「勝負ノート」，私の「勝負ノート」術2 廣瀬暁春くん ノートが変わって勉強法も変わった，私の「勝負ノート」術3 廣安ゆきみさん 自分流に育てた最強ノート ほか），第3章「勝負ノート」のつくり方（あなたは，どんな「勝負ノート」をつくりますか？，「授業ノート」誕生物語 倪辰日くん ノートの必要性を感じた日本の授業，東大合格生80人アンケート あなたの「勝負○○」教えてください！シャープペン編 ほか）

文藝春秋 2015.3 111p 26cm（B5）1200円 ⓘ978-4-16-390216-6 Ⓝ376.8

『科学技術をよく考える―クリティカルシンキング練習帳』

伊勢田哲治，戸田山和久，調麻佐志，村上祐子編

内容 現代社会に生きる上で必要不可欠な科学技術と，どう向き合えばよいのか。理系人間にも文系人間にも必須の，自分の頭で考えぬく力をまったく新しいスタイルで身につける。

目次 1 遺伝子組換え作物，2 脳神経科学の実用化，3 喫煙を認めるか否か，4 乳がん検診を推進するべきか，5 血液型性格判断，6 地球温暖化への対応，7 宇宙科学・探査への公的な投資，8 地震の予知，9 動物実験の是非，10 原爆投下の是非を論じることの正当性

（名古屋）名古屋大学出版会 2013.4 289p 21cm（A5）2800円 ⓘ978-4-8158-0728-3 Ⓝ400

『論文を書くための科学の手順』

山田俊弘著

内容 科学とは何か？どうやって研究・論文をまとめるのか？生物学者が実例をもとに解説する，誰も教えてくれなかった科学の論理展開ガイド！生物学者がまとめた，科学論理展開の指南書！

目次 基礎編（科学とは何か？，どうやって科学する？），応用編（生物学は科学なのか？，進化はどうして科学と言える？），発展編（仮説はどこからやってくる？，「適応しているから」という説明でいい？，何をどこまで示せば「わかった」と言える？，実践！仮説演繹をやってみよう！）

文一総合出版 2018.10 319p 19cm（B6）1800円 ⓘ978-4-8299-6531-3 Ⓝ407

『誰も教えてくれなかった実験ノートの書き方―研究を成功させるための秘訣』

野島高彦著

内容 なぜ実験ノートが必要なのか⁉何をどうやって書けばよいのか⁉実験ノートを工夫することで研究が順調に進みます！実験ノートからアイデアが生まれます！実験ノートを書くことで身につく能力や習慣があります！実験ノートは研究不正

情報の整理と分析

からあなたを守ってくれます！実験ノートは単なる記録ではありません。

目次 1章 正しい実験ノートとはどんなノートか？，2章 実験ノートは何のために書くのか？，3章 実験ノートのおやくそく，4章 実験を始める前に書いておくこと，5章 実験を進めながら書くこと，6章 実験が終わってから書けること，7章 実験ノートを書くことであなたは成長する

（京都）化学同人 2017.7 104p 21cm（A5）1200円 ⓘ978-4-7598-1933-5 Ⓝ407.5

『文献・インタビュー調査から学ぶ会話データ分析の広がりと軌跡─研究から実践まで』

中井陽子編著，大場美和子，寅丸真澄，増田将伸，宮崎七湖，尹智鉉著

目次 第1部 会話データ分析を活かした「研究と実践の連携」（会話データ分析の変遷，会話データ分析と教育現場の関係，「研究と実践の連携」の必要性），第2部 会話データ分析の変遷の文献調査（日本における会話データ分析の変遷，米国における会話データ分析の変遷，豪州モナッシュ大学関係者による会話データ分析 ほか），第3部 会話データ分析を行う教育者・研究者へのインタビュー調査（北條淳子先生へのインタビュー，南不二男先生へのインタビュー，杉戸清樹先生へのインタビュー ほか）

（京都）ナカニシヤ出版 2017.9 264p 21cm（A5）2800円 ⓘ978-4-7795-1157-8 Ⓝ812

『日本語論証文の「書く」力を向上させるためのクリティカル・シンキング』

平柳行雄著

内容 本書は「批判的思考」ではなく、「クリティカル・シンキング」を扱います。両者には違いがあります。前者は「他人のあら捜しをする」というニュアンスを含みますが、後者には物事の客観的な分析を意味します。さらに、本書は「書く」ことを扱います。論理的に「書く」ために「クリティカル・シンキング」力が必要であることを位置づけます。例えば、次の論証文「東京都千代田区の路上喫煙者に対して罰金を課するという条例に賛成である。何故なら、たばこは子どもにとって危険であり、大人にも有害であるからである」は論理的に妥当でしょうか。この例では、逆命題を分析「道具」に用いることによって、この論証文の非妥当性を指摘できます。このような「道具」が「クリティカル・シンキング」です。本書は、この「道具」を使って、日常生活で使われている推論や論証文の妥当性・健全性の検証を行うスキルの向上を目指すことを目的としています。

（相模原）青山社 2010.3 110p 21cm 1905円 ⓘ978-4-88359-282-1 Ⓝ816

『高校生のための論理思考トレーニング』

横山雅彦著

内容 日本人は議論下手、論理的に話すのが苦手だ。なぜなら、日本人のコミュ

ニケーションは、お互いの心のうちを察し合うハラ芸で、日本語には本来「論理」が存在しなかったからだ。いっぽう論理思考とは、西洋人の「心の習慣」であり、「英語の思考様式」にほかならない。本書では、言語の背景にある文化や風土、それに根ざした心性を見直し、言語を通じた文化比較から、英語がどのように論理を組み立てているかを理解、それを日本語に応用する。小論文からビジネスにも活かせる画期的な論理思考入門の書。

目次 第1章 日本人はなぜ議論が下手か，第2章 ロジックの英語、ハラ芸の日本語，第3章 現代国語はどうして生まれたのか，第4章 ロジカルトレーニング 基礎理論篇，第5章 ロジカルトレーニング アウトプット篇，第6章 ロジカルトレーニング インプット篇

筑摩書房 2006.6 215p 18×11cm（ちくま新書）780円 Ⓘ4-480-06305-6 Ⓝ835.1

論理的に読む

『思考のための文章読本』
花村太郎著

内容 本物の思考力は、先人の文章を読むことによって磨かれる─。着想し、論理を練り上げ、効果的に表現するという言語表現のすべての過程に作用する「思考」。古今東西の思索者たちは、どのようにそれを働かせてきたか。本書では、彼らの文章を自在に切り取り、さまざまに組み合わせることで、そのパターンを抽出しようと試みる。そこで分類された10の思考法は、私たちが本気で何かを考え、ひとに伝えようとするときの確かな指針となるはずだ。知的実践の基礎技術を網羅した前著『知的トレーニングの技術』の応用編となる、画期的な試み。

目次 第1章 単語の思考─単語は巨大な思考単位である，第2章 語源の思考─原初の宇宙観に立ち会う，第3章 確実の思考─方法的懐疑と論理，第4章 全部と一部の思考─反証・量化・代用，第5章 問いの思考─思考に形をあたえる，第6章 転倒の思考─視点の転換，第7章 人間拡張の思考─メディアと技術の見方，第8章 擬人法の思考─どこまでがヒトか，第9章 特異点の思考─誇張法の系統樹，第10章 入れ子の思考─思考の原始構成

筑摩書房 2016.9 260p 15cm（A6）（ちくま学芸文庫）1100円 Ⓘ978-4-480-09749-1 Ⓝ002.7

『AI vs.教科書が読めない子どもたち』
新井紀子著

内容 大規模な調査の結果わかった驚愕の実態─日本の中高校生の多くは、中学校の教科書の文章を正確に理解できない。多くの仕事がAIに代替される将来、読解力のない人間は失業するしかない…。気鋭の数学者が導き出した最悪のシナリ

情報の整理と分析

オと教育への提言。

目次 第1章 MARCHに合格—AIはライバル（AIとシンギュラリティ，偏差値57.1 ほか），第2章 桜散る—シンギュラリティはSF（読解力と常識の壁—詰め込み教育の失敗，意味を理解しないAI ほか），第3章 教科書が読めない—全国読解力調査（人間は「AIにできない仕事」ができるか？，数学ができないのか，問題文を理解していないのか？—大学生数学基本調査 ほか），第4章 最悪のシナリオ（AIに分断されるホワイトカラー，企業が消えていく ほか）

東洋経済新報社 2018.2 287p 19cm（B6）1500円 Ⓘ978-4-492-76239-4 Ⓝ007.13

『ブッククラブで楽しく学ぶクリティカル・リーディング入門—国際化時代を生き抜く読書力がだれでも身につく』

有元秀文著

目次 1 クリティカル・リーディングについてのQ&A，2 ブッククラブについてのQ&A，3 だれでもクリティカル・リーディングができる14のストラテジー（ブッククラブの発問，14の「読みのストラテジー」），4 さあブッククラブでクリティカル・リーディングを楽しもう（だれでもできるブッククラブのやり方，青空文庫でできるブッククラブ—「葉桜と魔笛」（太宰治），教科書教材でできるブッククラブ—「高瀬舟」（森鴎外），絵本でできるブッククラブ—「注文の多い料理店」（宮沢賢治））

（京都）ナカニシヤ出版 2010.6 122p 21×13cm 1500円 Ⓘ978-4-7795-0459-4 Ⓝ019.2

『ウソ？ホント？トリックを見やぶれ 3 よく考えて！説明のトリック…情報・ニセ科学』縮刷版

曽木誠監修，市村均文，伊東浩司絵

内容 一見科学的に思える説明や統計の数字などに、ワナが隠されています。ダマされないための情報リテラシーを身につける本です。

目次 第1章 ニセ科学を見やぶろう！（マイナスイオンって何？，血液型で性格がわかるの？，納豆を食べるとダイエットになるの？ ほか），第2章 ことばのトリックウソ？ホント？（臨時ニュースの真実は？，伝えることはむずかしい？，ウソをつくと何が起こる？ ほか），第3章 その情報はホントかな？（見出しの効果を知っておこう，番組にまぎれこむウソに注意！，そのグラフはほんとう？ ほか）

岩崎書店 2017.12 47p 20×15cm 1200円 Ⓘ978-4-265-80237-1 Ⓝ116

『日本語力をつける文章読本—知的探検の新書30冊』

二通信子，門倉正美，佐藤広子編

内容 知的に楽しむ。クリティカルに読む。新書の世界を味わいながら、読解力を伸ばせるアンソロジー。

情報の整理と分析

目次 第1部 読むことの楽しみ（詩『百歳日記』まどみちお（NHK出版生活人新書），日本語『世にも美しい日本語入門』安野光雅・藤原正彦（ちくまプリマー新書），数『数に強くなる』畑村洋太郎（岩波書店）ほか），第2部 日常生活を振り返る（職人『千年、働いてきました—老舗企業大国ニッポン』野村進（角川oneテーマ21），神さま『都市と日本人—「カミサマ」を旅する』上田篤（岩波新書），生きる『悪あがきのすすめ』辛淑玉（岩波新書）ほか），第3部 日本社会の問題をさぐる（原発『新版原発を考える50話』西尾漠（岩波ジュニア新書），地方『下流同盟—格差社会とファスト風土』三浦展（朝日新書），雇用『日本の基本問題を考えてみよう』中馬清福（岩波ジュニア新書）ほか），第4部 学問の世界にふれる（科学技術『科学の考え方・学び方』池内了（岩波ジュニア新書），社会学『「あたりまえ」を疑う社会学—質的調査のセンス』好井裕明（光文社新書），生物学『生物と無生物のあいだ』福岡伸一（講談社現代新書）ほか），第5部 クリティカルに読む（言語『ことばと思考』今井むつみ（岩波新書），思考『知的思考力の本質』鈴木光司・竹内薫（ソフトバンク新書），論理『ダメな議論—論理思考で見抜く』飯田泰之（ちくま新書）ほか）

東京大学出版会 2012.8 248p 21cm（A5）1900円 ⓘ978-4-13-082017-2 Ⓝ816

『文章予測—読解力の鍛え方』

石黒圭著

内容 文章の読解力を伸ばすにはどうすればよいか？答えは「予測」にあった！「予測」とは文章を書いた筆者との「対話」。書き手との「対話」を楽しみながら、読解力を飛躍的に伸ばそう。小説・新聞・論文・エッセイ等、幅広いジャンルの秀逸な文章で「予測」の技術を学べば、誰でもきっと「読み上手」になれる！人の心を動かす名文の力、分かりやすい文章の秘密を「予測」を通して解明する、作文にも役立つ画期的な「文章術」入門書。

目次 第1章 文章理解とは？（頭のなかの理解の姿，音に頼るか文字に頼るか ほか），第2章 予測とは？（予測を体験する，予測させる力の幅 ほか），第3章 問いの予測とは？（「深める予測」と「進める予測」，冒頭文の「深める予測」ほか），第4章 答えの予測とは？（「答えの予測」に価値があるジャンル，予測が当たって怖くなる ほか），第5章 予測の表現効果とは？（書くことと予測，構成を予告する ほか）

KADOKAWA 2017.9 199p 15cm（A6）〔角川ソフィア文庫〕
〈『「予測」で読解に強くなる！』改題書〉720円 ⓘ978-4-04-400330-2 Ⓝ817.5

『クリティカル・リーディング入門—人文系のための読書レッスン』

慶應義塾大学教養研究センター監修，大出敦著

内容 この本は、2012年に出版された『アカデミック・スキルズ—大学生のための知的技法入門第2版』のシリーズの姉妹編です。大学生が直面する「レポート」や「論文」の執筆では、高校生までとは異なる「テキストを読む」レベルが求められて

います。そのときに「どうやって読んだらいいのか」、「感想文ではなぜ駄目なのか」、「何を論じたらいいのか分からない」という大学生がぶつかる悩みに、人文系の例題を使って答える一冊です。

目次 第1章 どうやって本を読む⁉あるいはどうやったら本を読める⁉，第2章 疑ってみよう、問いを立ててみよう，第3章 "語の意味"を疑ってみよう，第4章 "論理の構造"を疑ってみよう，第5章 理論の罠にはまるな，第6章 問いを発展させる，第7章 クリティカル・リーディングから論文へ

慶應義塾大学出版会 2015.10 196p 21cm（A5）（アカデミック・スキルズ）1800円
ⓘ978-4-7664-2274-0 ⓝ817.5

『論理的に読む技術——文章の中身を理解する"読解力"強化の必須スキル！』

福澤一吉著

内容 日本人があまり得意としていない論理的な読解力のスキルアップを目的に、論証図とパラグラフ構造への書き換えを利用して「書くように読む」方法を提案。

目次 序章 そもそも論理的とはなにか？，第1章 論理的に読むとは？，第2章 論証とはなにか？，第3章 根拠とはなにか？，第4章 論拠とはなにか？，第5章 接続表現と論証図，第6章 論証の妥当性と推測力，第7章 文章の組み立てに必要なスキル，第8章 パラグラフ構造での書き直し，第9章 論理的に読むためのスキルを総動員して読解する

ソフトバンククリエイティブ 2012.12 206p 18cm（サイエンス・アイ新書）952円
ⓘ978-4-7973-7033-1 ⓝ817.5

『文章を論理で読み解くためのクリティカル・リーディング』

福澤一吉著

内容 クリティカル・リーディングとは、文章のポイントを的確に見抜き、「批判する力」を育むための全く新しい文章読解法。評論から新聞記事までを素材に、思考がどう論理的に表現されているかを解説、論証の基本構造を明らかにする。論証がきちんとなされていない文章の見分け方から結論の飛躍に突っ込むコツまで。レトリックに惑わされずに本質を把握する術を伝授する決定版。

目次 序 クリティカル・リーディングって何？，第1講 文章から「論証」を探してみよう，第2講 文章の「根拠」に突っ込んでみよう，第3講 文章の「暗黙の仮定」を考えてみよう，第4講 文章の「推測力」を評価してみよう，第5講 文章を「パラグラフ構造」で書き直してみよう，第6講「論証図」を作り、文章を批判的に読み解いてみよう

NHK出版 2012.4 265p 17cm（NHK出版新書）820円 ⓘ978-4-14-088377-8 ⓝ817.5

情報の整理と分析

『読解力の基本―大切なのに、だれも教えてくれない72のテクニック』

速越陽介著

内容 さまざまな文書を的確に読みこなすことが真の実力アップにつながる！「正しく読む」技術を知っていますか？速く・深く・正確に文章の核心をつかむノウハウ。

目次 第1章 知らないと恥をかく日本語の基礎，第2章 正確に読むための裏技，第3章 新聞・雑誌・報道の読み方，第4章 小説の読み方，第5章 哲学書の読み方，第6章 学術書・論文の読み方，第7章 事務的文章・法律文の読み方

日本実業出版社 2010.10 174p 19cm（B6）1300円 ⓘ978-4-534-04762-5 Ⓝ817.5

『高校生のための批評入門』

梅田卓夫，清水良典，服部左右一，松川由博編

内容 批評とはなんでしょうか。それは世界と自分をより正確に認識しようとする心のはたらきであり、みなさんの内部で日々〝生き方をみちびく力〟としてはたらいているものです―筑摩書房の国語教科書の副読本として編まれた名アンソロジー。どこかですすめられてちょっと気になっていた作家・思想家・エッセイストの文章が、短文読み切り形式でまとめられている。一般的な「評論文」のみならず、エッセイ・紀行文・小説まで含む編集が特徴。論文の読解や小論文の技術を習得するだけでなく、ものの考え方や感じ方まで鍛えることのできるワークブック。

目次 私の流儀，境界に立つ，拒絶の勇気，喩の世界，生と死のサイクル，作るよろこび，思考するまなざし，異郷の発見，制度の罠，〝私〟とは何ものか，明日を問う

筑摩書房 2012.3 542p 15cm（A6）（ちくま学芸文庫）1600円 ⓘ978-4-480-09440-7 Ⓝ904

グラフ・統計

『グラフをつくる前に読む本――一瞬で伝わる表現はどのように生まれたのか』

松本健太郎著

内容 「このグラフどう見ればいいの？」「このグラフ何かが間違ってる気がする…」いままで雰囲気でグラフを作成してきたあなたは、こんな場面に出会ったことはないでしょうか。それもそのはず、エクセルやパワーポイントでなんとなく操作すれば簡単にグラフは作成できてしまいます。本書では、棒グラフ、折れ線グラフ、円グラフ、レーダーチャート、ヒートマップ、散布図などの主要なグラフの見せ方を歴史から丁寧に解説します。グラフの発明者たちは、どんなことを考えてデータをグラフにしたのでしょうか？学校では教えてくれなかった正しい

情報の整理と分析

グラフの選択、わかりやすいグラフ表現の基礎を学び直しましょう。

目次 第1章 グラフとデータ，第2章 棒グラフ，第3章 折れ線グラフ，第4章 円グラフ，第5章 レーダーチャート，第6章 ヒートマップ，第7章 散布図，第8章 積み上げグラフ，特別付録 データジャーナリズム入門

技術評論社 2017.9 238p 19cm（B6）1600円 Ⓘ978-4-7741-9219-2 Ⓝ002.7

『データサイエンス入門』
竹村彰通著

内容 ビッグデータの時代だ。さまざまな分野の研究がデータ駆動型に変わってきている。ビジネスでのビッグデータ利用も人工知能の開発とあいまって盛んだ。データ処理、データ分析に必要な情報学（コンピュータ科学）、統計学の基本知識をおさえ、新たな価値創造のスキルの学び方を紹介する。待望の入門書。

目次 1 ビッグデータの時代（データサイエンスの登場，台頭するデータサイエンティスト，統計学の流れ ほか），2 データとは何か（定義と種類，コストと価値，ばらつきと分布 ほか），3 データに語らせる―発見の科学へ向けたスキル（データサイエンスのスキルの学び方，データ処理と可視化，データの分析とモデリング ほか），付録1 統計学の歴史の概要，付録2 コンピュータの歴史の概要

岩波書店 2018.4 166,5p 18cm（岩波新書）760円 Ⓘ973-4-00-431713-5 Ⓝ007

『やさしく学べる心理統計法入門―こころのデータ理解への扉』
鈴木公啓著

目次 第1部 準備編（まえふり―なぜ心理学を学ぶのに統計を勉強しなければいけないのか，データと尺度），第2部 記述統計編（データをまとめてみる（図表編），データをまとめてみる（記述統計量編）ほか），第3部 推測統計編（サンプリング，確率と正規分布 ほか），第4部 基本的な統計的仮説検定（分散の等質性の検定，対応なしデータについての平均値の差の検定（分散が等しい場合）ほか），第5部 他の推測統計など（相関分析の推測統計（無相関検定），その他の分析方法およびまとめ），付録

（京都）ナカニシヤ出版 2018.10 202p 26cm（B5）2500円 Ⓘ978-4-7795-1305-3 Ⓝ140.7

『統計嫌いのための心理統計の本―統計のキホンと統計手法の選び方』
白井祐浩著

内容 自分で統計手法を選べるようになろう！100点以上の図版を駆使した説明で、統計に詳しい人を頼るために必要な最低限の知識と統計の全体像がつかめる

情報の整理と分析

画期的入門書。

目次 第1部 統計が得意な人を頼るには（統計が得意な人を頼るには，統計手法を選ぶ上で知っておくべき用語，尺度水準と代表値・散布度，統計手法を選択するための視点，統計手法の簡単な解説と研究例），第2部 心理学でよく用いられる統計手法（主要な統計手法を理解する上で知っておくべき用語，統計の種類と統計的仮説検定の考え方，t検定，分散分析，χ^2検定，ピアソンの積率相関係数）

（大阪）創元社 2017.1 206p 21cm（A5）2200円 ⓘ978-4-422-11625-9 Ⓝ140.7

『社会科学のためのデータ分析入門 上』

今井耕介著，粕谷祐子，原田勝孝，久保浩樹訳

内容 計量社会科学に不可欠な3要素である、研究の背景に関する知識、プログラミング、統計手法を初歩から丁寧に解説したテキスト。実際の論文で使われたデータを、統計ソフトRを使って分析することで、データ分析と結果の解釈、得られた知見の効果的な公表の仕方を実践的に学ぶ。上巻はRプログラミングの基礎、因果関係、測定、予測を取りあげる。

目次 1 イントロダクション（本書の概観，本書の使い方 ほか），2 因果関係（労働市場における人種差別，Rでデータを部分集合化する ほか），3 測定（戦時における民間人の被害を測定する，Rで欠損データを扱う ほか），4 予測（選挙結果の予測，線形回帰 ほか）

岩波書店 2018.3 260p 21cm（A5）2600円 ⓘ978-4-00-061245-6 Ⓝ307

続刊

『社会科学のためのデータ分析入門 下』2018.4

『計量経済学の第一歩―実証分析のススメ』

田中隆一著

内容 計量経済学は、たとえば「少人数教育が子どもの学力を高める」など、世にあふれるさまざまな仮説を検証するための実証分析の役に立つツールです。本書は、最も重要で基本的な回帰分析を中心に、操作変数法、パネル・データ分析などの応用手法まで、直観的な理解を重視し、統計ソフトでの分析例を紹介しながら説明します。本書を読んで、実証分析をはじめましょう！

目次 なぜ計量経済学が必要なのか，第1部 確率と統計のおさらい（データの扱い方―数字に隠された意味を読み取る，計量経済学のための確率論―不確かなことについて語る，統計学による推論―観察されたデータの背後にあるメカニズムを探る），第2部 計量経済学の基本（単回帰分析―2つの事柄の関係をシンプルなモデルに当てはめる，重回帰分析の基本―外的条件を制御して本質に迫る，重回帰分析の応用―本質に迫るためのいくつかのコツ），第3部 政策評価のための発展的方法（操作変数法―政策変数を間接的に動かして本質に迫る，パネル・データ分析―繰り返し観察することでわかること，マッチング法―似た人を探して比

較する，回帰不連続デザイン―「事件」の前後を比較する）

有斐閣 2015.12 274p 21cm（A5）（有斐閣ストゥディア）2000円 ⓘ978-4-641-15028-7 Ⓝ331.19

『1歩前からはじめる「統計」の読み方・考え方』第2版
神林博史著

内容 おしゃべりなネコちゃんと先生が楽しくナビゲートする第2版。データのアップデートに加え、「統計の基本の基本」の解説をさらに充実。

目次 なぜ統計のことを勉強しなければいけないの？，知ってるつもりの世界と統計でみる世界，「びっくりグラフ」にご用心，わかっているようで意外にわかっていない「平均」と「パーセント」，平均だけで大丈夫？「代表値」と「ちらばり」のこと，「関係がある」ってどういうこと？，本当の原因を探してみよう，その統計は信頼できますか？データの6W4H，定義が変わると数値も変わる，誰に聞くかで結果は変わる，その結果は偶然？それとも…？，聞き方しだいで答えは変わる，統計の勘違いに気をつけよう(1)―「数値の意味」編，統計の勘違いに気をつけよう(2)―「統計の解釈」編，「証拠に基づいた議論」を練習しよう

（京都）ミネルヴァ書房 2019.3 330p 21cm（A5）2200円 ⓘ978-4-623-08478-4 Ⓝ350.1

『データサイエンス「超」入門―嘘をウソと見抜けなければ、データを扱うのは難しい』
松本健太郎著

内容 世論調査の秘密、GDPの真実、今どきの若者論のウソ…ニュースで学ぶ、かんたんデータサイエンス！

目次 00 バイアスだらけの私にリテラシーを，01「世界から愛される国、日本」に外国人はどれくらい訪れているのか，02 なぜネットと新聞・テレビで支持率がこんなに違うのか，03 結局、アベノミクスで景気は良くなったのか，04 東日本大震災、どういう状況になれば復興したと言えるのか，05 経済大国・日本はなぜ貧困大国とも言われるのか，06 人手不足なのにどうして給料は増えないのか，07 海外旅行、新聞、酒、タバコ…若者の○○離れは正しいのか，08 地球温暖化を防ぐために、私たちが今できることは何か，09 糖質制限ダイエットの結果とデータにコミットする，10 生活水準が下がり始めたのか、エンゲル係数急上昇の謎

毎日新聞出版 2018.9 207p 19cm（B6）1400円 ⓘ978-4-620-32541-5 Ⓝ350.1

情報の整理と分析

『親子で学ぶ！統計学はじめて図鑑』

渡辺美智子監修・著，青山和裕，川上貴，山口和範著，友永たろイラスト

内容 いま、大注目の「統計学」を楽しく学べる待望の図鑑!!

目次 プロローグ 統計学ってどんなこと？，1章 いろんなデータを統計グラフにしてみよう，2章 なんで平均を出すのが大事なの？，3章 起こりやすさと確率を考えよう，4章 おさらい！統計グラフのポイント，5章 統計グラフを使ってなにが見える？，エピローグ 統計学の未来

日本図書センター 2017.4 143p 26cm（B5）（レッツ！データサイエンス）2400円
①978-4-284-20394-4 ⑥350.1

『今日から役立つ 統計学の教科書』

渡辺美智子監修

内容 統計が解決した課題例を解説！新商品や新メニューの開発に役立つ！統計の落とし穴を見抜ける！現状分析と未来予測に統計は最適！

目次 ホームルーム 統計学を勉強する前に，1限 統計学とは何か？，2限 社会でよく観る統計学の活用例，3限 統計の知識を学ぶ，4限 統計の落とし穴，5限 社会で育まれた統計学，6限 実践しよう！統計学，7限 こんなものまで！統計の活用例

ナツメ社 2016.12 247p 19cm（B6）1300円 ①978-4-8163-6134-0 ⑥350.1

『初めて学ぶ統計』

総務省統計研修所編

目次 第1章 統計とは（統計の意義と役割，統計リテラシーの重要性，統計利用の実例），第2章 データの性質と代表値（量的データと質的データ，度数分布とヒストグラム，平均値，中央値，最頻値），第3章 データの分布と相関（分散と標準偏差，四分位数、箱ひげ図、パーセンタイル，データの標準化，偏差値，散布図と相関係数），第4章 データの見方（統計表の見方，グラフの見方と使い方，比率の見方，時系列データの見方），第5章 行政運営のための公的統計（公的統計の役割，統計制度，全数調査と標本調査，標本抽出法，標本誤差）

日本統計協会 2016.6 133p 30cm（A4）1000円 ①978-4-8223-3876-3 ⑥350.1

『生徒のための統計活用―統計で身近な現象や社会の課題を探究する学習ワークシート スタッツ・フォー・スクール 基礎編』

総務省政策統括官（統計基準担当）付統計企画管理官室編

内容 本書は、中学生以上の生徒のみなさんを対象にした、課題学習や自由研究の取組み方を学ぶ学習ワークブックです。また、本書を通して、身近な統計資料の活用のしかたや統計的な探究プロセスの考え方をやさしい事例で学ぶことがで

情報の整理と分析

きます。

総務省政策統括官（統計基準担当）付統計企画管理官室 2016.5 136p 30cm 486円
①978-4-8223-3879-4 Ⓝ350.1

『入門グラフの世界へようこそ！―あたらしい世界をひらく〈グラフ〉の話』

竹田かずき〔著〕

内容 この本は、先生と生徒の対話形式で、「グラフを描かなくても、グラフ入門ができるように」と書いたものです。私は、このお話のようなことを体験して、グラフが大好きになりました。「グラフを描いて考えると、思いもよらない発見がある」「グラフはものを考える時になくてはならない」とそんなことがきっと見えてくるでしょう。『たのしい授業』の「グラフで見る世界」をもとにしています。グラフ入門に、ぜひ！

目次 第1話 量率グラフ―量と割合を同時に表す，第2話 量平均グラフ―量と平均を同時に表す，第3話 文化の違いが見えてくる⁉―身近なグラフ，第4話 0がないグラフにご用心―グラフは背比べ，第5話 長い時間のグラフ―グラフを比べる意味，第6話 変化をみるグラフ―不思議なグラフ、対数グラフ，第7話 グラフ式年譜，年図――時間を面積で表す，第8話 本当の数とウソの数―だいたいの数を見る

（国分寺）竹田かずき 2015.7 114p 26cm 1620円 Ⓝ350.1

『表とグラフを使おう！―自由研究・プレゼンにチャレンジ 1 やってみよう自由研究・プレゼン』

渡辺美智子監修

内容 学校の授業でも行われる、自分で学んだことをまとめて、人に発表する「プレゼンテーション（プレゼン）」に役立つ知識を勉強することができます。

目次 マンガ 表とグラフで自由研究⁉，気になることをテーマにしてみよう，データはどうやって集めるの？，質問したいことを考えよう，アンケート結果を表にまとめよう，絵グラフでデータを楽しく紹介しよう，まとまったデータから何がわかるか考えてみよう，表とグラフを使ってプレゼンしてみよう

汐文社 2014.11 47p 27×22cm 2400円 ①978-4-8113-2110-3 Ⓝ350.1

続刊

『2 もしも表とグラフがなかったら？』2014.12
『3 いろいろな表とグラフの読みかた』2015.2

情報の整理と分析

『表とグラフの達人講座―はじめて出合う統計の本』

岩崎学監修,こどもくらぶ編

内容 表やグラフは、「統計」を見やすくまとめたものです。テストの平均点やテレビの視聴率、天気予報の降水確率など、わたしたちは毎日さまざまな統計数字に接しながら生活しています。この本を読めば、わたしたちのくらしにかかわりの深い数字のいろいろが、表やグラフをつかうことでわかりやすく「見えてくる」ことが実感できます。そして、自分でも調べごとに役立てたくなるでしょう。ぜひ、表やグラフをつかいこなす「達人」を目指してください。

目次 巻頭特集1 統計とは,巻頭特集2 表とグラフでくらべてみよう(くらべてみよう都道府県,くらべてみよう日本と世界の国ぐに ほか),統計について知ろう!(統計の歴史,国の統計 ほか),表やグラフのつかい方を学ぼう!(一次元表,二次元表 ほか),資料編(統計グラフコンクール,図書館を使った調べる学習コンクール)

同友館 2014.2 95p 26cm (B5) 2800円 Ⓘ978-4-496-05039-8 Ⓝ350.1

『社会調査の実際―統計調査の方法とデータの分析』第12版

島崎哲彦,大竹延幸著

目次 社会調査とは,定量的手法の種類,定量的手法の一般的手順と調査の設計,標本抽出と推計,調査票の設計,調査の実施,集計,データ分析,調査結果の公表と報告書の構成

学文社 2017.1 435p 21cm (A5) 3500円 Ⓘ978-4-7620-2657-7 Ⓝ361.9

『数学嫌いのための社会統計学』第2版

津島昌寛,山口洋,田邊浩編

内容 統計学の本を開いて、思わず閉じてしまったあなた…おそれることはありません。統計を理解するために必要な数学の力は限られています。本書を片手に一つひとつていねいに解いていきましょう。

目次 ウォーミングアップ(社会を数字で捉える―社会調査法と社会統計学,可能性で考える―確率と確率分布),第1部 記述統計(ばらばらのデータを図表にまとめる―度数分布,分布の特性を数字でつかむ―代表値と散らばり,ふたつの離散変数を同時に扱う―クロス表,関連の強さをどう測る?―属性相関,連続変数同士の関連を分析する(その1)―散布図と相関係数,連続変数同士の関連を分析する(その2)―回帰分析,みえない関係を探る―多重クロス表と偏相関係数),第2部 推定統計(全体のなかでの位置を把握する―正規分布,一部から全体を推し量る(その1)―標本平均と中心極限定理,一部から全体を推し量

201

情報の整理と分析

る（その２）―母集団の推定，偶然と必然を見分ける―仮説検定，集団間で違いが
あるか―集団間の差の検定，関連の真偽を判断する―χ^2検定と相関係数の検定）

　　　　　　（京都）法律文化社 2014.9 213p 21cm（A5）2700円 ⓘ978-4-589-03619-3 Ⓝ361.9

『卒論・修論のためのアンケート調査と統計処理』

　　石村光資郎，石村友二郎著，石村貞夫監修

内容　研究テーマの探し方からデータの集め方、データ処理の方法とその結果の
書き方、そして…。卒論なんかこわくない！すぐわかる卒業論文作成のための統
計処理本。

目次　あなたの研究テーマは？，研究計画をたてましょう，データのパターンで
決まる統計処理，アンケート調査票の作り方，アンケート調査結果の入力，人気
No.1の海外旅行先はどこ？―グラフを描きましょう，この意見は、多数派？少数
派？―比率を調べましょう，男女で意見はすれ違う?!―２つの比率に違いがあり
ますか？，意外な関係性!?―２つの項目の関連を調べましょう，今から間に合う
卒業論文！，さらに進んだ統計処理―コレスポンデンス分析と多重応答分析

　　　　　　東京図書 2014.7 204p 21×19cm 2400円 ⓘ978-4-489-02188-6 Ⓝ361.9

『教育・心理・言語系研究のためのデータ分析―研究の幅を広げる統計手法』

　　平井明代編著

内容　一歩進んだ分析を目指す人にSPSSのほかRを含む多数のフリーソフトによ
る解析手順をしっかり解説。APAに準拠した論文への記載例も紹介。

目次　第1章 RStudioの操作とロバスト統計―より現実に即した対処法，第2章
クラスタ分析―データの傾向でグループ化する，第3章 階層線形モデル―階層的
データを分析する，第4章 一般化可能性理論―パフォーマンスの信頼性を予測す
る，第5章 項目応答理論―標本依存と項目依存を克服した測定を実現する，第6
章 ノンパラメトリック検定―名義尺度と順序尺度を分析する，第7章 コーパス分
析―コーパスツールを用いて語句の出現頻度を比較する，第8章 コレスポンデン
ス分析―カテゴリ項目間の関係を図で探る，第9章 質的分析―授業観察を分析す
る，第10章 テキストマイニング―大量の記述式アンケートを分析する

　　　　　　東京図書 2018.12 301p 21×19cm 2800円 ⓘ978-4-489-02306-4 Ⓝ371.8

『図解 統計学超入門』

　　髙橋洋一著

内容　「世の中の仕組み」「お金の流れ」「人々の行動」すべては統計学で見えて
くる！

目次　プロローグ そもそも「統計学」とは？―“お金”と“労力”のムダをはぶく！，
1章 ヒストグラム、平均値、分散、標準偏差―「統計学」は、ここからはじめよう！，

情報の整理と分析

2章 正規分布―もっともポピュラーな「分布の王様」，3章 二項分布―世の中の
"さまざまな現象"がここにある，4章 正規分布と二項分布―「重要」なこの二つ
の分布の関係とは？，5章 視聴率・出口調査のカラクリ―「世の中の不思議」は
統計学で解明される

あさ出版 2018.12 167p 19cm（B6）1400円 ⓘ978-4-86667-104-8 Ⓝ417

『統計のきほん―データがわかる数字に強くなる』

内容 読み切りやすいページ数で、文字数も少なく、価格もお手頃。そんな
Newtonの新シリーズ「Newtonライト」が登場しました。11月刊行は、『統計の
きほん』―データがわかる数字に強くなる―。世の中には、直感では判断できな
い問題があります。そんなときに「統計」が力を発揮します。この本では、どん
な場面で統計が役に立つのかを、やさしく紹介していきます。データや数字に振
り回されないための「統計のきほん」が、いつのまにか身につく一冊です。

ニュートンプレス 2018.11 61p 24cm〈2017年刊の一部修正〉680円
ⓘ978-4-315-52131-3 Ⓝ417

『初めて学ぶデータ分析の教科書』

木下和也, 柳瀬尚司, 清永ゆう子著

目次 第1章 データの整理と計算，第2章 2種類のデータの関係 共分散と相関
係数，第3章 回帰分析（単回帰），第4章 重回帰分析，第5章 リサーチリテラシー
1 単純集計とクロス集計，第6章 リサーチリテラシー2 CS分析によるデータの
可視化

創成社 2018.9 210p 21cm（A5）2350円 ⓘ978-4-7944-2535-5 Ⓝ417

『できる人は統計思考で判断する』

篠原拓也著

内容 新聞、テレビ、ネット…「統計データ」はウソばかり⁉情報格差社会を「強く、
賢く生きる」実践の書。ニッセイ基礎研究所「主任研究員」が教える「頭の整理法」。
「自分の頭で考える力」がつく35のレッスン。

目次 1 その情報は「ウソ」か「本当」か―推測する力（統計思考なら、見えなかっ
たものが、見えてくる，その行列に「何分待つか」一瞬でわかる―「リトルの法則」
で賢い選択をする ほか），2 その戦略は「不利」か「有利」か―決断する力（「仮説」
で考えると、正しい決断ができる，「宝くじで当たったお金」は予想どおり消え
る―「お金の誘惑に負けない」考え方 ほか），3 その選択は「損」か「得」か―本
質を見抜く力（「何が必要で、何が不要か」ラクに選択できる！，確率が「2分の
1」にも「3分の1」にもなる？―物事の「前提を疑う」習慣 ほか），4 そのリス
クは「避ける」か「取る」か―シンプルに考える力（シンプルに考えると、問題
は自然に解決する，保険料に設定される「適度な遊び」とは？―「余白をつくる」
と柔軟に対応できる ほか），5 その結果は「不当」か「妥当」か―柔軟に考える

203

情報の整理と分析

力（見方を「ほんの少し」変えると、頭が柔らかくなる，その「不安」は、どこから生まれるか？―わからないことは避ける「エルスバーグの逆説」ほか）

三笠書房 2018.7 246p 19cm（B6） 1600円 ⓘ978-4-8379-2735-8 Ⓝ417

『ゼロからはじめる！統計学見るだけノート』

永野裕之監修

内容 ビッグデータを活用したい！Excelで仮説検定をしたい！過去データで未来を予測したい！回帰分析について知りたい！イラストで初心者でもすぐに身につく、データ分析の基本。

目次 01 統計学って何？，02 統計学でできること，03 代表値で特徴を把握する，04 標準偏差から割合を求める，05「箱ひげ図」で正確に分析する，06 相関係数で関係性を分析する，07 仮説検定で論理的な答えを出す

宝島社 2018.6 190p 21cm（A5） 1200円 ⓘ978-4-8002-8444-0 Ⓝ417

『統計ってなんの役に立つの？―数・表・グラフを自在に使ってビッグデータ時代を生き抜く』

涌井良幸著，子供の科学編集部編

内容 統計ってむずかしそうだけどみんなの暮らしの中にはいろいろな数や表、グラフが大活躍しているんだって！統計のことが気になるチュータと、顔がグラフになったミライネコが、身近な統計の世界をごあんな〜い。

目次 1 統計を学ぶとどうなる？（広告のカラクリを見抜く，ニュースをクールに見る ほか），2 データをまとめてみよう（資料の整理をしてみよう，度数分布グラフをつくってみよう ほか），3 確率ってなんだ？（確率ってなあに？，やってみた確率 ほか），4 統計で世の中が見える（わずかなデータで全体を見抜く，標本の取り出し方は2通り ほか），5 統計センスをみがこう（お米をまいて円周率がわかる？，コインで確率の自由研究 ほか）

誠文堂新光社 2018.5 155p 21cm（A5）（子供の科学ミライサイエンス） 1200円 ⓘ978-4-416-51817-5 Ⓝ417

『統計学のキホンQ&A100―いまさら聞けない疑問に答える』

ニール・J.サルキンド著，山田剛史，寺尾敦，杉澤武俊，村井潤一郎訳

内容 初心者がいきなりつまずく統計学の用語。基礎から推測統計学まで、100の疑問を精選して1〜2ページで解説。辞書より詳しく、数学なしで基本概念の意味から使い方、Excelを使った計算法まで理解できる、これまでになかったガイドブック。

目次 1 なぜ統計学なのか，2 中心傾向の測度についての理解，3 変動の測度に

ついての理解，4 データの視覚的表現，5 関連性についての理解，6 測定とその重要性についての理解，7 統計学における仮説の役割についての理解，8 正規分布と確率についての理解，9 有意性の概念についての理解，10 群間差についての理解，11 変数間の関係を見る，12 その他の統計的方法

新曜社 2017.9 183p 21cm（A5）〈100 QUESTIONS（AND ANSWERS）ABOUT STATISTICS 〈Neil J. Salkind〉〉1900円 ⓘ978-4-7885-1541-3 Ⓝ417

『目からウロコの統計学―データの溢れる世界を生き抜く15の処方箋』

廣野元久著

内容 統計学は文系・理系を問わず仕事を支える基盤となる技術であり、その役立つ領域は他の学問に比べて圧倒的に広い。その反面、データ分析に関する誤解・誤用が多く、統計学に対する情緒的なアレルギーも多い。われわれは無意識のうちに自身の経験や性格からくる思いグセで、事態をさらに悪化させているケースが多くある。そこで本書は、統計的な考え方を使って、この思いグセを解きほぐす方法を物語（全15話）にしてみた。できるだけ数式は使わずに統計的な考え方の道筋を示してある。かつてない着眼点から観た、まさに『目からウロコの統計学』!!!

目次 感情が誤った結果を生む，統計的な推理，命をお金で買う，ばらつきの利用，グラフの使いこなし，全体像の推理，○×判断からの卒業，根拠のない自信，小さな変化の発見，相関関係の錯覚，知ろうとしないことが想定外，経験から学ぶ壁，選択肢は多いほどよいか，言葉というデータ，データをして語らしめる

日科技連出版社 2017.5 196p 21cm（A5）2600円 ⓘ978-4-8171-9622-4 Ⓝ417

『データ分析の力 因果関係に迫る思考法』

伊藤公一朗著

内容 ビッグデータが存在するだけでは、「因果関係」の見極めはできない。データの扱い、分析、解釈においては、人間の判断が重要な役割を担う―。本書では「広告が売り上げに影響したのか？」「ある政策を行ったことが本当に良い影響をもたらしたのか？」といった、因果関係分析に焦点を当てたデータ分析の入門を展開していきます。序章では、なぜ因果関係を見極めることがビジネスや政策の成功の鍵を握るのか、様々な実例を使いながら解説します。第2章以降では、ランダム化比較試験、RDデザイン、パネル・データ分析など、因果関係に迫る最先端のデータ分析手法について、数式を使わず、具体例とビジュアルな描写を用いて解説していきます。

目次 第1章 なぜデータから因果関係を導くのは難しいのか，第2章 現実の世界で「実際に実験をしてしまう」―ランダム化比較試験（RCT），第3章「境界線」を賢く使うRDデザイン，第4章「階段状の変化」を賢く使う集積分析，第5章「複数期間のデータ」を生かすパネル・データ分析，第6章 実践編：データ分析をビ

ジネスや政策形成に生かすためには?，第7章 上級編：データ分析の不完全性や限界を知る，第8章 さらに学びたい方のために：参考図書の紹介

光文社 2017.4 284p 18cm（光文社新書）780円 Ⓘ978-4-334-03986-8 Ⓝ417

『ダメな統計学―悲惨なほど完全なる手引書』

アレックス・ラインハート著，西原史暁訳

内容 科学者が陥る統計の誤用を分析し，防ぐ方法をレクチャー。ウェブ版に大幅加筆してさらに読みやすくなり，待望の邦訳がついに刊行。実際に統計を使う科学者、科学者を目指す学生，そして仕事で統計を扱う人に向けた必読書！

目次 統計的有意性入門，検定力と検定力の足りない統計，擬似反復：データを賢く選べ，p値と基準率の誤り，有意性に関する間違った判断，データの二度づけ，連続性の誤り，モデルの乱用，研究者の自由：好ましい雰囲気？，誰もが間違える，データを隠すこと，何ができるだろうか

勁草書房 2017.1 185p 21cm（A5）〈STATISTICS DONE WRONG〈Alex Reinhart〉〉2200円 Ⓘ978-4-326-50433-6 Ⓝ417

『高校生からの統計入門』

加藤久和著

内容 データを分析し，それをもとに論理的に考えることは，現代人に欠かせない素養である。成績，貯蓄，格差など身近な事例を用いて，使える統計思考を身につけよう！

目次 第1部 データを集める・眺める・調べる（伸びない英語の成績，みんなの家の貯蓄額って，こんなに多いの？，遅くなった結婚年齢―散らばり度合いを考えよう，広がる格差を確認する方法，関係性を確認しよう，確率分布とは何だ？，推定と検定の考え方，推定と検定を利用してみよう，バラツキの差を考える），第2部 データを考察する・分析する・検証する（散布図に直線を引こう―回帰分析の考え方入門，回帰分析の確からしさを考える，勉強するほど成績は上昇するのか，データをまとめて分析しよう，多くのデータをまとめて扱う，時系列データを扱う方法），付録 論文の書き方と統計分析（実証分析が大事な理由とは，実証分析を使った論文・レポートの書き方）

筑摩書房 2016.5 236p 18cm（ちくまプリマー新書）860円 Ⓘ978-4-480-68959-7 Ⓝ417

『データ分析とデータサイエンス』

柴田里程著

内容 本物のデータサイエンティストになるための、データサイエンスの元祖による待望の書―バイブル登場!!「ビッグデータ」「統計」「データサイエンス」などが大きく取りざたされ，2012年度から高等学校の一年次必修科目でも単元「デー

タ分析」が導入された。2部構成をとる本書の第1部では、高校の「データ分析」の内容と連携し、データ分析の際に最低限心得ておくべき事柄をわかりやすくまとめている。第2部は、第1部の知識を基に、データサイエンスの入門と、さまざまな分野での事例を通したデータサイエンスの実践を詳説している。また、本文をより深く理解できるよう、随所に「演習問題」「傍注」などを多数配置した。

目次 第1部 データ分析（データ，データ分析，データ分布の代表値，箱ひげ図，2変量データ），第2部 データサイエンス（データサイエンス入門，個体の雲の探索，変量間の関係，変量間の相関，確率モデル）

近代科学社 2015.12 260p 24×19cm 3500円 ⓘ978-4-7649-0498-9 Ⓝ417

『この世で一番おもしろい統計学―誰も「データ」でダマされなくなるかもしれない16講+α』

アラン・ダブニー著，グレディ・クラインイラスト，山形浩生訳

内容 もうp値も標準偏差も怖くない！過激なツッコミとユーモアあふれるマンガで統計学だってこんなにわかりやすくなる！ビッグデータ時代を生き残るための最強の入門書。

目次 1 統計を集めよう（はじめに―どうして統計学が必要なの？，数字―あなたを惑わす身近な存在，無作為に集めた生データ―主観という偏見を取り去るべし，並べ替え（ソート）―グラフはデータを「見える化」するためにある，探偵仕事と標準偏差―標本を見極めるための「4種の神器」，化け物じみたまちがい―こっそり潜む「変数」に気をつけろ！，標本から母集団へ―「直接はかれないもの」をはかるにはどうすればいい？），2 パラメータを探そう（正規分布と中心極限定理―データは「釣り鐘形」になる（長い目で見れば），中心極限定理と確率―正規分布が便利な2つの理由，推定―たった1つの無作為標本からヒントを引き出すための「お絵かき」，信頼度―「しっぽ」を切れば，ほしい数値が見えてくる，信頼度の推定を応用しよう―「憎しみ」を数直線にのせて，仮説検定とp値―「当てずっぽう」で見えてくる真実もある，仮説検定を応用しよう―その新しくて魅力的なアイデアは正しいの？，もっと学べば何がわかる？―空飛ぶブタ，よだれエイリアン，爆竹物語，まとめ―統計学者のように考える，おまけ―数学の洞窟へ）

ダイヤモンド社 2014.1 233p 21cm（A5）〈THE CARTOON INTRODUCTION TO STATISTICS〉〈Alan Dabney, Grady Klein〉〉 1500円 ⓘ978-4-478-02605-2 Ⓝ417

『データ分析ってこうやるんだ！実況講義―身近な統計数字の読み方・使い方』

吉本佳生著

内容 大量の統計数字が集まるビッグデータ時代の今だからこそ、ビジネス上のデータ分析の多くで求められるのは、膨大なデータからシンプルな特徴をみつけ

情報の整理と分析

出す、という読解力。統計学を駆使した複雑な分析に頼ることなく、誰でも身につけて使える技術。

目次 はじめに ケータイ会社が学生のいる家族を優遇するのはなぜか？，第1講 テレビと旅行に関するインターネット調査が役立たずなのはなぜか？―ビッグデータ＆統計学ブームの危険性，第2講 米よりパンのほうがインフレ予想に影響が大きいのはなぜか？―折線グラフを読むときの基本，第3講 高学歴のほうが若者の失業率は高いのか？―細かく分けたデータをみるべきとき，みてはいけないとき，第4講 就職難なのに、大学生の就職率が90%超と高いのはなぜか？―錯覚を起こしやすいグラフより表分析を優先，第5講 多機能な家電のほうが値下がりしやすいのはなぜか？―複数のデータから共通性をみつけるコツ，第6講 分散投資のために特定業種の株を買うべきなのはなぜか？―相関係数の意味と活用法，第7講 日本の格差は本当に拡大しているのか？―凝った計算で求めた統計データの疑い方，第8講 若者の免許離れは本当に起きているのか？―ミクロとマクロのデータを組み合わせた分析，おわりに 数字でコミュニケーションを！

ダイヤモンド社 2013.10 277p 19cm（B6）1600円 ⓘ978-4-478-02617-5 Ⓝ417

『実例で学ぶデータ科学推論の基礎』

広津千尋著

内容 語学ができる人は数学も得意？人気の新薬はほんとうに効く？このような推論に欠かせないのが統計科学的アプローチ。本書は著者が関わった実例をもとに、限られた観測データからどのように推論すればよいのかを基礎から解説。そのためのデータの取得や解析法など、すぐに役立つ応用自在な技術を提供する。

目次 誤差を測る？，相関を測る，2×2分割表の活用，検定と信頼区間，タミフル投薬と未成年者異常行動の関連，ゼロトレランス問題―BSE余談，受動喫煙のリスク評価，新薬開発のプロセスと統計学，職業により初診時癌重症度は異なる？，コレステロール低下剤Mは有効か？，血圧日内リズムのパターン分類，副作用情報収集と時系列変化点解析

岩波書店 2018.11 125p 21cm（A5）2000円 ⓘ978-4-00-005704-2 Ⓝ417.6

『学びたい知っておきたい統計的方法―まずははじめの一歩から』

竹士伊知郎著

内容 本書は、統計を学ぼうとする人が最初にぶつかる壁を、楽々と乗り越えてもらうための入門書です。統計的方法の基礎に始まり、実験計画法や相関分析と回帰分析まで、「わかりにくいものを、だれにでもわかりやすく」まとめられています。各章が「まずはここから」編と「もっとくわしく」編に分かれていて、読者の立場やニーズによって、いろいろな読み方・使い方ができます。

目次 第1章 母集団とサンプル，第2章 確率変数と確率分布，第3章 母集団の分布，第4章 基本統計量，第5章 統計量の分布，第6章 検定と推定，第7章 実験計画法，第8章 管理図，第9章 相関分析と回帰分析

日科技連出版社 2018.7 165p 21cm（A5）2500円 ⓘ978-4-8171-9648-4 Ⓝ509.66

まとめ・表現

まとめ・表現

レポート・論文を書く

プレゼンテーション

ディベート・ディスカッション

著作権

まとめ・表現

最後に、論文作成からプレゼンテーション技法、ポスター発表など、研究テーマに即した効果的な発表について考えていきます。どれほど素晴らしい研究成果を残しても、相手に伝わらなければ意味がありません。限られた時間内に、より良い発表を行うための形式・工夫を、ひとつずつ丁寧に確認していきましょう。皆と共有してこその課題研究です。

まとめ・表現

『学生のための思考力・判断力・表現力が身に付く情報リテラシー（FPT1714）』

富士通エフ・オー・エム著・制作

内容 学生の学びに欠かせない「レポート作成」「データ活用」「プレゼン発表」のスキルを磨く！思考力・判断力・表現力を養う演習付き！評価シートを使って、演習の成果物を自分で評価できる！

目次 第1章 レポート作成力を磨く（レポートとはどんなもの？，情報を収集しよう，レポートの構成を考えよう ほか），第2章 データ活用力を磨く（データとはどんなもの？，データから傾向を読み取ろう，グラフを使ってデータを視覚化しよう ほか），第3章 プレゼン発表力を磨く（プレゼンテーションとはどんなもの？，プレゼンテーションの構成を考えよう，訴求力の高い発表資料を作成しよう ほか）

FOM出版 2018.4 130p 26cm（B5）1200円 Ⓘ978-4-86510-343-4 Ⓝ007.6

『学校で役立つ新聞づくり・活用大事典』

関口修司監修

目次 第1章 新聞を見てみよう（新聞のおもしろさ，新聞の役割と特徴 ほか），第2章 新聞をいかそう（まず、スクラップ！，スクラップの活用 ほか），第3章 新聞をつくろう（新聞づくりの目的，制作を始める ほか），第4章 新聞のことをもっと知ろう（新聞社の1日，取材記者の仕事 ほか），資料ページ

学研教育出版, 学研マーケティング〔発売〕2013.2 95p 29×22cm 4500円
Ⓘ978-4-05-500988-1 Ⓝ070

『「ロンリ」の授業』

NHK『ロンリのちから』制作班著，野矢茂樹監修

内容 論理的ってこういうことだったのか！伝わる話し方、上手な説明、賢い切り返し—仕事・人生の問題も、ロジカルに解決。人と深く、強く繋がるちからが身につく！NHK Eテレ人気番組『ロンリのちから』書籍化第2弾！一番やさしい入門の書！

目次 1 見せかけの根拠—「なぜ、そう思うのか？」考えの"根っこ"に注目するとうまくいく！，2 推測の確かさ—「できる限り強い証拠を！」"より確実な答え"にたどり着くのが大事，3 「だから」に反論する—「インチキな"だから"に騙されない！」"根拠の関係"に敏感になる，4 因果関係—「クーラーが売れることが、アイスが売れる原因？」因果関係を捉えるには注意が必要，5 ニセモノの説得力—「そんなの常識だろう！」"決めつける言い方をする人"にも上手に切り返す！，6 事実・推測・意見—「駅前にダサい店ができた」自分の「考え」をあたかも「事実」のように話していないか？，7 問題を整理する—「今どんな問いに基づいて話しているの？」考えるスタートは「問いの発見」！，8 横ならび論法—「みんなそうしているから」"思考停止を招く呪文"に流されない，9 ずれた反論—「論点がずれてる！」相手の主張とちゃんと向き合おう，10 異なる意見を尊重する—「"考えは人それぞれ"で終わらせない！」理解しようと努力することがいちばん大切

三笠書房 2019.1 213p 19cm（B6）1400円 Ⓘ978-4-8379-2764-8 Ⓝ116.1

『論理的な話し方の極意』

齋藤孝著

内容 もやもやしたものに名前をタグ付け。「ヤバい」「超〜」じゃ伝わらない。自分で自分の弁護士になる。「論証図」でトレーニング。一文で心をつかむタイトル。聞き上手は整理上手。要約力を身につけるコボちゃん作文。論理の世界で「3」は意味がある。"検索ごっこ"で数字と仲良く。毒舌は劇薬。"英語構文的"な話し方。「パワー」は論理を凌駕する…直感と閃きを磨きながら、論理力を身につける練習帳。

目次 1章 直感と閃きを鍛えて論理力を高めよう，2章 情報の整理力が論理スキルを上げる，3章 フォーマット思考を身につけよう，4章 要約して伝える技術をマスターする，5章 メディアリテラシーと論理の絶妙な関係，6章 パワーの掟は論理にも勝る

宝島社 2017.7 223p 19cm（B6）1200円 Ⓘ978-4-8002-7234-8 Ⓝ141.5

まとめ・表現

『自分の言葉で語る技術』

川上徹也著

内容 考えをうまく言語化できない、コメントが平凡になりがち…。著書累計50万部のコピーライターが、そんな悩みを解決する56のコツを紹介。会議、プレゼン、メール、スピーチなど言葉を使うあらゆる場面で一目置かれるようになれるはず！

目次 「自分の言葉で語れない人」は、一生損をする，ちょっとした勇気とコツと訓練で「自分の言葉で語る技術」は習得できる，「自分の言葉で語る技術」とは、自分の言葉で語っているように見える技術，自分で書かなくても「自分の言葉」になる不思議，タレントとマネジャーの2役で考える，コピペの言葉では、人のキモチは動かない，体験は、自分の言葉を生み出す原動力だ，されど体験は、量だけではない，視点を増やすと、自分の言葉が増える，正しいことは、大抵つまらない〔ほか〕

朝日新聞出版 2018.6 219p 15cm (A6) (朝日文庫) 600円 ⓘ978-4-02-261930-3 Ⓝ336.49

『心理学者が教える読ませる技術・聞かせる技術—心を動かす、わかりやすい表現のコツ』

海保博之著

内容 会議での提案、学会発表、講演、道の案内板、上司の指示、コンピュータからのメッセージ、大学の教科書、商品のマニュアル（取扱説明書、操作説明書）、企画書、案内の地図や標識などなど。「どうすればわかりやすくなるか」を認知心理学の知見をフル活用して解説！

目次 認知表現学の基礎（わかる技術の基礎—人間の情報処理システム，表現の目的—自分を知る・心を解放する・伝える，表現する前に頭の中で起こっていること，さまざまな「わかり方」「わからせ方」），認知表現学の実践（気持ちを引き込む表現の工夫—「わかりたい」「わかりそう」と思わせる，相手の知識の世界に配慮する，「読みたい」「聞きたい」気持ちにさせる表現の技術）

講談社 2018.7 235p 18cm (ブルーバックス) 1000円 ⓘ978-4-06-512463-5 Ⓝ336.5

『「コミュ障」だった僕が学んだ話し方』

吉田照美著

内容 外出すれば道端の人が自分の悪口を言っているのではないかと怯え、人前に出ればアガってしまい一言も発することができないまま、場を後にする—。青春時代、そんな「コミュニケーション障害」、俗にいう「コミュ障」に苦しんでいた吉田照美が、悩みぬいた末にたどりついた「コミュ障ならではの会話術」を初めて明かす。「滑らかな語り」をもてはやす現代の風潮に抗う、「うまく喋ることを目指さない」話し方、そして吉田の考えるコミュニケーションの本質とは。

まとめ・表現

目次 第1章 僕は「コミュニケーション障害」だった（人と話をすることにずっと壁を感じていた，ノイローゼで幻聴まで聞こえた学生時代 ほか），第2章 テクニックを磨かなくても「いい話し方」はできる（まずは自分のしゃべりの「型」を持とう，話し方はテクニックだけではない―話に起承転結を付ける ほか），第3章 頭がいい人の話し方（「伝える力」があるのが頭がいい人，苦手な人は会話力を磨いてくれる ほか），第4章「質問する力」は最強の武器になる（退屈な話も質問次第で面白くなる，「聞く力」＝「質問力」である ほか），第5章 微妙に避けたい話し方（声のいい人は自分のしゃべりに酔いやすい，会話のNGワード ほか）

集英社 2017.12 215p 18cm（集英社新書）740円 ⓘ978-4-08-721013-2 Ⓝ361.454

『話し方ひとつでキミは変わる』

福田健著

内容 会話が苦手、人前であがってしまう…というキミへ。1回できちんと伝わる、とっておきのルール！ベストセラー『人は「話し方」で9割変わる』の著者が、相手に必ず伝わる話し方を教えます。

目次 第1章 だれでも話し上手になれる（話をするときは、必ず「相手」が存在する，「対面」でしか伝わらないことがある ほか），第2章 相手が話しやすい人になろう（人の話を「聞く」ことも大切な表現，聞き上手はこんなに得をする ほか），第3章 もっと会話を楽しもう（会話の始まりはあいさつから，「ありがとう」と言うことの深い意味 ほか），第4章 聞く人の心をつかむスピーチ上手になろう（キミは、会話派？それともスピーチ派？，スピーチは準備で決まる ほか），第5章 ていねいな言葉を身につけよう（なぜ敬語があるかを考えてみよう，大事なのは「ていねいさ」の表現 ほか）

PHP研究所 2017.8 127p 19cm（B6）（YA心の友だちシリーズ）1200円
ⓘ978-4-569-78695-7 Ⓝ361.454

『考える・まとめる・表現する―アメリカ式「主張の技術」』

大庭コテイさち子著

内容 コロンビア大学教育者大学院で教育学を研究し、世界約170カ国が参加するグローバルサイト"キッズスペース"代表者が解説する説得の論理テクニック。1960年代以降に生まれたアメリカ人なら誰でも学んだ教育メソッドを体系的に日本初紹介。

目次 第1章 考えを伝えるスタイル，第2章 組み立てて考える技術，第3章 まとめる・表現する技術，第4章 明快に表現する技術，第5章 ディベートにみる主張の技術，巻末資料 アメリカの語学教育と教育制度―留学してから役に立つ参考情報，練習問題と解答例

NTT出版 2009.3 207p 21cm（A5）2200円 ⓘ978-4-7571-2231-4 Ⓝ361.454

まとめ・表現

『調べてまとめて新聞づくり 4 研究したことを新聞で発表しよう』

竹泉稔監修

目次 1 新聞づくりで学びを深めよう（なぜ新聞にまとめるの？，どうまとめたらいいの？，新聞をつくる手順），2 調べたことを新聞にまとめよう（環境新聞，国際理解新聞，平和新聞，福祉新聞，未来発見新聞，自由研究新聞），3 遠足や宿泊行事の新聞をつくろう（どんな活動をしたの？，校外学習で学べることは、いろいろ）

ポプラ社 2012.3 47p 29×22cm 2800円 ⓘ978-4-591-12803-9 Ⓝ375.19

続刊
『1 新聞ってどんなもの？』
『2 新聞のつくり方・見せ方』
『3 授業のまとめ新聞をつくろう』
『5 学級新聞・学校新聞をつくろう』

『「わかりやすさ」の勉強法』

池上彰著

内容 こうすれば伝わる！テレビで培った池上流トレーニング。

目次 第1章 テレビでプレゼンのヒントを学ぶ―テレビはプレゼンの勉強材料の宝庫だ，第2章 話のキモ（中心テーマ）を見つけよう―伝えるべき中心テーマに気づけば、成功したも同然，第3章 プレゼン力を伸ばす―相手の頭の中に「絵」を描く，第4章 新聞の読み方、ネットの使い方―じっくり熟読、記事を切り抜き，第5章 クリアファイルで情報整理―持ち運べる"編集機"，第6章 本の読み方―本を「仕事の先輩」として活用する，第7章 ノートのとり方、メモのとり方―アナログだって有効だ，第8章 わかりやすい文章を書くために―「わかりにくい説明」を見つけてみよう，第9章 聞き上手は伝え上手になれる―まずは相手の話を聞いてから，第10章 時間を有効に使ってみよう―細切れ時間も利用次第

講談社 2010.6 219p 18cm（講談社現代新書）720円 ⓘ978-4-06-288054-1 Ⓝ379.7

『研究者として生きるとはどういうことか』

杉山幸丸著

内容 科学研究は天才や特別な秀才だけのものではない。いかに「好き」から「成果」へと導くか。生物学を根本から揺るがす「サルの子殺し」を発見した著者が、これから科学を目指そうとする若者たちへ伝えたいこととは何だろうか。

目次 科学者の始まり，分野とテーマの選択，普遍と特殊，例外は大きな法則への第一歩，科学研究とは何をすることか，新しいアイディアと情熱・執念・努力，プレゼンテーションは就職活動，論文作成，研究指導，研究費の獲得〔ほか〕

東京化学同人 2018.6 150p 19cm（B6）（科学のとびら 63）1300円 ⓘ978-4-8079-1504-0 Ⓝ407

まとめ・表現

『わかりやすく情報を伝えるための図とデザイン』

PIE BOOKS編著

内容 情報を魅力的に視覚化する、インフォグラフィックスが満載！必要な情報を取捨選択、整理し、わかりやすく伝える、図やイラストを用いた表現方法のヒントになる本。

目次 グラフ・チャート，仕組み，やり方・作り方，マップ，外国人向け，ピクトグラム

パイ インターナショナル 2016.12 218p 26×20cm 5800円 Ⓘ978-4-7562-4840-4 Ⓝ727

『はじめの1分で信頼を勝ち取る声と話し方』

テレビ朝日アスク著

内容 日本一多くのアナウンサーを育てる言葉のプロたちが教える、「声」と「話し方」の極意。

目次 PROLOGUE 声と話し方が変われば信頼される人になれる！（よい声と話し方は信頼感をもたらす，声を変えると印象が変わり話し方を変えると人生も変わる ほか），1 魅せられる声になる！発声の基本（本来の体の使い方ができればもっと魅せられる声になる，発声の基本1―姿勢 声を出しやすい姿勢を身につける ほか），2 信頼される！人づきあいをスムーズにする話し方（すべての会話の基本は「話の聞き方」にある，状況に応じて声・言葉・表現を選択して話す ほか），3 現場に学べ！声と話し方のプロのノウハウを伝授（忙しくても常に備える！ベテランアナウンサーの心がけ，テレビ朝日のアナウンサーに聞く ほか）

学研プラス 2018.5 191p 19cm（B6）1400円 Ⓘ978-4-05-406628-1 Ⓝ809.2

『発表・スピーチに自信がつく！魔法の話し方トレーニング 1 おなかの中から声を出そう！』

白石謙二著，常永美弥絵

内容 腹式呼吸で大きく息を吸おう。体も顔も準備体操でリラックス。

目次 "魔法の話し方"で自信まんまんに！，あなたの声は、どんな声？，こんなときは、どんな声？，声が出るしくみ，おなかの中から声を出そう，声を出す前に、体のリラックスたいそう，口とのどの準備運動，早口言葉で、くちびると舌のトレーニング，顔全体のウォーミングアップ，正しい呼吸は、はききることから，呼吸をしっかり息を長ーくはくトレーニング，腹式呼吸をおぼえよう，腹式呼吸を腹式発声に，声出る出るトレーニング，自己紹介をしてみよう，もっと大きな声を出したい！，早口をなおしたい！，もっとスムーズに話したい！，伝わる声になったかな？

汐文社 2018.2 47p 27×22cm 2400円 Ⓘ978-4-8113-2450-0 Ⓝ809.2

まとめ・表現

続刊
『2 授業で自信まんまん！』2018.3
『3 どんな舞台でもへっちゃら！』2018.3

『知的な伝え方―頭がこんがらがってうまく話せない時に試してほしい』

出口汪著

内容 論理の力で「わかりやすい！」と言われる人になる。話しベタの著者をカリスマ国語講師に変えた技法。

目次 第1章 頭がいい人の「伝え方」は何が違うのか（結果を出す人の「伝え方」の秘密，伝え下手には「他者意識」が欠けている ほか），第2章 知的に見せる話し方（頭に浮かんだことをそのまま話さない，まず要点を明確にする ほか），第3章 一瞬で伝わる！知的文章術（「書く力」が必要な時代，話すように書いてはいけない ほか），第4章 伝える力を、さらに高める（論理の基本は「読む」，文学の効能 ほか）

大和書房 2017.7 194p 19cm（B6）1300円 Ⓘ978-4-479-79570-4 Ⓝ809.2

『"超入門"説明術―複雑なことでもスッキリ伝わる』

木山泰嗣著

内容 「教科書の順番をぶちこわす」「相手のツッコミを予想してコメントする」「超重要なものをピックアップして話す」など、意識すればすぐに使える方法が満載。説明の仕方を変えるだけで、グンと伝わりやすくなる！

目次 序章「わかりやすい説明」は、なぜ必要なのか？，第1章 話し方の印象を工夫する，第2章 オリジナリティを出し、「ほかとは違う話だな」と思わせる，第3章 たくさんある情報を思いきって厳選する（絞り込む），第4章 目からウロコが落ちるほどに、内容の解説をわかりやすくする，第5章 相手のレベルに合わせて説明をする，第6章 心を揺さぶるような伝え方をして、インパクト（強い印象）を与える，第7章 アドリブ感・臨場感をかもし出す（いま1回きりの話だと思ってもらう），第8章 単純にする，第9章 根拠があること、思いつきではないことを示す

日本実業出版社 2013.8 238p 19cm（B6）1400円 Ⓘ978-4-534-05103-5 Ⓝ809.2

『学生のための言語表現法』

伊中悦子，高崎みどり編

目次 自己紹介スピーチ，ノートのとり方，ゼミナールの受け方の基礎，はじめてのレポート，会議のもち方，討論の仕方，手紙の書き方―目上の人に手紙を出す，いろいろな文章の書き方のポイントと実例，卒業論文（卒業研究）のすすめ方，理科系のためのゼミナールの受け方およびノート作成上の注意，理科系のための

まとめ・表現

レポート・論文作成上の注意

暁印書館 2016.3 222p 21cm（A5）1800円 ⓘ978-4-87015-525-1 Ⓝ816

『論文・プレゼンの科学—読ませる論文・卒論、聴かせるプレゼン、優れたアイディア、伝わる英語の公式』増補改訂版

河田聡著

目次 第1部 論文の科学—何行目まで読んでもらえるかが勝負（作文は理科である，語りかけるように書く ほか），第2部 プレゼンの科学—聴衆のために聴衆に話す（誰に話すのか？，初めての学会発表：プログラムを解読する ほか），第3部 論文・プレゼンの科学 中級編（学術論文を書こう（まず雑誌選びから），論文のスタイルを読み解く（投稿ガイドラインに従う）ほか），第4部 アイディアの科学（アイディア創造力を鍛える論文の読み方，まねからサイエンスは生まれない ほか），第5部 英語の科学—発音は下手でも通じる（語学は努力ではなく，科学である，5分間の丸暗記 ほか）

アドスリー，丸善出版〔発売〕2016.2 209p 21cm（A5）1500円 ⓘ978-4-904419-59-5 Ⓝ816.5

レポート・論文を書く

『学術論文の読み方・まとめ方—心理学を学ぶ人のために』

三井宏隆著

目次 1 文献研究とは何か（文献研究の位置づけ，人文・社会科学における研究の進め方，文献研究の勧め），2 文献研究の手順（研究テーマの絞り込み，文献の検索，議論の組み立て，議論の肉付け（証拠固め），執筆・推敲する），3 論文の読み方（アブストラクト（英文要約）を読む，学術用語を理解する，論文の形式に慣れる，要点を押さえる），4 論文のまとめ方（先行研究をまとめる，論点を整理し，問題の解決を図る，従来の研究を踏まえて，新たな理論化を図る），5 先行研究のレビューから文献研究へのステップアップ（文献研究の実例，総括）

慶應義塾大学出版会 2010.2 105p 19cm（B6）1000円 ⓘ978-4-7664-1720-3 Ⓝ140.7

『学生による学生のためのダメレポート脱出法』

慶應義塾大学教養研究センター監修，慶應義塾大学日吉キャンパス学習相談員著

内容 本書では、実際に慶應義塾大学の学習相談に寄せられた質問を元に、「学生の目線」でレポート・論文執筆のポイントやノートの取り方、レポート提出までのスケジューリングなど、大学生に必要な学習ポイントを解説した、全ての大学生のための入門書です。

目次 第1部 基礎編（レポートってそもそも何？何をすればいいの？，提出まで時間がない！最低限やるべきことは？，参考文献って何？どう使うの？どう書くの？，他人の考え（引用）だらけ！どうしたらいい？，「自由に論ぜよ」って言われても，一体どうすればいいの？，資料がうまく見つからない！これって探し方が悪いの？），第2部 発展編（ノートの取り方・活用の仕方，スケジューリングの方法，ダメレポートを改稿する，書評レポートの書き方，プレゼンテーションへの応用）

慶應義塾大学出版会 2014.10 180p 21cm（A5）（アカデミック・スキルズ）1200円
①978-4-7664-2177-4 Ⓝ377.9

『理系のためのレポート・論文完全ナビ』 新版

見延庄士郎著

内容 読んでわかるとは、パズルのピースをはめること。レポート・卒論の流れ、図表作成、ネット情報検索、トピック・センテンス、トップ・ヘビー、並列性、論点メモ、論文検索法…みんな覚えてしまいましょう。目次の立て方、図表の作り方、文献の書き方など、理系なら絶対に知っておくべきルールがわかる！書き方例文150本を紹介。

目次 第1部 実験レポート・卒業論文の内容（実験レポートの構成と内容，卒業論文の構成と内容，ちょっと細かいけど必要な形式，図表〜理系論文の核），第2部 実験レポート・卒業論文の文章─ぱっとわかる文章を（わかりやすい文章とは，トピック・センテンスで予想させる，並列性で予想させる，スムーズな配置，個々の文を明快にするには，力強くいこう，こういうのはやめよう），第3部 実験レポート・卒業論文の作成準備（インターネット情報の利用，インターネットで用語検索，インターネットで論文情報検索（Web of Science, Scopus, Google Scholar）），第4部 実験レポート・卒業論文の執筆（論点メモをつくろう，Write!─書くことは考えること，チェック─書くことは直すこと，チェック・リスト）

講談社 2016.2 168p 21cm（A5）1900円 ①978-4-06-153158-1 Ⓝ407

『実験レポート作成法』

畠山雄二，大森充香訳

内容 仮説と実験の関係とはいかなるものか？剽窃をしないためにはどうしたらいいか？観察の理論負荷性とは何か？─今まであるようでなかった、そして教えてもらいたかったが、なかなか教えてもらうことができなかった「実験レポートの書き方」と「参考文献リストのつくり方」などに関するノウハウを満載。Cambridge University Pressから刊行されている定番書の待望された翻訳。これで実験レポートは完璧に書ける。

目次 1 レポートの下書きをする─レポートのフォーマット（まずは書いてみよう，イントロダクション，材料と方法，結果（その1）：グラフと表，結果（その2）：

まとめ・表現

文章を書く，実験結果を評価する：考察を書く前に…，考察，要旨），2 レポートを完成させる―レポートのスタイル（下書きを書き直す，先行研究の引用と参考文献リスト），付録 論文・実験レポートの添削例

丸善出版 2011.12 100p 21cm（A5）〈原書名：Successful Lab Reports：A Manual for Science Students〈Christopher S.Lobban, Maria Schefter〉〉1800円 Ⓘ978-4-621-08498-4 Ⓝ407

『生命倫理のレポート・論文を書く』

松原洋子，伊吹友秀編

内容 どのような問いを立てるか，どのような方法で答えればよいか、「である」と「べき」を分けて考えているか、論文に必要な要素をもっているか。生・老・病・死にまつわる問題を、考えて、書くために。

目次 はじめに―生命倫理ってなんだ？，1 生命倫理について書くために（生命倫理はなにを問うのか，生命倫理学の論文を書くためのポイント，生命倫理の研究を探してみよう，倫理的に書くために知っておきたい基本ルール），2 生命倫理の問題への多様な答え方（当事者の意識や世論のあり方を調べる，いまをとらえなおすために歴史を振り返る，法について調べたり考えたりする，価値について議論する），おわりに―生命倫理学の研究へ

東京大学出版会 2018.4 189p 21cm（A5）2500円 Ⓘ978-4-13-062420-6 Ⓝ490.15

『音楽の文章術―論文・レポートの執筆から文献表記法まで』改訂新版

リチャード・J.ウィンジェル著，宮澤淳一，小倉眞理訳

内容 主題の設定、情報検索、目次構成、引用法など、論文作法の決定版。他分野にも使える詳細な文献・資料の表記法つき。

目次 第1部（なぜ「音楽について書く」のか，様式分析と各種のテーマ），第2部（リサーチに着手しよう，レポートを書く，書式について），第3部（ゼミ発表，演奏会レポート，曲目解説（プログラム・ノート），論述試験），第4部（文章のスタイル，よくある誤り）

春秋社 2014.6 247,113p 21cm（A5）〈原書名：Writing about Music：An Introductory Guide, 4th Edition〈Richard J. Wingell〉原書第4版〉2800円 Ⓘ978-4-393-93785-3 Ⓝ760.7

『映画でレポート・卒論ライティング術』

小野俊太郎著

内容 文学・文化学科系学生の映画を題材としたレポート・卒論執筆に役立つことを目的に、21世紀公開作品を例にあげ、「目のつけどころ」と「論文の書き方」をわかりやすく解説した待望の一冊。

目次 第1部 映画のどこに目をつけるのか（物語としての映画，映像や音としての映画，映画が文化や社会とつながる，映画の誕生と展開），第2部 映画のレポー

219

まとめ・表現

トや卒論の書き方（映画から材料のメモを作ろう『スタンド・バイ・ミー』，議論するテーマを決めよう『風と共に去りぬ』，映画の関連情報を調べよう『未知との遭遇』，実際に議論を展開しよう『プラダを着た悪魔』），おわりに　トップダウンからボトムアップへ

松柏社 2011.3 216p 19cm（B6）1800円 ①978-4-7754-0171-2 Ⓝ778.07

『文章が変わる接続語の使い方─文の論理は接続語で決まる』

沖森卓也著

内容　接続語の役割・効果的な使い方・ニュアンスの違いを豊富な例文で解説。報告書・企画書・論文・レポート作成に必携。洗練された文章・相手にわかりやすい文章をめざす。

目次　接続語によって文をつなぐ，接続語を分類する，条件を仮に設定して述べる（仮定），順当な帰結を述べる（帰結），原因を示して結果を述べる（因果），前後で矛盾する内容を述べる（逆接），重ね加えて述べる（累加），続いて起こることを述べる（継起），いきさつを整理して述べる（経緯），すでに決まっている結論を述べる（既定），対等の関係で並べて述べる（並立），どれかが該当するように述べる（選択），別の表現で言い換える（換言），例を示して述べる（例示），比べ合わせて述べる（比較），順序立てて述べる（順序），条件や例外を述べる（制限），関連する事柄を付け加える（補足），根拠を後で述べる（根拠），別の話題に移る（転換）

ベレ出版 2016.12 343p 19cm（B6）1700円 ①978-4-86064-496-3 Ⓝ815.6

『頭のいい文章術─もう、わかりにくい文章で損しない！』

樋口裕一著

内容　何からどう書けばいいかわからない報告書もレポートも小論文も、秘伝のフォーマットを使えば伝わる文章がスラスラ書ける！文章がヘタな自覚はあるが、どこをどう直せばいいかわからない─そんな悩みを抱える人ほど劇的に評価が変わる、「頭のいい文章スタイル」が身につく本。

目次　第1章「文型」で伝わる文章を書く，第2章 短くシンプルにまとめるには「二大心得」から，第3章 誤解されない文章に変わる「ベーシック文型」，第4章 説得・主張が得意になる「黄金文型」，第5章 ポイントを強調できる「メリハリ文型」，第6章 共感させ、心を動かす「リアリティ文型」，第7章 長めの文章もサッと処理できる「構成の型」，第8章 嫌われずに本音をズバリ！「状況別一行フレーズ」，第9章 永久保存版 困ったときに役立つQ&A集

大和書房 2018.12 253p 15cm（A6）（だいわ文庫）〈『「伝わる文章力」がつく本』再編集・改題書〉680円 ①978-4-479-30735-8 Ⓝ816

まとめ・表現

『13歳から身につける一生モノの文章術』

近藤勝重著

内容 作文、入試問題、レポート、報告書、メール、手紙…、あなたの人生についてまわる「文章力」を"考えたことをどう文字化するか"という根本から鍛える1冊。

目次 「書く力」=「考える力」,話の核心を考えてから書く,頭の整理はペンを持ってする,現在・過去・未来—時系列に書く,直接その表現を使わずにその内面を伝えてみよう,例え上手になろう,細部を描写する,読点はどう打てばいいのか,正しい言葉を使う,自分との対話をする,これで社会人としての基礎ができる,愛子さまの作文

大和出版 2017.7 190p 19cm (B6) 1300円 Ⓘ978-4-8047-6279-1 Ⓝ816

『日本語の作文技術』 新版

本多勝一著

内容 「目的はただひとつ、読む側にとってわかりやすい文章をかくこと、これだけである」。修飾の順序、句読点のうちかた、助詞の使い方など、ちゃんとした日本語を書くためには技術がいる。発売以来読み継がれてきた文章術のロングセラーを、文字を大きく読みやすくした新装版。

目次 第1章 なぜ作文の「技術」か,第2章 修飾する側とされる側,第3章 修飾の順序,第4章 句読点のうちかた,第5章 漢字とカナの心理,第6章 助詞の使い方,第7章 段落,第8章 無神経な文章,第9章 リズムと文体

朝日新聞出版 2015.12 323p 15cm (A6) (朝日文庫) 600円 Ⓘ978-4-02-261845-0 Ⓝ816

『伝えるための教科書』

川井龍介著

内容 大学生や社会人になると、レポートや報告書、メールや手紙など、実用的な文書を書く機会が増えます。実用的な文書で大切なのは、なにより相手に伝わること。この本では、学校では教えてくれない「伝わる」文書の書き方を、シンプルな6つの心得と、身近な9つの場面で、やさしく学びます。受験や就職活動でもきっと役に立ちますよ。

目次 1「伝える」ための心得六カ条(まず相手のことを考えよう,テーマと見出しを意識しよう,大事なことから先に伝えよう,相手に見えるのは「文字」だけ,文章の「仕分け」をしよう,理解不足のことは伝わらない),2 ケース別・実践編(質問・問い合わせ—フェスの出番がわからない,苦情—スマホがすぐ壊れた!,謝罪・お詫び—図書館の本をなくしちゃった,返礼・お礼—受験の前に泊めてもらった,依頼・呼びかけ—職業体験の受け入れをお願いする,伝言—おじいさんのペンショ

まとめ・表現

ンで電話番を頼まれた，報告―卒業生が講演にやってきた，説明―学校案内をしよう，企画・提案―イベントの企画書をつくってみよう）

岩波書店 2015.1 228p 18cm（岩波ジュニア新書）840円 ⓘ978-4-00-500794-3 Ⓝ816

『はじめよう、ロジカル・ライティング』

名古屋大学教育学部附属中学校・高等学校国語科著，戸田山和久執筆協力

目次 第1部 ウォーミングアップ編（意見文とは、「関係」を考える），第2部 基本編（意見文のつくり、「話題」と「主張」を書く ほか），第3部 発展編―他者の成果を生かして考える方法（他者の考えとよりよく関わるために、要約から吟味、提案へ ほか），第4部へのブリッジ（資料や他者の意見を取り込むために―引用の方法），第4部 課題集

ひつじ書房 2014.5 213p 26cm（B5）1600円 ⓘ978-4-89476-700-3 Ⓝ816

『伝わる文章の書き方教室―書き換えトレーニング10講』

飯間浩明著

内容 ことばの選び方や表現方法、論理構成をちょっと工夫するだけで、文章はぐっとよくなる。ゲーム感覚の書き換えトレーニングを通じて、相手に「伝わる」文章のコツを伝授する。

目次 第1章 語彙力をつけるレッスン（適切なことばを選ぼう―特定の音を使わずに書き換える，語感を意識しよう―和語と漢語とを互いに書き換える，むだのないことばを選ぼう―決まった字数で書き換える），第2章 表現力をつけるレッスン（誰の行為かをうまく表そう―主語を使わずに書き換える，独り合点を避けよう―必要十分な内容に書き換える，描写力をつけよう―視覚情報を文章に置き換える），第3章 論理力をつけるレッスン（前後の論理関係を考えよう―一続きの文に書き換える，客観的に書こう―感想を含まない文に書き換える，論理の型を知ろう―「だから型」を「なぜなら型」に書き換える），まとめ 難解な文章を「伝わる」ように書き換える

筑摩書房 2011.1 191p 18cm（ちくまプリマー新書）780円 ⓘ978-4-480-68853-8 Ⓝ816

『中高生からの論文入門』

小笠原喜康，片岡則夫著

内容 探究力・構築力・表現力を磨くには？論文術・図書館学習の第一人者がわかりやすく解説。学校の探究学習、卒業論文、新・大学入試対策にも最適！この一冊さえあれば、だれでも論文が書ける。

目次 はじめに 論文を書いてみましょう，1 論文作成の基本の基本―学びの大航海へ出発！，2 テーマの設定―自分の課題の絞り方，3 論文の基礎単位「ピース」

222

まとめ・表現

をつくる，4 論文資料のあつめ方―先人に学び乗り越えるために，5 論文作成の
ルール，6 わかる文章・わかってもらえる論文にするために，7 発表とふりかえり，
付録 論文チェックシート

講談社 2019.1 222p 18cm（講談社現代新書）840円 Ⓘ978-4-06-514415-2 Ⓝ816.5

『5日で学べて一生使える！レポート・論文の教科書』

小川仁志著

内容 文章を書くのってむずかしいと思っているそこのあなた！この本には、そ
んな人のために必要なすべてが詰まっています。情報の探し方、本の読み方から、
人を動かす日本語の書き方まで。日々大量の添削をこなす小川先生が徹底伝授し
ます！

目次 はじめに―なぜわざわざレポートや論文の書き方を学ぶの？，第1日 大学
生のお作法―アカデミックライティングを知ろう！，第2日 書き方の基本―まず
はこれを押さえよう！，第3日 最低限のルール―面倒だけどかっこいい！，第4
日 具体的な書き方―これが虎の巻！，第5日 よりよいものを書くための方法―こ
こまでできればバッチリ！，おわりに―課題解決型授業とレポート

筑摩書房 2018.11 190p 18cm（ちくまプリマー新書）780円 Ⓘ978-4-480-68335-9 Ⓝ816.5

『レポート・論文の書き方入門』第4版

河野哲也著

内容 初版以来、支持され続けてきたベスト＆ロングセラーを約15年ぶりに改訂。
「テキスト批評という練習法」の解説を充実させ、注の形式に関する説明を整理・
更新、参考文献とその解題も一新したほか、著者の講義経験に基づき記述内容も
アップデートしました。好評を博した明快な語り口調やコンパクトにまとまった
構成はそのままに、より理解しやすく使いやすくなった、初心者にベストの1冊
です。

目次 1章 大学での勉強とレポート・論文の書き方―はじめてレポートを書く人
のために（本書の目的と特徴，大学の教育とレポート・論文の書き方，レポート・
論文の有用性，本書の構成），2章 テキスト批評という練習法（テキスト批評と
は何か？，なぜ本（テキスト）を読むのか？，テキスト批評の仕方，テキスト批
評の効果），3章 論文の要件と構成（論文とは何か？，レポートとは何か？，レポー
トを書く際の注意，論文の構成部分とその順序，各部分で何を書くか？，その他
の構成方法），4章 テーマ・問題の設定、本文の組み立て方（テーマ・問題の設定，
本文の組み立て方），5章 注、引用、文献表のつけ方（注のつけ方，注記号（番号）
と注欄のつけ方，引用の仕方，注欄における，文献表の作り方，欧文略号・略記
一覧）

慶應義塾大学出版会 2018.7 121p 21cm（A5）1000円 Ⓘ978-4-7664-2527-7 Ⓝ816.5

まとめ・表現

『アカデミック・ライティングの基礎―資料を活用して論理的な文章を書く』

西川真理子,橋本信子,山下香,石黒太,藤田里実著

内容 資料をうまく活用しながら、その中で自分の興味を発見し、「問い」を立て、自分の「主張」を読み手にきちんと伝える論理的な文章が書けるようになることを目標とする、アカデミック・ライティングの基礎づくりのテキスト。

目次 1 表現に慣れる,2 資料になじむ(資料の種類を知ろう,図書館を利用しよう,参考図書を活用しよう,プレゼンテーションしよう ほか),3 レポートを体験する(レポートを書く目的と効果を理解しよう,レポートの特徴をつかもう,レポートを書いてみよう,レポートをチェックし合おう―ピア・レスポンス― ほか)

(京都)晃洋書房 2017.4 140p 26cm (B5) 1700円 ⓘ978-4-7710-2886-9 Ⓝ816.5

『日本語の論文力練習帳』

倉八順子著

目次 第1章 アカデミック・ライティングの基礎 200字で述べる(「アカデミック・ライティング」とは,「アカデミック・ライティング」),第2章 記述:400字〜500字で述べる(「記述」とは,「記述」),第3章 小論文 800字〜1000字で述べる(「小論文」とは,「小論文」),第4章 アカデミック・ライティングの実例―志望理由書・自己推薦書・研究計画書(志望理由書・自己推薦書・研究計画書とは,志望理由書,自己推薦書,研究計画書),第5章 アカデミック・スピーキング 5分で伝える(スピーチの内容,スピーチの構成,スピーチの表現法,アカデミック・スピーキングの評価)

古今書院 2015.5 100p 26cm (B5) 2400円 ⓘ978-4-7722-6115-9 Ⓝ816.5

『思考を鍛えるレポート・論文作成法』第2版

井下千以子著

内容 初歩から応用まで、本物の「書く力」「考える力」を身につける!

目次 第1章 レポート・論文を書く前に,第2章 説得力のあるレポート・論文を書くために,第3章 レポートを書く,第4章 論文を書く,第5章 レポート・論文の作法を学ぶ,第6章 プレゼンテーションを成功させる,付録

慶應義塾大学出版会 2014.3 156p 21cm (A5) 1200円 ⓘ978-4-7664-2107-1 Ⓝ816.5

まとめ・表現

『論文作成のための文章力向上プログラム―アカデミック・ライティングの核心をつかむ』

村岡貴子，因京子，仁科喜久子著

内容 多様なタスクの演習により、論文執筆能力が飛躍的にアップ。特に、学習者同士の協働を通して、巨視的な視点や向上心を獲得することを重視した画期的なテキスト。別冊解説により独習にも適応。アカデミックなコミュニケーションを行う学生・研究者必携。

目次 第1章「書く主体」である自分とは，第2章 学習・研究のための「書く」活動について知る，第3章 学習を自己管理し、学習方法を探索する，第4章 文章を読んで問題点を探す，第5章 文章の目的から構成を考える，第6章 論理の一貫性を考える，第7章 的確な表現を追求する，第8章 研究の要旨を書く，第9章 活動報告を書く，第10章 未知の人やコミュニティに「自分」を説明する

(吹田) 大阪大学出版会 2013.3 175p 26cm (B5)〈付属資料：別冊1〉2800円
①978-4-87259-416-4 ⑩816.5

『東大入試に学ぶロジカルライティング』

吉岡友治著

内容 「論理的に書く」ためには、難解な表現やレトリックは必要ない。定型化されたマニュアルに、文章をあてはめればよいわけでもない。その要は、読者と対話しつつ説得する全体構造を作ることと、必然と感じられる論理で個々の文をつなぎ合わせることにある。「東大入試」は難解なイメージがあるが、実はこの「考えて書く力」を試すストレートな良問が多い。本書では東大の国語・小論文を題材に、ロジカルライティングの基本技術を指南する。受験生・大学生はもちろん、書くことに悩むすべての人に向けた一冊。

目次 第1章 論理的に読めなければ、まず書けない（分かった「つもり」から脱する―表現から思考を読み取る，社会的背景から日常を読む―社会モデルを当てはめる，難解な表現を仕分けする―論理的・抽象的表現の解読），第2章 書くための「型」を身に付ける（説得＝対話の構造を作る―意見文の仕組みに習熟する，具体的なものがわかりやすいとは限らない―抽象化の意味，厳密な証明が論理の要―実用のための三段論法），第3章 納得させるには「技」が効く（適切な例を出す―論と例の一致で説得力を，有効な仮説で現状を分析せよ―パズル解きの価値，明確な基準をたてて判断する―得失を自覚・評価する技術），第4章 ただ正しいだけの文章と思われないために（批判の妥当性を疑う―ロジカルな議論の穴を見つける，対立をスルーする方法―次元を上げて解決するための発想，常識を覆す思考―逆説の使い方）

筑摩書房 2011.6 267p 18cm (ちくま新書) 820円 ①978-4-480-06610-7 ⑩816.5

まとめ・表現

『書く力は、読む力』

鈴木信一著

内容 「自他とも認める本読み」なのに、ちょっとした文章も書くことができない—。うまくまとめて書いたつもりが、読みにくいといわれた—。それは、あなたが日ごろ正しく文章を読めていないからである。文章のしくみや構成、言葉のかかり方を論理的に読みとることができていない。論理的に読めていないから、論理的に書くこともできないのだ。読むことと書くことは、表裏一体である。この原理がわかれば、誰でも無理せず「読める文章」が書ける文章講座。

目次 第1章 ちゃんと、読めていますか（直感的な「読み」，大人の智恵による「読み」ほか），第2章 人はどのように読んできたか（作品とテクスト，誰もが「思い入れ読み」で読んでいる ほか），第3章 読むことは書くこと（恣意的かつ混成的な「読み」，書くことのメカニズム ほか），第4章 書くことは読むこと（なぜ、ちぐはぐな文章を書いてしまうのか，「リレー作文」—文をつなぐ学習法 ほか），第5章 それでも書けないという人へ（書くに値すること，書きながら、発見していく ほか）

祥伝社 2014.9 251p 18cm（祥伝社新書）800円 ⓘ978-4-396-11380-3 Ⓝ817.5

『高校生のための文章読本』

梅田卓夫，清水良典，服部左右一，松川由博編

内容 良い文章とは、(1)自分にしか書けないことを、(2)だれが読んでもわかるように書く、という二つの条件を満たしたもののことだ—文章表現の多様さに触れ、書き手の個性が遺憾なく発揮された文章を読み味わうことは、自分なりの言語表現を形づくるための最良の道筋になる。夏目漱石や村上春樹、プルースト、ボルヘスなど古今東西の名手による作品70篇を選りすぐり、短文読み切り形式で収録。国語教科書のサブテキストとして一世を風靡した不朽のアンソロジー。

目次 混沌からことばへ，感性の輝き，ことばで遊ぶ，もう一人の自分，見ること・見えること，幻想への旅，疑いから思索へ，機知とユーモア，女と男，さまざまな青春，日々をみつめて，生きるかなしみ，体験の重み，生きるよろこび

筑摩書房 2015.1 558p 15cm（A6）（ちくま学芸文庫）1500円 ⓘ978-4-480-09642-5 Ⓝ817.7

『アカデミックライティング入門—英語論文作成法』第2版

吉田友子著

目次 1 Introduction（Overview：総論），2 Planning&Researching（Initial Planning：初めに考えること，Planning&Organizing：論文の構成を考える，Researching：研究する），3 Writing the Research Paper（Writing the Research Paper：Introduction, Body & Conclusion論文の三要素，Completing the Research Paper：論文を完成させるために）

慶應義塾大学出版会 2015.4 195p 21cm（A5）2000円 ⓘ978-4-7664-2212-2 Ⓝ836.5

まとめ・表現

『英語アカデミック・ライティングの基礎』

一橋大学英語科編著

内容 トピックの選び方から、図書館・ウェブでのリサーチの仕方、文章構成のテクニック、正しい引用の作法、書式の整え方、文献一覧作成まで、図版や記入シートなどを用いて、初歩から手取り足取り教える、英語でレポート・論文を書くための教科書。

目次 1.0 アカデミック・ライティングの文化（リサーチ・ペーパー作成の流れ，トピックの選び方 ほか），2.0 リサーチを始めるにあたって（インターネットでリサーチする，大学図書館を利用する），3.0 リサーチ・ペーパーの構成（主題文（Thesis Statement）とアウトライン，サンプル・アウトライン），4.0 原稿を書く（本論を書く，論旨の展開を分かりやすくするために ほか），5.0 論文の体裁を整える（論文タイトルについて，書式サンプル ほか），6.0 さまざまな引用の仕方を学ぶ──剽窃を避けるために（直接引用と間接引用，引用時によく使う動詞や表現 ほか）

研究社 2015.3 84p 21cm（A5）1100円 ⓘ978-4-327-42194-6 Ⓝ836.5

プレゼンテーション

『東大式伝わるパワーポイントスライドの作り方』

西川元一著

内容 「伝わる」スライドにはちゃんと根拠があります。東大式のFLICK法スライド作成のすべてを伝授。

目次 第0章 あなたがパワーポイントで作ったスライドがこんな風になっていませんか？，第1章 スライドは読ませるモノではなく見せるモノ，第2章 スライド作成のポイントは5つのロジックだけ，第3章 さっそく作ってみよう1 スライド統一デザイン，第4章 さっそく作ってみよう2 テキストレイアウトのカンどころ，第5章 さっそく作ってみよう3 イラスト・写真利用のカンどころ，第6章 さっそく作ってみよう4 図解のためのSmartArt利用のカンどころ，第7章 さっそく作ってみよう5 オートシェイプ（図形）利用のカンどころ，第8章 さっそく作ってみよう6 アニメーション調整のカンどころ，第9章 さっそく作ってみよう7 作業の効率アップは小技の積み重ね

秀和システム 2016.12 191p 21cm（A5）1600円 ⓘ978-4-7980-4756-0 Ⓝ336.49

『スライドを極めればプレゼンは100％成功する！──プレゼンテーションはスライドで変わる！』

河合浩之著

内容 あなたのステージをより魅力的に演出できるスライドプレゼンの新・入門書。

227

まとめ・表現

目次 第1章 スライドからはじめよう―スライドプレゼンテーションについて（Prologue なんでもない一日，プレゼンテーションの"いま"ほか），第2章 読者のための物語を描く―プレゼンテーションの構成・シナリオについて（Prologue 二兎を追う，プレゼンのつくりかた ほか），第3章 ポイントにパワーを与える―PowerPointについて（Prologue I love PowerPoint. パワーポイントとは何か？ほか），第4章 スライドプレゼン3つのスタイル―プレゼンとスライドのスタイルについて（Prologue プロジェクション・プレゼンテーション，プレゼンターに注目させるスタイル ほか），第5章 プレゼンテーションの現場―プレゼンテーション本番のポイントについて（Prologue なりきる，ベストなPCを使う ほか）

技術評論社 2015.5 263p 21cm（A5）1980円 Ⓘ978-4-7741-7323-8 Ⓝ336.49

『コクヨの1分間プレゼンテーション』

下地寛也著

内容 疑問を投げる、結論を述べる、理由を説明するを1分間で伝える。コクヨの研修で活用されている究極のトレーニングを紹介。

目次 序章 これだけは押さえておきたい！1分間プレゼンテーションの心得（1分でプレゼンするために必要なのは「情報を圧縮する」こと！，1分間プレゼンテーションを「練習」して、プレゼンは上達する！，「練習」は6回行おう！），第1章 1分間プレゼンテーションを習得する！（シナリオを構築しよう！（15秒―疑問編，10秒―結論編，35秒―理由編），話し方を習得しよう！（声の出し方と話し方，体の動きを効果的に使う）），第2章 トレーニング&応用編（レッツ、トレーニング！，長時間のプレゼンテーションに活かそう！，資料づくりをうまくやろう）

KADOKAWA 2014.3 189p 21cm（A5）〈増刷（初刷2011年）〉1429円
Ⓘ978-4-04-602759-7 Ⓝ336.49

『Google流 資料作成術』

コール・ヌッスバウマー・ナフリック著，村井瑞枝訳

内容 伝わる資料を作成する最大の秘訣は「データをただ見せるだけ」で終わるのではなく、「データを使ってストーリーを語ること」。どんなに複雑なデータでもシンプルにわかりやすく。Google社員が実践する「ストーリーテリング」を初公開！

目次 第1章 コンテキストを理解する，第2章 相手に伝わりやすい表現を選ぶ，第3章 不必要な要素を取りのぞく，第4章 相手の注意をひきつける，第5章 デザイナーのように考える，第6章 モデルケースを分解する，第7章 ストーリーを伝える，第8章 さあ、全体をまとめよう，第9章 ケーススタディ，第10章 最後に

日本実業出版社 2017.2 269p 21cm（A5）〈原書名：STORYTELLING WITH DATA
〈Cole Nussbaumer Knaflic〉〉2000円 Ⓘ978-4-534-05472-2 Ⓝ336.5

まとめ・表現

『イラスト版 人前で話すこつ―子どもの発表力をのばす52のワーク』

海野美穂著

内容 "みんなの視線に手はブルブル、膝はガクガク" "準備したのに本番で頭が真っ白" "はずかしくて顔を上げられない" "原稿を棒読みしちゃう" "早口で一気にしゃべっちゃう" そんな子でもできる、みんなでできるたのしい話し方のワークを紹介。人前が苦手でも、みんなが聞きたくなる発表ができるよ。大人も子どももいっしょに、たのしく発表力を身につけよう！

目次 1 基礎編 発表することに慣れよう(心も体もリラックスして発表したい！，みんなに聞こえる声で、ハキハキと発表したい！，照れずに自然な笑顔と身ぶり手ぶりで発表したい！，まちがえずにスラスラ発表したい！)，2 実践編 ハプニングがあっても落ちついて乗り切ろう（予想外のハプニング、どうしたらいいんだろう，なにごとにも動じない自分になりたい，本番中の不安を克服したい)，3 応用編 みんなを引きこんで発表をもり上げよう（みんなの反応を引き出そう，みんなを楽しませよう，最高の聞き手になろう）

合同出版 2018.3 119p 26cm（B5）1800円 Ⓘ978-4-7726-1341-5 Ⓝ809.2

『基礎からわかる話す技術』

森口稔，中山詢子著

内容 発声のしかたから、敬語、雑談、お願い、話し合い、プレゼンまで、話す技術を総合的に学ぶ。実際のエピソードを盛り込みながら、話しかたの基本をやさしく解説。

目次 基礎編（言葉の基本は音声，話そうと思う気持ち，話し言葉の特徴と注意点，敬意の表現，雑談の技術，お願いの技術，話し合いの技術，人前で話す技術，プレゼンテーション），練習編（自己紹介，新聞記事報告，ノンストップ2分間トーク，ビブリオバトル，敬意行動の考えかた，話し合いの練習，交渉の練習，プレゼンテーションの練習）

くろしお出版 2017.5 118p 21cm（A5）1300円 Ⓘ978-4-87424-727-3 Ⓝ809.2

『学生のためのプレゼンテーション・トレーニング―伝える力を高める14ユニット』

プレゼンテーション研究会執筆

目次 1 プレゼンテーション基礎編（自己紹介からコミュニケーションへ，コミュニケーション・スキル，非言語的コミュニケーション，アイデアを生み出す技術，プレゼンテーションの構造，主張の裏づけかた，文章とプレゼンテーションの相似性，レジュメの書き方），2 プレゼンテーション実践編（意見

まとめ・表現

の形成と主張，時系列の叙述，ものごとの説明，ビジネス・トークにおける説得
の論理，ディスカッションの基礎知識と実践，ディベートの基礎知識と実践）

　　　　実教出版 2015.9 95p 26cm（B5）1000円 ⓘ978-4-407-33743-3 Ⓝ809.2

『こうすれば発表がうまくなる』

　　池上彰著

目次　第1章 きんちょうを味方にしよう，第2章 お手本のまねをして話しじょう
ずになろう，第3章「話の地図」で、発表の道案内をしよう，第4章「へー、そう
なんだ！」で、テーマを探そう，第5章 話の順番を決めよう，第6章 メモをつくっ
て、どうどうと話そう，第7章 みんなに伝わる発表にしよう

　　　　小学館 2010.4 159p 18cm（こどもスーパー新書）800円 ⓘ978-4-09-253802-3 Ⓝ809.2

ディベート・ディスカッション

『論証のレトリック―古代ギリシアの言論の技術』

　　浅野楢英著

内容　聞き手が思わず納得してしまう、説得力のある議論とはどのようなものか。
ある主張の当否を見極めるためにはどんな点に着目すればよいのか。その手掛か
りは古代ギリシアの思想家たちの「言論の技術」にある。本書では、アリストテ
レスを中心とした古代ギリシアのレトリック（レートリケー）理論、問答弁証術
さらには論理学などを幅広く紹介。議論を組み立てる際の骨格となる、論証の基
本的な型を整理していく。「どんな事柄に関してでも、可能な説得手段を見つけ
る能力」（アリストテレス『弁論術』）としてのレトリックを磨く画期的入門書。

目次　はじめに―「言論の技術」とは何か，第1章 レトリック（レートリケー）
事始め，第2章 アリストテレスのレートリケー理論，第3章 ロゴスによる説得立
証に役立つ固有トポス，第4章 エートスまたはパトスによる説得立証に役立つ固
有トポス，第5章 さまざまな共通トポス，第6章 レートリケーとディアレクティ
ケー，第7章 レートリケーと論理学

　　　　筑摩書房 2018.4 247p 15cm（A6）（ちくま学芸文庫）1000円 ⓘ978-4-480-09860-3 Ⓝ131

『問題解決力を高める教室ディベート―主体的・対話的で深い学びを実現するために』

　　鳥越謙造著

内容　教室ディベートで実現する「アクティブ・ラーニング」。「リサーチ力」「論
理的思考力」「表現力」「問題解決力」など、これからの社会に求められるコンピ
テンシーがつく。教室ディベートの考え方・実践方法と、ディベートにすぐに使
える実践資料を収録。

目次 岩田高校APU・立命館コースの授業の記録（実施科目「APU講座2」の目標(2012年度)，研究主題，研究の計画と方法，研究の内容，考察)，ディベートで用いた資料（リポート作成要領，APU講座2リポート論証用紙，岩田高校APU講座2ディベート大会の目標とルール，ルール細則，ワークシート，第2回校内ディベート大会を成功させる二つのポイント，立論のテーマ設定，1月ディベート大会に向けてシミュレーション（演習）計画，エビデンスシート，グーテンタークNO.11，グーテンタークNO.12)

学事出版 2016.11 79p 26×19cm 1200円 ⓘ978-4-7619-2284-9 Ⓝ375.1

『議論のレッスン』新版（NHK出版新書）

福澤一吉著

内容 議論にも、スポーツと同様にルールがある。本書を読めば、国会中継、テレビ討論、ニュース番組を見る目が一変。友人との会話も、会社の会議も、自由自在にコントロールできる。噛み合わない不毛な議論にオサラバを！ロングセラーの旧版に新たな図版・事例を付して、大幅な加筆を施した決定版。

目次 序章 議論の現状，入門編 議論のルール・その1，初級編 議論のルール・その2，中級編「論拠」の発見，実践編 議論のトレーニング，終章 議論のすみわけ提案

NHK出版 2018.5 267p 18cm 860円 ⓘ978-4-14-088552-9 Ⓝ809.6

『ディベートをやろう！―論理的に考える力が身につく』

全国教室ディベート連盟監修

内容 ディベートの基本を学びます。形式にのっとって進め、判定によって勝敗が決まるといった特徴や、論理的思考、理解力などディベートによってやしなわれる力、実際にあるディベートの種類などを解説。論題の決め方から、メリット/デメリットの立て方、主張のための立論や反ばく、それらの原稿づくり、証拠資料集めまでの必要な準備、メンバー構成や会場の配置、発言する順番や制限時間など、ひとつのケースを参考に学びます。

目次 第1章 ディベートについて知ろう！（話し合いにはいろいろある，ディベートって何だろう？，ディベートで身につくことは？ ほか)，第2章 ディベートの準備をしよう！（論題を決めよう！，論題を分析しよう！，メリットとデメリットを整理しよう！ ほか)，第3章 ディベートにチャレンジ！（ディベートに必要な役割は？，ディベート会場準備，ディベートの流れは？ ほか)

PHP研究所 2017.12 63p 29×22cm（楽しい調べ学習シリーズ）3000円
ⓘ978-4-569-78716-9 Ⓝ809.6

まとめ・表現

『論理的な考え方伝え方―根拠に基づく正しい議論のために』

狩野光伸著

内容 グローバルに通じる考え方とは？科学や学問の考え方とは？反知性主義ってどうしたら回避できる？こんな疑問にあたった方、本書を読んでみてください。意見の違いを受け止めて、新しい考えを広めるときに、感情や抑制でなく、理解と納得で進める「議論argument」の方法を、説明しています。

目次 正しい議論とは何か，1部 正しくない議論とは（正しくない議論の7つの例），2部 正しい議論の構成要素（前提根拠と主張を明確にする，前提根拠に用いる情報は確かか，語の定義は一貫しているか），3部 正しい議論の流れ（「原因と結果」を考える，一般化と統計の見方，たとえ（比喩）を正しく使う，その他の論理学用語とその考え方），4部 議論を表現する（議論の思考が必要な文章の型，本質と装飾を区別する，謙虚に受け手の反応を活かす，学術論文を書く），5部 主張内容を考え出す（新しい考えを思いつく）

慶應義塾大学出版会 2015.10 164p 21cm (A5) 1800円 Ⓘ978-4-7664-2267-2 Ⓝ809.6

著作権

『18歳からはじめる情報法』

米丸恒治編

目次 情報や通信は憲法とどのようにかかわっているのだろうか，知的財産はどのような場合に法的に保護されるのだろうか，情報通信はどのような法的仕組みで保障されるのだろうか，サイバースペースにおける表現規制はどのようにされているのだろうか，ネット上の名誉毀損や営業妨害にはどのような特徴があるのだろうか，ネット上の著作物やドメイン名の使用はどのような規制があるのだろうか，プロバイダは法的にどのような義務を負っているのだろうか，サイバースペースでの商取引にはどんな法律が適用されているのだろうか，電子データの真正性・完全性はどうやって証明されるのだろうか，個人情報の保護と利活用はどのように保障されているのだろうか，承諾なく送られた産業メール（スパムメール）はどのような法規則があるのだろうか，ネットのセキュリティはどのように法制化されているのだろうか？，行政手続のオンライン化はどのように法規制されているのだろうか，民間の電子化に関する法制度はどこまで進んでいるのだろうか，行政情報の公開と利活用はどのように保障されているのだろうか

（京都）法律文化社 2017.4 91p 26cm (B5) 2300円 Ⓘ978-4-589-03833-3 Ⓝ007.3

まとめ・表現

『著作権法入門 2018-2019』

文化庁編著

目次 1 知的財産権について，2 著作権制度の沿革，3 著作権制度の概要，4 著作者の権利，5 著作隣接権，6 外国の著作物等の保護，7 他人の著作物を「利用」する方法，8 著作物等の「例外的な無断利用」ができる場合，9 著作権が「侵害」された場合の対抗措置，10 登録制度について

著作権情報センター 2018.10 356,147p 21cm（A5）2400円 ①978-4-88526-087-2 ⑭021.2

『はじめての著作権法』

池村聡著

内容 他社のものと似てしまったイラストや写真、引用のつもりでコピペした文章…これらが著作権侵害として問題になるケースは少なくありません。本書は、コンテンツや商品の開発に関わる人が知っておきたい著作権法の基礎知識が身につく入門書です。著者は著作権法に精通した弁護士です。文化庁で著作権調査官として働いた経験もあります。著作物かどうかの判断、無断でやってはいけない行為、著作権の保護期間、権利侵害時の対応等、基礎知識を1冊でカバー。取っつきにくい用語を平易に表現するほか、事例を折り込み、法律になじみのない方でも理解しやすい構成です。企業の法務・知財担当者だけでなく、商品開発担当者、広報担当者、メディア関係者、ブログ、ツイッターでの発信を行う方などコンテンツ制作に関わるすべての方に最適です。

目次 著作権法の目的—なぜ著作権を保護するのか，著作物って何？，著作権を主張できるのは誰か？，著作者の"こだわり"守る人格権，著作財産権1—無断で○○されない権利，著作財産権2—どこまで似ているとアウト？，著作隣接権、出版権—著作者以外の権利も忘れずに，権利制限規定—著作物等を無断で○○できる場合，国際的な保護，保護期間—著作権等はいつまで保護される？，侵害の効果、対抗策—著作権を侵害するとどうなる？，権利処理—著作権侵害をしないために

日本経済新聞出版社 2018.1 247p 18cm（日経文庫）900円 ①978-4-532-11382-7 ⑭021.2

『改正著作権法がよくわかる本』

加藤晋介監修，コンデックス情報研究所編著

内容 知らなかったでは済まされない！無断使用で損害賠償請求・逮捕されないためには、何をすべきか？

目次 第1章 著作権法って何だろう？，第2章 著作者にはどんな権利があるの？，第3章 著作権はいつ発生していつ消滅するの？，第4章 無断で著作物を利用できることもある？，第5章 著作物を世に広める人にも権利が与えられる？，第6章 著作権が侵害されたら？，巻末資料 著作権法条文集

成美堂出版 2017.9 223p 21cm（A5）1500円 ①978-4-415-32332-9 ⑭021.2

233

まとめ・表現

『正しいコピペのすすめ―模倣、創造、著作権と私たち』
宮武久佳著

内容 他人が撮った写真をSNSにアップする、web上の文章を自分のレポートに貼り付ける、ネットで見つけた動画をダウンロードして視聴する…、これらの大半が著作権に関係しています。「許されるコピペ」と「許されないコピペ」の違いは何なのでしょうか？コピペ時代を生きるために必要な著作権ルールをわかりやすく解説します。

目次 第1章 コピーする日常―作る人と使う人，第2章 コピーのルールとは―著作権早分かり，第3章 それ，違法コピーです―著作権は守られているか，第4章 コピーと創造性―「見たことのないもの」を創れるか，第5章 技術がルールを変える―あなたの世界は古い？，第6章 コピペ時代を生きる―ルールを守りながら

岩波書店 2017.3 186,3p 18cm（岩波ジュニア新書）860円 Ⓘ978-4-00-500849-0 Ⓝ021.2

『著作物を楽しむ自由のために―最高裁著作権判例を超えて』
岡邦俊著

内容 著作物の"受け手"の市民の立場という新規な座標軸から、関連判例を批判的に検討し、現在の著作権法制に鋭くメスを入れる。

目次 著作物を楽しむ自由とは，「表現の自由」と「著作物を楽しむ自由」―「パロディ写真」事件，プレイヤーの「ゲームを楽しむ自由」―「ときめきメモリアル」事件，「アクセス権」と「編集権」の相克―「NHK女性法廷番組」事件，先端技術の開発者の刑事責任―「Winny」刑事事件，「法人等の業務に従事する者」の範囲―「RGBアドベンチャー」事件，「カラオケ法理」の誕生―「クラブ・キャッツアイ」事件，「カラオケ法理」の展開―「録画ネット」事件・「選撮見録」事件，「カラオケ法理」の排除―「ロクラク2」事件（その1），「カラオケ法理」の無視―「ロクラク2」事件（その2），「カラオケ法理」の終焉―「まねきTV」事件，法解釈と立法事実―「私的録画補償金」事件，著作物を楽しむ自由のために―市民の良識による判例の再構築

勁草書房 2016.6 225p 19cm（B6）4000円 Ⓘ978-4-326-45107-4 Ⓝ021.2

『18歳の著作権入門』
福井健策著

内容 基礎的な知識からデジタル化が揺さぶる創作と著作権の現況まで。著作権を考えることは未来を創造すること！おとなになる前に読みたい、教養としての著作権の話。

目次 第1部 基礎知識編（「著作物」って何？―まずはイメージをつかもう，著

まとめ・表現

作物ではない情報(1)—ありふれた表現や社会的事件は？，著作物ではない情報(2)—アイディア，実用品は？，著作物ってどんな権利？—著作権侵害だと何が起きるのか，著作物を持つのは誰か？—バンドの曲は誰のもの？ ほか），第2部 応用編（ソーシャルメディアと著作物—つぶやきに気をつけろ！，動画サイトの楽しみ方—違法動画を見てよい？「歌ってみた」は？，JASRACと音楽利用のオキテ，作品を広めるしくみ—噂の「CCマーク」を使ってみる，青空文庫を知っていますか？—著作権には期間がある ほか）

筑摩書房 2015.1 202,4p 18cm（ちくまプリマー新書）820円 ⓘ978-4-480-68928-3 Ⓝ021.2

『先生のための入門書 著作権教育の第一歩』

川瀬真監修，大和淳，野中陽一，山本光編

内容 学習指導要領における扱いは？ほかの先生はどうしてるの？「引用」をどうやって教えればいいの？今さら聞けない著作権教育のこと。

目次 理論（著作権教育の第一歩を踏み出そう，引用から著作権を学ぶ，小学生と学級担任の著作権に関する意識の実態—著作権に関する意識調査の結果から，高校生，大学生の著作権に関する意識の実態—著作権に関する意識調査の結果から，著作権教育の課題），実践モデル（著作権に気を付けた情報発信—資料の引用について考える 小学校，作品を大切にするとはどういうことか考えよう—体験した情報活用場面をもとに話し合うルール作り活動を通して 小学校，著作物を尊重する態度を育てよう—心情面に焦点を当てた著作権指導用教材を使って 小学校，中学校における「引用」の授業—国語科の授業の中に位置づける 中学校，問題事例から学ぶ著作権教育—実際に身近で起こった問題事例をもとに，著作権について考える 中学校，著作権を意識して「私たちの「まち」をデジタルストーリーで発信しよう」—情報活用の力をつける，伝えたいことを相手に伝える 高等学校，リーフレットによる著作権教育—事件・事例で学ぶIT社会 高等学校）

三省堂 2013.2 141p 26cm（B5）1900円 ⓘ978-4-385-36498-8 Ⓝ375

『研究者のコピペと捏造』

時実象一著

内容 「一筋縄ではいきません」研究者も人の子。ペテン師？小心者？はたまたのんき者？不正に手を染める顔にもいろいろあるのです。

目次 序 研究不正の鳥瞰図，第1部 研究不正とはどんなものか，第2部 メディアを騒がせた大事件，第3部 データの改竄・捏造，第4部 剽窃・盗用，第5部 研究者の人間模様，第6部 研究不正は防げるか

樹村房 2018.11 238p 19cm（B6）1900円 ⓘ978-4-88367-313-1 Ⓝ407

まとめ・表現

『コピペしないレポートから始まる研究倫理―その一線、越えたらアウトです！』

上岡洋晴著

内容 レポートの書き方と作法を教えます。卒論・研究論文の書き方と作法・ルールを教えます。研究における道徳心をもった美しいあなたに次世代を託します。

目次 第1章 はじめに（なぜ、レポートはそんなに大事なのか？，レポートと研究倫理はどう関係するのか？ ほか），第2章 ビギナー、フレッシュマンのためのレポート・レッスン編（レポートと論文の違いは？，レポートの基本構成は？ ほか），第3章 シニア編（研究における三大不正行為とは？，日本で起きた研究の不正行為例 ほか），第4章 エキスパート編（一人前の研究をするためには？研究者になるためには？，研究の倫理規範とは？ ほか），第5章 おわりに

ライフサイエンス出版 2016.12 81p 21cm（A5）（ライフサイエンス選書）1500円
Ⓘ978-4-89775-352-2 Ⓝ407

『あたらしい表現活動と法』

志田陽子編著，比良友佳理著

内容 法によってできること法によって支えられているものの知識を持つことが自由な表現を支える基盤となる知的財産法、著作権法を中心に豊富な事例とともに「表現の自由」を獲得する。

目次 第1章「表現の自由」とは，第2章「表現の自由」と人格権，第3章「表現の自由」と共存社会，第4章 産業財産権法，第5章 著作権法，第6章 文化芸術支援と法，第7章 学術と表現者のルール

（武蔵野）武蔵野美術大学出版局 2018.4 381p 21cm（A5）2700円
Ⓘ978-4-86463-069-6 Ⓝ507.2

『楽しく学べる「知財」入門』

稲穂健市著

内容 身近に感じられるユニークな事例（事件化したものに限定されない）をふんだんに盛り込み、「模倣」という切り口から知的財産権について楽しく学べるようにした。特に、独自の調査や取材を通じて各事例の背景にある人間ドラマを描き出し、「事実は小説よりも奇なり」を体感してもらうことで、読者の理解が一層深まるようにした。面白さと実用性を両立させることで、知的財産権に関連した実践的な知識を自然と読者に身に付けてもらい、それをビジネスなどに役立てられるようにした。知的財産権に含まれる各権利（著作権、特許権、実用新案権、意匠権、商標権など）の違いを際立たせた。さらに、各権利が交錯したエピソードを紹介することで、読者に対して複数の知的財産権を組み合わせた効果的な知

まとめ・表現

財戦略を考えるヒントを示した。

目次 序章 知的財産権とは？（著作権と産業財産権に分かれる，5つの権利をマトリクスで理解しよう），第1章 その作品の模倣は許されるのか？―著作権（「東京五輪エンブレム騒動」とは何だったのか？，中央大学と広島カープの「C」ほか），第2章 その目印の模倣は許されるのか？―商標権（「イオン」と「イーオン」，「クラウン」と「クラウン」，「ファイトー，イッパーツ」も登録商標⁉ ほか），第3章 そのアイデアの模倣は許されるのか？―特許権・実用新案権・意匠権（鳩山幸氏が発明したキッチンパーツとは？，なぜ審査請求をしなかったのか？ ほか），第4章 その権利は永遠なのか？―知財の複合化と「知財もどき」（ペコちゃんはパクリだった⁉，キューピーもパクリ⁉ ほか）

講談社 2017.2 294p 18cm（講談社現代新書）860円 ①978-4-06-288412-9 Ⓝ507.2

『レポート・論文作成のための引用・参考文献の書き方』

藤田節子著

内容 資料の出典の書き方128例！レポート・論文を執筆する際に引用・参考にした文献の正確な書き方がわかります。図書・雑誌記事だけでなく、新聞、判例、テレビ番組、音楽、Webサイトなど、様々な資料の書き方を事例を交えながら紹介（SIST02基準に準拠）。実践力を養う練習問題付き。

目次 第1章 参照文献の役割（参照文献の役割，著作権法の規定 ほか），第2章 書誌要素と表記法（書誌要素とは，書誌要素の4つのグループ ほか），第3章 主な書誌要素の解説（著者に関する書誌要素，標題に関する書誌要素 ほか），第4章 参照文献の具体的な書き方（本章の読み方，具体例の探し方〈索引の使い方〉ほか），第5章 参照文献を書いてみよう（図書1冊，雑誌記事 ほか）

日外アソシエーツ 2009.4 144p 21cm（A5）2000円 ①978-4-8169-2179-7 Ⓝ816.5

索引

書名索引

キーワード索引

書名索引

【あ】

アイデアスケッチ………………………48
アイデアのつくり方……………………59
アイデアの発想・整理・発表……………9
アイデアはどこからやってくる？………52
アイデアはどこからやってくるのか……49
アカデミック・スキルズ………………20
アカデミックライティング入門…………226
アカデミック・ライティングの基礎……224
アクティブ・ラーニングで身につく発表・
　調べ学習 1…………………………12
アクティブ・ラーニングとしての国際バ
　カロレア……………………………15
アクティブラーニングとしてのPBLと探
　究的な学習…………………………30
朝日キーワード 2020 …………………43
朝日ジュニア学習年鑑 2019 …………37
「あ、それ欲しい！」と思わせる広告コ
　ピーのことば辞典…………………170
頭のいい文章術 ………………………220
新しい学力……………………………13
新しい住宅デザイン図鑑………………177
あたらしい表現活動と法………………236
新しい分かり方………………………49
アメリカ文化事典………………………133
アルゴリズム図鑑………………………169
医学の歴史大図鑑………………………163
池上彰の新聞ウラ読み、ナナメ読み………38
5日で学べて一生使える！レポート・論
　文の教科書…………………………223
いつかリーダーになる君たちへ…………21
1歩前からはじめる「統計」の読み方・
　考え方………………………………198
イネの大百科…………………………174
今、話したい「学校」のこと……………57
イラストで学ぶスタディスキル図鑑………16
イラスト版 人前で話すこつ……………229
色の名前事典507 ……………………161
岩波メソッド 学校にはない教科書 ……8

ヴィジュアル版 ラルース 地図で見る国
　際関係………………………………142
ウイルス・細菌の図鑑…………………127
ウイルス図鑑101………………………124
ウェブがわかる本………………………80
うそつきのパラドックス…………………47
ウソ？ホント？トリックを見やぶれ 3…192
美しい科学の世界………………………117
美しい光の図鑑…………………………121
AI vs.教科書が読めない子どもたち……191
映画でレポート・卒論ライティング術…219
英語アカデミック・ライティングの基
　礎……………………………………227
英語辞書マイスターへの道……………149
英単語の語源図鑑………………………150
絵図史料 江戸時代復元図鑑 …………139
エッセンシャル・ディクショナリー 音
　楽用語 作曲家………………………153
エッセンシャル・ディクショナリー 楽
　器の音域・音質・奏法………………153
江戸の美術大図鑑………………………158
NHK考えるカラス………………………58
えんたくん革命…………………………31
おいしさの表現辞典……………………180
お母さん、お父さんどうしたのかな？…163
大人を黙らせるインターネットの歩き方…77
音の表現辞典…………………………109
驚くべき世界の野生動物生態図鑑………125
面白くて眠れなくなる数学BEST ………114
おもしろサイエンス 岩石の科学 ………92
おもしろ吹奏楽事典……………………154
親子で学ぶ！統計学はじめて図鑑………199
音楽の文章術…………………………219
音楽理論まるごとハンドブック…………153
オンライン情報の学術利用………………79

【か】

「外国」の学び方 ………………………143

改正著作権法がよくわかる本·············· 233
科学·································· 118
雅楽を知る事典······················ 156
科学が好きになる22のヒントと実践········89
科学技術をよく考える················ 189
化学史事典·························· 121
「科学的思考」のレッスン ··············16
科学の考え方・学び方················ 57
学習設計マニュアル··················10
学習に役立つ！なるほど新聞活用術 1
　新聞まるごと大かいぼう·············· 38
学術論文の読み方・まとめ方·········· 217
学生による学生のためのダメレポート脱
　出法···························· 217
学生のための言語表現法·············· 216
学生のための思考力・判断力・表現力が
　身に付く情報リテラシー（FPT1714）··· 210
学生のためのプレゼンテーション・ト
　レーニング······················ 229
書く力は、読む力·················· 226
数と図形のパズル百科················ 115
数える・はかる・単位の事典·········· 117
課題解決のための情報収集術············64
課題研究メソッドStart Book　探究活動
　の土台づくりのために··············10
かたちと色、その不思議 世界一うつく
　しい生物図鑑···················· 123
学校で役立つ新聞づくり・活用大事典··· 210
学校図書館の活用名人になる·········· 26
学校図書館発 育てます！調べる力・考
　える力···························· 75
合本源氏物語事典·················· 112
必ず役立つ吹奏楽ハンドブック········ 155
歌舞伎の解剖図鑑·················· 157
カラー 運動生理学大事典············ 165
カラー図鑑 日本の火山·············· 128
体と心 保健総合大百科“中・高校編”
　2018·························· 162
カラー版やさしい歯と口の事典········ 164
カリキュラム・マネジメント入門·········· 27
考える情報学 2.0 アクティブ・ラーニン
　グのための事例集·················· 26
考える力をつける3つの道具············51
「考える力」をつける本 ··············51
考える力がつく本·················· 183
「考える力」トレーニング ············53
考える・まとめる・表現する·········· 213

韓国語似ている名詞使い分けブック······ 151
関西ことば辞典······················ 110
簡明 書道用語辞典················ 108
奇界生物図鑑······················ 124
聞く力、話す力······················98
基礎から始める！理科実験ガイド········87
基礎からわかる話す技術·············· 229
ギネス世界記録 2019················ 106
基本電子部品大事典················ 173
教育・心理・言語系研究のためのデータ
　分析·························· 202
教科と総合学習のカリキュラム設計········27
今日から役立つ 統計学の教科書 ······ 199
京大式フィールドワーク入門·········· 103
キリスト教の歳時記················ 130
きれいに縫うためのパターン・裁断・縫
　い方の基礎の基礎················ 178
議論のレッスン···················· 231
筋肉・骨の動きがわかる美術解剖図鑑··· 158
Googleサービス完全マニュアル 　······78
Google流 資料作成術 ·············· 228
雲と天気大事典···················· 128
グラフをつくる前に読む本············ 195
クリティカル・リーディング入門········ 193
ぐるぐる博物館······················86
経済用語イラスト図鑑················ 144
計量経済学の第一歩················ 197
決定版 グリム童話事典 ·············· 148
決定版 日本水族館紀行 ·············· 84
決定版 日本刀大全 ················ 160
研究を深める5つの問い··············18
「研究室」に行ってみた。 ··············36
研究者として生きるとはどういうことか··· 214
研究者のコピペと捏造·············· 235
研究する水族館····················84
研究のためのセーフティサイエンスガイド···91
検索法キイノート····················66
源氏物語事典······················ 112
原子力キーワードガイド·············· 173
原子力年鑑 2019················ 173
元素の名前辞典···················· 122
現代社会用語集···················· 141
現代日本経済史年表 1868〜2015年 ··· 145
現代用語の基礎知識 学習版 2018-2019··· 141
高校教師が教える化学実験室············88
高校サッカー年鑑 2019 ············ 166
高校サッカー100年 JAPAN HIGH

241

SCHOOL SOCCER 1918-2018 ……… 166
高校生が学んでいるビジネス思考の授業…55
高校生からの経済データ入門 186
高校生からの統計入門 206
高校生のための科学キーワード100 … 118
高校生のための「研究」ノート …11
高校生のための東大授業ライブ 熱血編 …34
高校生のための批評入門 195
高校生のための文章読本 226
高校生のための論理思考トレーニング… 190
広告ビジネスに関わる人のメディアガイ
　ド 2019 ………………………… 170
甲辞園………………………………… 167
こうすれば発表がうまくなる………… 230
公立中学校版教科特別活動部活動でも使
　える！深い学びを育てる思考ツールを
　活用した授業実践…………………… 29
コクヨの1分間プレゼンテーション … 228
国立科学博物館のひみつ 地球館探検編 …83
古今東西エンジン図鑑………………… 172
個性ハッケン！50人が語る長所・短所 1
　スポーツで輝く……………………… 162
古代エジプト語基本単語集…………… 152
古典・新作 落語事典 ………………… 108
ことばとフィールドワーク…………… 103
子どもとミュージアム………………… 82
子どもニュース いまむかしみらい … 42
子どもの創造的思考力を育てる……… 57
子どもの本 情報教育・プログラミング
　の本2000冊………………………… 168
この世で一番おもしろい統計学……… 207
コピペしないレポートから始まる研究倫
　理……………………………………… 236
「コミュ障」だった僕が学んだ話し方 … 212
これから研究を始める高校生と指導教員
　のために……………………………… 14
これからレポート・卒論を書く若者のた
　めに…………………………………… 24
これならわかる！ドイツ文化＆ドイツ語
　入門…………………………………… 151

【さ】

最強の社会調査入門…………………… 99
最高の答えがひらめく、12の思考ツール…54

最新・基本パソコン用語事典………… 168
齋藤孝の企画塾………………………… 55
三国志事典……………………………… 139
CESAゲーム白書 2018 ……………… 170
シェイクスピア大図鑑………………… 147
視覚でとらえるフォトサイエンス 生物
　図録…………………………………… 123
思考を鍛える大学の学び入門………… 22
思考を鍛えるメモ力…………………… 182
思考を鍛えるレポート・論文作成法…… 224
思考を深める探究学習………………… 12
思考の整理学…………………………… 53
思考のための文章読本………………… 191
「資質・能力」と学びのメカニズム…… 29
自然体験学習に役立つアウトドアガイド 1… 103
実験を安全に行うために……………… 90
実験でわかるインターネット………… 80
実験マニア……………………………… 91
実験レポート作成法…………………… 218
10歳から身につく問い、考え、表現する
　力……………………………………… 25
10歳でもわかる問題解決の授業……… 185
実践はじめての社会調査……………… 9
知っておきたい情報社会の安全知識…… 77
知っておきたい物理の疑問55………… 120
質的テキスト分析法…………………… 188
知って得する図書館の楽しみかた…… 71
10分あれば書店に行きなさい………… 65
質問する、問い返す…………………… 2
実例で学ぶデータ科学推論の基礎……… 208
辞典・資料がよくわかる事典………… 74
事典 和菓子の世界…………………… 179
自動車用語辞典………………………… 173
自分の言葉で語る技術………………… 212
自分の"好き"を探究しよう！………… 11
社会科学のためのデータ分析入門 上 … 197
社会調査の考え方 上 ………………… 100
社会調査の実際………………………… 201
社会調査ハンドブック………………… 98
社会の真実の見つけかた……………… 44
13歳からの経済のしくみ・ことば図鑑… 145
13歳からの研究倫理…………………… 17
13歳からの論理ノート………………… 186
13歳から身につける一生モノの文章術… 221
10代からのマネー図鑑………………… 146
12の問いから始めるオリンピック・パラ
　リンピック研究……………………… 165

242

18歳からの「大人の学び」基礎講座………23
18歳からはじめる情報法…………… 232
18歳の自律……………………………14
18歳の著作権入門…………………… 234
授業で使える！博物館活用ガイド……83
樹脂封入標本の作り方………………93
主体的・対話的で深い学び 問題解決学
　習入門……………………………28
情報 最新トピック集 2019 高校版…… 170
情報を活かす力……………………… 184
情報メディア白書 2019 …………… 168
情報リテラシー入門 2019年版 ……79
昭和珍道具図鑑……………………… 177
食生活データ総合統計年報 2019 …… 179
食品添加物表示ポケットブック 平成29
　年版………………………………… 176
食品の栄養とカロリー事典………… 176
植物観察図鑑…………………………94
女子中学生の小さな大発見…………36
調べ学習の基礎の基礎……………… 5
調べてまとめて新聞づくり 4 研究した
　ことを新聞で発表しよう………… 214
調べてみよう、書いてみよう…………19
しらべよう！世界の選挙制度……… 142
調べる技術・書く技術…………………19
調べるチカラ……………………………62
しらべる力をそだてる授業！……… 6
調べる力がぐんぐん身につく藤田式「調
　べる学習」指導法中学校編…………28
「調べる」論……………………………64
資料検索入門…………………………64
新解説世界憲法集…………………… 143
新幹線車両名鑑……………………… 171
信じてはいけない……………………79
人生の答えは家庭科に聞け！……… 178
新聞の正しい読み方…………………38
新聞の読みかた………………………39
新聞力…………………………………41
シンボル……………………………… 160
新 よくわかるライフデザイン入門 ……21
心理学者が教える読ませる技術・聞かせ
　る技術……………………………… 212
数学英和・和英辞典………………… 114
数学嫌いのための社会統計学……… 201
数学×思考＝ざっくりと………………58
数学小辞典…………………………… 113
数学図鑑……………………………… 113

数学パズル事典……………………… 115
図解 統計学超入門 ………………… 202
図鑑デザイン全史…………………… 161
スキルアップ！情報検索………………66
すぐ実践できる情報スキル50…………76
すぐに役立つ 音楽用語ハンドブック … 152
すぐわかる統計用語の基礎知識……… 116
スケッチで実験・観察 生物の描き方と
　コツ…………………………………92
図説江戸歌舞伎事典 1 芝居の世界 … 157
図説 果物の大図鑑………………… 175
図説 地球科学の事典……………… 128
図説 歴代アメリカ大統領百科 …… 141
スタディスキルズ・トレーニング………22
スタートアップセミナー 学修マニュア
　ル なせば成る！……………………23
スーパーサイエンスハイスクール講義…16
スポーツ年鑑 2019 ………………… 164
スライドを極めればプレゼンは100％成
　功する！…………………………… 227
税金の大事典………………………… 146
政治のしくみを知るための日本の府省し
　ごと事典 1 内閣府・復興庁 …… 142
聖書をわかれば英語はもっとわかる…… 149
生徒のための統計活用……………… 199
生命史図譜…………………………… 123
生命倫理のレポート・論文を書く…… 219
世界遺産事典 2019改訂版 ………… 136
世界遺産100断面図鑑……………… 136
世界一まじめなおしっこ研究所………96
世界を信じるためのメソッド…………40
世界「奇景」探索百科 ヨーロッパ・ア
　ジア・アフリカ編……………………… 131
世界国勢図会 2018/19……………… 134
世界シネマ大事典…………………… 161
世界史モノ事典……………………… 140
世界数学者事典……………………… 114
世界で一番美しい化学反応図鑑…… 122
世界で一番美しいサルの図鑑……… 126
世界の美しい名建築の図鑑………… 171
世界の科学者まるわかり図鑑……… 119
世界の国情報 2018 ………………… 131
世界の国旗・国章歴史大図鑑……… 131
世界のしくみまるわかり図鑑………… 106
世界の祝祭日の事典………………… 136
世界の茶文化図鑑…………………… 180
世界の特別な1日……………………41

243

世界の美術……………………159
世界の服飾文様図鑑…………160
世界の文字を楽しむ小事典……146
世界の歴史大図鑑……………137
世界文学大図鑑………………147
ゼミで学ぶスタディスキル……22
ゼロからはじめる！統計学見るだけノート……………………204
全国高等学校野球選手権大会100回史…167
全国棚田ガイド TANADAS……175
戦国武将 人物甲冑大図鑑……140
先生のための入門書 著作権教育の第一歩……………………235
先輩に聞いてみよう！弁護士の仕事図鑑……………………144
専門情報機関総覧 2018………76
専門図書館の役割としごと……76
「そうか、ここが問題だったんだ！」がどんどん見えてくるデータの読み方・活かし方……………………187
総合的な学習の考える力をつけよう！……7
「総合的な探究」実践ワークブック…13
漱石辞典……………………111
卒論・修論のためのアンケート調査と統計処理……………………202
その情報、本当ですか？………39

【た】

大学1年生からの研究の始めかた…………20
大学生の教科書………………24
大学生のための「読む・書く・プレゼン・ディベート」の方法………25
大学での学び方………………25
大研究！日本の歴史 人物図鑑1 弥生時代～鎌倉時代……………140
大研究 能と狂言の図鑑………156
卓上版 牧野日本植物図鑑……125
竹岡広信・安河内哲也のこの英語本がすごい！……………………149
正しい工具の揃え方・使い方……172
正しいコピペのすすめ…………234
正しい目玉焼きの作り方………178
たった一つを変えるだけ………30
たったひとつの「真実」なんてない……46

楽しいオーケストラ図鑑………154
楽しく学べる「知財」入門………236
食べるって何？………………176
ダメな統計学…………………206
多面体百科……………………115
誰も教えてくれなかった実験ノートの書き方……………………189
「探究」を探究する……………13
探究学舎のスゴイ授業…………11
探究実践ガイドブック…………28
短距離・リレー………………166
ダンス部ハンドブック 基礎編……168
地球情報地図50………………131
ちくま評論入門………………107
知識の社会史 2 百科全書からウィキペディアまで…………………65
地図で見る中国ハンドブック……132
地層の見方がわかるフィールド図鑑……129
知的キャンパスライフのすすめ……23
知的トレーニングの技術（完全独習版）…8
知的な伝え方…………………216
知的複眼思考法………………46
知の越境法……………………182
中学生の理科自由研究 完全版……89
中学理科用語集………………119
中高生からの論文入門…………222
中高生のための科学自由研究ガイド……18
中国語イラスト辞典…………151
中東世界データ地図…………130
超一流のアイデア力……………49
"超入門"説明術………………216
調理のためのベーシックデータ……179
著作権法入門 2018-2019………233
著作物を楽しむ自由のために……234
伝えるための教科書…………221
伝わる文章の書き方教室………222
TOK（知の理論）を解読する………6
ディベートをやろう！…………231
手軽にできる！中学校理科 観察・実験のアイデア50……………88
できる人は統計思考で判断する……203
デザイン歴史百科図鑑…………160
デジタル・アーカイブの最前線……78
データサイエンス「超」入門……198
データサイエンス入門…………196
データブック オブ・ザ・ワールド……134
データ分析ってこうやるんだ！実況講

義……………………………… 207
データ分析とデータサイエンス……… 206
データ分析の力 因果関係に迫る思考法… 205
データはウソをつく……………… 188
テニス教本……………………… 167
テーマって…どうやってきめるの？………34
天体観測入門……………………92
天文年鑑 2019年版 ……………… 127
問いをつくるスパイラル……………… 5
東京のきつねが大阪でたぬきにばける
　誤解されやすい方言小辞典…………… 109
統計学図鑑……………………… 116
統計学のキホンQ&A100……………… 204
統計から読み解く47都道府県ランキング… 135
統計嫌いのための心理統計の本……… 196
統計ってなんの役に立つの？……… 204
統計でみる市区町村のすがた 2018 … 134
統計でみる都道府県のすがた 2019 … 135
統計のきほん…………………… 203
東大教授が教える知的に考える練習… 183
東大合格生の秘密の「勝負ノート」…… 188
東大式伝わるパワーポイントスライドの
　作り方…………………………… 227
東大入試に学ぶロジカルライティング… 225
動物園のひみつ……………………84
動物行動の観察入門………………95
とことん調べる人だけが夢を実現できる… 63
図書館へ行こう……………………68
図書館へ行こう!!…………………67
図書館を使い倒す！………………72
図書館をもっと活用しよう………………67
図書館が教えてくれた発想法…………73
図書館活用術…………………… 70
図書館「超」活用術……………… 69
図書館でしらべよう……………… 67
図書館で調べる……………………73
図書館徹底活用術………………… 71
図書館と情報技術………………… 68
図書館と情報モラル……………… 69
図書館に訊け！……………………70
図書館のトリセツ………………… 69
図書館のプロが教える"調べるコツ"……74
図書館のプロが伝える調査のツボ………73
読解力の基本…………………… 195
トップランナーの図書館活用術 才能を
　引き出した情報空間………………… 70

【な】

内容分析の進め方……………… 187
なぜと問うのはなぜだろう……………… 6
なるほど知図帳世界 2019 ニュースと合
　わせて読みたい世界地図………… 42
2階から卵を割らずに落とす方法 ……… 88
日英共通メタファー辞典…………… 151
日英ことわざ文化事典……………… 150
日常英語連想辞典………………… 150
日常言語で考える論理的思考の手引き… 184
日米ボディートーク……………… 148
日経キーワード 2019-2020 ……………45
日本映画研究へのガイドブック……… 162
日本合戦図典…………………… 139
日本貨幣カタログ 2019年版 ……… 145
日本近代文学年表………………… 111
日本国勢図会 2018/19 …………… 135
日本語の作文技術………………… 221
日本語の論文力練習帳…………… 224
日本語力をつける文章読本………… 192
日本語論証文の「書く」力を向上させる
　ためのクリティカル・シンキング…… 190
日本語 笑いの技法辞典…………… 109
日本昆虫目録 第2巻 旧翅類 ……… 126
日本史年表・地図………………… 138
日本史パノラマ大地図帳…………… 138
日本人がいちばん暮らしやすい間取り図
　鑑…………………………… 176
日本の古典大事典………………… 110
入門グラフの世界へようこそ！……… 200
入門・社会調査法………………… 98
入門 情報リテラシーを育てる授業づくり… 27
入門メディア・コミュニケーション……… 45
ニュース解説室へようこそ！2018-2019 … 44
ニュースがわかる基礎用語 2018-2019年
　版…………………………… 46
ニュース年鑑 2019 ……………… 42
人間はだまされる………………… 40
ネット時代の「取材学」……………… 97
能面の世界……………………… 156

245

【は】

バイリンガルで楽しむ歌舞伎図鑑········ 157
白書の白書 2018年版 ··············· 107
博物館へ行こう···················81
博物館学への招待··················82
博物館のひみつ····················81
はじめての今さら聞けないネット検索······78
はじめての化学実験·················91
はじめての研究レポート作成術············ 3
はじめての著作権法················· 235
はじめて学ぶ社会調査··············· 102
初めて学ぶデータ分析の教科書··········· 203
初めて学ぶ統計··················· 199
はじめの1分で信頼を勝ち取る声と話し
　方······················· 215
はじめよう！アクティブ・ラーニング 1
　自分で課題を見つけよう············· 3
はじめよう、ロジカル・ライティング··· 222
バスケットボール用語事典············· 166
発想の技術·······················51
発想力の全技法····················56
発表・スピーチに自信がつく！魔法の話
　し方トレーニング 1················ 215
話し方ひとつでキミは変わる··········· 213
花火の事典····················· 174
罵詈雑言辞典··················· 108
犯罪心理学事典·················· 144
ハンディ版 入門歳時記 ············· 111
ピアノ図鑑···················· 154
ビーカーくんのゆかいな化学実験·········90
ビジュアル アイデア発想フレームワーク··56
ビジュアル科学大事典·············· 119
ビジュアル高校数学大全············· 113
ビジュアル「国字」字典············· 108
ビジュアル数学全史··············· 113
ビジュアル大百科 元素と周期表 ······· 122
美術館へ行こう····················86
美術館のひみつ····················85
美術館の舞台裏····················85
「ビッグデータ」&「人工知能」ガイドブッ
　ク······················· 169
ビッグヒストリー大図鑑············· 137
ビッグ・ファット・キャットの世界一簡
　単な英語の大百科事典············· 148
ひと目でわかる体のしくみとはたらき図

鑑···························· 126
人はみなフィールドワーカーである······ 100
ピュリッツァー賞受賞写真全記録········42
標準世界史地図·················· 137
表とグラフを使おう！·············· 200
表とグラフの達人講座·············· 201
標本の作り方·····················93
標本の本·······················83
ひらめきスイッチ大全···············48
"ひらめき"の作法··················50
ファッションビジネス用語辞典········· 177
フィールドで出会う哺乳動物観察ガイド···95
フィールドに入る················· 100
フィールドワーク探求術·············97
フィールドワークと映像実践·········· 101
フェイクニュースの見分け方··········40
深い学び························29
不思議で美しいミクロの世界·········· 124
ブッククラブで楽しく学ぶクリティカ
　ル・リーディング入門············· 192
「物理・化学」の単位・記号がまとめて
　わかる事典··················· 120
プラナリア実験観察図鑑············· 125
フランス語学小事典··············· 152
フルカラー 高校生からの生物実験観察
　図鑑 1······················93
プレミアムアトラス世界地図帳········· 132
プレミアムアトラス日本地図帳········· 132
フレームワーク図鑑················54
プログラミング言語図鑑············· 169
プロジェクト学習で始めるアクティブ
　ラーニング入門················30
プロジェクト学習の基本と手法··········31
文献・インタビュー調査から学ぶ会話
　データ分析の広がりと軌跡·········· 190
文献調査法······················72
文豪図鑑 完全版 ················ 110
文章を論理で読み解くためのクリティカ
　ル・リーディング··············· 194
文章が変わる接続語の使い方·········· 220
文章予測····················· 193
平家物語作中人物事典·············· 112
兵士の歴史大図鑑················ 137
平和と安全保障を考える事典·········· 143
ペットビジネスハンドブック 2018年版 127
保育・子育て絵本の住所録··········· 175
放射化学の事典·················· 171

宝石と鉱物の大図鑑······················129
ぼくの自然観察記 机の上の植物園 ·····95
僕らが毎日やっている最強の読み方······63
ぼくらの戦略思考研究部·················50
ポケット六法 平成31年版 ···········143
保健実験大図鑑 Vol.1 環境・衛生管理·····96
ポプラディアプラス 人物事典 ········107
滅びゆく世界の言語小百科···············147
本質をつかむ聞く力·····················39
本のさがし方がわかる事典···············68

【ま】

窓をひろげて考えよう···················36
学び合う場のつくり方···················15
学びたい知っておきたい統計的方法······208
学びとは何か ·······················7
「学びの責任」は誰にあるのか ·········26
学びのティップス·······················24
学びの技 ···························4
学べる！遊べる！理系スポット案内·······82
まわしよみ新聞をつくろう！·············37
ミクロの写真館·························94
身近な自然の観察図鑑···················92
見てみよう！挑戦してみよう！社会科見
　学・体験学習 1 ·····················97
ミニマル・デザイン····················158
見やすいカタカナ新語辞典···············109
未来を変える目標 ······················9
未来の科学者との対話 16 ···············35
魅了する科学実験·······················87
「見る」と「書く」との出会い ·········96
観るまえに読む大修館スポーツルール
　2018·····························165
見る目が変わる博物館の楽しみ方·········81
みんなが元気になるのたのしい！アクティ
　ブ・ラーニング 1 ···················10
みんなでつくろう学校図書館·············75
∞アイデアのつくり方···················52
娘と話すメディアってなに？·············45
村上春樹語辞典·······················111
名画のすごさが見える西洋絵画の鑑賞事
　典·······························159
名作マンガでよくわかる夢のスポーツ大
　図鑑 1巻 球技 ···················164

名探偵コナン KODOMO時事ワード
　2019··························43
名探偵コナンに学ぶロジカルシンキング
　の超基本 ·······················186
目からウロコの統計学··················205
もっと知りたい！「科学の芽」の世界
　PART6 ·························35
もっと深く知りたい！ニュース池上塾·····44
もののしくみ大図鑑····················172
問題解決ができる、デザインの発想法·····59
問題解決スキルノート ··················5
問題解決力を高める教室ディベート······230

【や】

やさしく学べる心理統計法入門···········196
やさしくわかる化学実験事典·············87
やってみようテキストマイニング·········184
洋菓子百科事典························180
ようこそ文化人類学へ··················102
よくわかる、おもしろ理科実験·········90
よくわかる質的社会調査 プロセス編 ···102
読売年鑑 2019年版 ···················37
読みたい心に火をつけろ！···············74
「読む・書く・話す」を一瞬でモノにす
　る技術··························4
47都道府県・遺跡百科··················138
読んでナットク！やさしい楽典入門·······153

【ら】

Learn Better ························15
理科課題研究ガイドブック··············4
理科年表2019（平成31年第92冊）···119
理系アタマがぐんぐん育つ 科学のトビ
　ラを開く！実験・観察大図鑑·········89
理系のための研究ルールガイド···········17
理系のためのレポート・論文完全ナビ···218
リサーチ入門··························65
リサーチの技法·························62
リベラルアーツの学び··················2
リベラルアーツの学び方 エッセンシャ
　ル版····························19

247

ルネサンスの多面体百科……………………… 117
レアメタルハンドブック 2016 ………… 129
レファレンスブックス………………………72
レポート・論文作成のための引用・参考
　文献の書き方…………………………… 237
レポート・論文の書き方入門…………… 223
錬金術のイメージ・シンボル事典……… 120
論証のレトリック…………………………… 230
論文を書くための科学の手順…………… 189
論文作成のための文章力向上プログラ
　ム………………………………………… 225
論文・プレゼンの科学…………………… 217
論理的思考のための数学教室………………59
論理的な考え方伝え方…………………… 232
論理的な話し方の極意…………………… 211
論理的に考える技術…………………………55
論理的に考えること…………………………47
「論理的に考える力」を伸ばす50の方法 …48
論理的に考える方法…………………………52
論理的に解く力をつけよう……………… 185
論理的に読む技術………………………… 194
「ロンリ」の授業 ………………………… 211

【わ】

わかりやすく情報を伝えるための図とデ
　ザイン…………………………………… 215
「わかりやすさ」の勉強法 ……………… 214
ワークブックで学ぶ生物学実験の基礎……94
和算百科…………………………………… 116
和食のおさらい事典……………………… 179
わたしが探究について語るなら……………18
ワンフレーズ論理思考………………………54

キーワード索引

【あ】

アイデア
　→中高生向け……………………… 2
　→考える力を育てる………………46
アカデミック・ライティング　→レポート・論文を書く…………… 217
アクティブ・ラーニング　→探究活動・課題研究入門……………… 1
アメリカ
　→地理……………………………… 130
　→公民……………………………… 141
アルゴリズム　→情報……………… 168
アンケート調査
　→情報の整理と分析……………… 182
　→グラフ・統計…………………… 195
医学　→保健体育…………………… 162
遺跡　→歴史………………………… 137
色　→美術…………………………… 158
インターネット　→インターネットの使い方……………………………77
インタビュー
　→フィールドワーク………………96
　→情報の整理と分析……………… 182
宇宙　→物理………………………… 120
映画
　→美術……………………………… 158
　→レポート・論文を書く………… 217
英語　→英語………………………… 148
英語論文　→レポート・論文を書く… 217
栄養　→家庭………………………… 175
江戸時代　→歴史…………………… 137
エンジン　→技術…………………… 171
お金　→公民………………………… 141
オーケストラ　→音楽……………… 152
音　→国語…………………………… 107
オリンピック　→保健体育………… 162
音楽
　→音楽……………………………… 152
　→レポート・論文を書く………… 217

【か】

絵画　→美術………………………… 158
外国語　→外国語…………………… 146
化学
　→実験・観察………………………87
　→理科……………………………… 117
　→化学……………………………… 121
科学
　→テーマを見つける………………34
　→考える力を育てる………………46
　→実験・観察………………………87
　→理科……………………………… 117
　→情報の整理と分析……………… 182
雅楽　→音楽………………………… 152
科学者
　→実験・観察………………………87
　→理科……………………………… 117
　→まとめ・表現…………………… 210
　→著作権…………………………… 232
火山　→地学………………………… 127
家事　→家庭………………………… 175
課題研究　→探究活動・課題研究入門…… 1
課題設定
　→スタディスキル(大学初年度)…………19
　→課題を設定する…………………33
楽器　→音楽………………………… 152
学校図書館
　→中高生向け……………………… 2
　→教員向け…………………………25
　→図書館の使い方…………………66
家庭科　→家庭……………………… 175
歌舞伎　→音楽……………………… 152
考える力　→考える力を育てる………46
観察　→実験・観察…………………87
漢字　→国語………………………… 107
岩石
　→実験・観察………………………87
　→地学……………………………… 127
感染症　→生物……………………… 123

249

機械　→技術……………………………… 171
季語　→国語……………………………… 107
技術（教科）　→技術…………………… 171
球技　→保健体育………………………… 162
教員向け　→教員向け……………………25
教科別参考図書　→教科別参考図書…… 105
狂言　→音楽……………………………… 152
行政機関　→公民………………………… 141
キリスト教
　→地理…………………………………… 130
　→英語…………………………………… 148
議論　→ディベート・ディスカッション… 230
果物　→技術……………………………… 171
暮らし
　→歴史…………………………………… 137
　→家庭…………………………………… 175
グラフ　→グラフ・統計………………… 195
クリティカル・シンキング
　→考える力を育てる………………………46
　→情報の整理と分析…………………… 182
クリティカル・リーディング　→論理的
に読む……………………………………… 191
グリム童話　→外国語…………………… 146
経済
　→ニュースを知ろう………………………36
　→公民…………………………………… 141
　→情報の整理と分析…………………… 182
芸術　→芸術……………………………… 152
ゲーム　→情報…………………………… 168
研究
　→中高生向け…………………………… 2
　→スタディスキル（大学初年度）………19
　→テーマを見つける………………………34
　→まとめ・表現………………………… 210
研究倫理
　→中高生向け…………………………… 2
　→著作権………………………………… 232
言語
　→外国語………………………………… 146
　→その他の言語………………………… 151
健康　→保健体育………………………… 162
源氏物語　→国語………………………… 107
原子力　→技術…………………………… 171
元素　→化学……………………………… 121
現代社会
　→ニュースを知ろう………………………36
　→公民…………………………………… 141

建築　→技術……………………………… 171
憲法　→公民……………………………… 141
工具　→技術……………………………… 171
高校生　→中高生向け…………………… 2
広告
　→考える力を育てる………………………46
　→情報…………………………………… 168
公民　→公民……………………………… 141
国語　→国語……………………………… 107
国際情勢
　→ニュースを知ろう………………………36
　→公民…………………………………… 141
国際バカロレア　→中高生向け………… 2
国際理解　→公民………………………… 141
心　→保健体育…………………………… 162
国旗　→地理……………………………… 130
古典　→国語……………………………… 107
ことわざ　→英語………………………… 148
コミュニケーション
　→教員向け………………………………25
　→ニュースを知ろう………………………36
　→フィールドワーク………………………96
　→まとめ・表現………………………… 210
昆虫　→生物……………………………… 123

【さ】

歳時記　→国語…………………………… 107
裁縫　→家庭……………………………… 175
作文
　→中高生向け…………………………… 2
　→情報の整理と分析…………………… 182
　→まとめ・表現………………………… 210
　→レポート・論文を書く……………… 217
参考図書
　→図書館の使い方…………………………66
　→教科別参考図書……………………… 105
三国志　→歴史…………………………… 137
思考
　→探究活動・課題研究入門…………… 1
　→考える力を育てる………………………46
　→情報の整理と分析…………………… 182
　→論理的に読む………………………… 191
　→グラフ・統計………………………… 195
　→まとめ・表現………………………… 210

思考ツール
　　→教員向け······················25
　　→考える力を育てる············46
　　→情報の整理と分析···········182
時事
　　→ニュースを知ろう············36
　　→公民···························141
実験
　　→テーマを見つける············34
　　→考える力を育てる············46
　　→実験・観察····················87
　　→情報の整理と分析···········182
実験レポート　→レポート・論文を書く··· 217
辞典
　　→情報を集める··················62
　　→図書館の使い方···············66
　　→英語··························148
自動車　→技術······················ 171
社会（教科）　→社会・地理歴史・公民··· 130
社会科見学　→フィールドワーク··········96
社会調査
　　→情報を集める··················62
　　→フィールドワーク··············96
　　→情報の整理と分析···········182
　　→グラフ・統計················195
ジャーナリズム　→ニュースを知ろう······36
自由研究
　　→中高生向け···················· 2
　　→実験・観察····················87
　　→グラフ・統計················195
住宅　→家庭·························· 175
取材　→フィールドワーク············96
主体的・対話的で深い学び
　　→中高生向け···················· 2
　　→教員向け······················25
　　→ディベート・ディスカッション····· 230
主張　→まとめ・表現··············· 209
情報（教科）
　　→考える力を育てる············46
　　→情報··························168
情報科学
　　→教員向け······················25
　　→情報··························168
　　→グラフ・統計················195
情報化社会
　　→インターネットの使い方·······77
　　→情報··························168

情報活用
　　→中高生向け···················· 2
　　→ニュースを知ろう············36
　　→情報を集める··················62
　　→情報の整理と分析···········182
情報検索
　　→情報を集める··················62
　　→図書館の使い方···············66
　　→インターネットの使い方·······77
情報収集　→情報を集める··············62
情報整理
　　→中高生向け···················· 2
　　→考える力を育てる············46
　　→情報の整理と分析···········182
情報分析　→情報の整理と分析········· 182
情報リテラシー
　　→教員向け······················25
　　→ニュースを知ろう············36
　　→図書館の使い方···············66
　　→インターネットの使い方·······77
　　→論理的に読む················191
　　→グラフ・統計················195
　　→まとめ・表現················210
食生活　→家庭······················· 175
食品添加物　→家庭··················· 175
植物
　　→実験・観察····················87
　　→生物··························123
書道　→国語························· 107
調べ学習
　　→中高生向け···················· 2
　　→教員向け······················25
　　→図書館の使い方···············66
調べ方
　　→情報を集める··················62
　　→図書館の使い方···············66
新幹線　→技術······················· 171
新語
　　→ニュースを知ろう············36
　　→国語··························107
人体
　　→生物··························123
　　→美術··························158
　　→保健体育····················162
新聞
　　→ニュースを知ろう············36
　　→まとめ・表現················210

心理学
　→グラフ・統計……………………195
　→レポート・論文を書く…………217
吹奏楽　→音楽………………………152
水族館　→博物館・美術館へ行こう……81
数学
　→考える力を育てる…………………46
　→数学………………………………113
数理統計学
　→数学………………………………113
　→グラフ・統計……………………195
図形　→数学…………………………113
スタディスキル　→スタディスキル(大
　学初年度)……………………………19
図表
　→考える力を育てる…………………46
　→グラフ・統計……………………195
　→まとめ・表現……………………210
スポーツ　→保健体育………………162
スライド　→プレゼンテーション………227
税金　→公民…………………………141
政治
　→ニュースを知ろう…………………36
　→公民………………………………141
生物
　→実験・観察…………………………87
　→生物………………………………123
生命倫理　→レポート・論文を書く……217
世界遺産　→地理……………………130
世界史　→歴史………………………137
説明　→まとめ・表現………………210
選挙制度　→公民……………………141
戦国時代　→歴史……………………137
戦争
　→歴史………………………………137
　→公民………………………………141
専門図書館　→図書館の使い方………66
総記　→総記…………………………106
総合学習
　→中高生向け…………………………2
　→教員向け……………………………25

【た】

体育　→保健体育……………………162

大学初年度　→スタディスキル(大学初
　年度)…………………………………19
体験学習　→フィールドワーク………96
単位
　→数学………………………………113
　→理科………………………………117
探究活動　→探究活動・課題研究入門……1
ダンス　→保健体育…………………162
地学　→地学…………………………127
地図
　→ニュースを知ろう…………………36
　→地理………………………………130
　→歴史………………………………137
地政学　→公民………………………141
知的財産権　→著作権………………232
茶　→家庭……………………………175
中学生　→中高生向け…………………2
著作権　→著作権……………………232
地理　→地理…………………………130
ディスカッション　→ディベート・ディ
　スカッション………………………230
ディベート　→ディベート・ディスカッ
　ション………………………………230
デザイン　→美術……………………158
データサイエンス　→グラフ・統計……195
データ分析
　→情報の整理と分析………………182
　→グラフ・統計……………………195
テーマ　→テーマを見つける…………34
天気　→地学…………………………127
天体観測　→実験・観察………………87
天文学　→地学………………………127
統計
　→数学………………………………113
　→グラフ・統計……………………195
統計資料
　→総記………………………………106
　→地理………………………………130
　→グラフ・統計……………………195
刀剣　→美術…………………………158
動物
　→実験・観察…………………………87
　→生物………………………………123
動物園　→博物館・美術館へ行こう……81
討論法
　→スタディスキル(大学初年度)………19
　→ディベート・ディスカッション……230

図書館
　→中高生向け･････････････････ 2
　→図書館の使い方･･･････････････66
読解力
　→論理的に読む････････････ 191
　→レポート・論文を書く･･････････ 217
都道府県　→地理･･････････････ 130

【な】

日本語　→国語･･････････････ 107
日本史　→歴史･･････････････ 137
ニュース　→ニュースを知ろう････････36
ネット検索
　→情報を集める･･･････････････62
　→インターネットの使い方･･･････････77
能　→音楽････････････････ 152
農業　→技術････････････････ 171

【は】

歯　→保健体育･･････････････ 162
白書　→総記･･････････････ 106
博物館　→博物館・美術館へ行こう････････81
発声法　→まとめ・表現････････ 210
発想
　→中高生向け･････････････ 2
　→考える力を育てる･･････････46
発表　→中高生向け･････････････ 2
　→プレゼンテーション････････ 227
話し方
　→フィールドワーク････････････96
　→まとめ・表現････････････ 210
　→プレゼンテーション････････ 227
花火　→技術･･･････････････ 171
パラリンピック　→保健体育････････ 162
パワーポイント　→プレゼンテーション･･･ 227
美術　→美術･････････････ 158
美術館　→博物館・美術館へ行こう････････81
微生物　→生物･･･････････ 123
ビッグデータ
　→情報･････････････ 168

　→グラフ・統計･･･････････ 195
批判的思考
　→考える力を育てる･････････46
　→情報の整理と分析･･･････ 182
　→論理的に読む･･････････ 191
表　→グラフ・統計･･･････････ 195
表現　→まとめ・表現････････ 210
表現の自由　→著作権･･･････ 232
標本
　→博物館・美術館へ行こう･････81
　→実験・観察･･････････････87
ファシリテーション
　→中高生向け･････････････ 2
　→教員向け･･･････････････25
ファッション
　→美術･･････････････ 158
　→家庭･････････････ 175
フィールドワーク　→フィールドワーク･･･96
フェイクニュース
　→ニュースを知ろう･･････････36
　→インターネットの使い方･･･････77
物理学
　→理科･････････････ 117
　→物理･････････････ 120
プレゼンテーション
　→中高生向け･････････････ 2
　→スタディスキル（大学初年度）･･･19
　→まとめ・表現･･･････････ 210
　→プレゼンテーション･･･････ 227
プログラミング　→情報･･････ 168
文学
　→国語･････････････ 107
　→外国語･･･････････ 146
文化人類学　→フィールドワーク･･･96
文献調査
　→情報を集める･････････････62
　→図書館の使い方･････････66
　→インターネットの使い方･･･････77
文章技法
　→中高生向け･････････････ 2
　→まとめ・表現･･･････････ 210
　→レポート・論文を書く･･････ 217
方言　→国語･････････････ 107
宝石　→地学･････････････ 127
法律　→公民･････････････ 141
保健
　→実験・観察････････････87

253

→保健体育‥‥‥‥‥‥‥‥‥‥‥‥ 162
ボディトーク　→英語‥‥‥‥‥‥ 148

【ま】

マスメディア
　　→ニュースを知ろう‥‥‥‥‥‥‥‥36
　　→情報‥‥‥‥‥‥‥‥‥‥‥‥‥ 168
まとめ　→まとめ・表現‥‥‥‥‥ 210
味覚　→家庭‥‥‥‥‥‥‥‥‥‥‥ 175
メディア・リテラシー
　　→ニュースを知ろう‥‥‥‥‥‥‥‥36
　　→図書館の使い方‥‥‥‥‥‥‥‥‥66
文字　→外国語‥‥‥‥‥‥‥‥‥‥ 146
問題解決
　　→中高生向け‥‥‥‥‥‥‥‥‥‥‥ 2
　　→教員向け‥‥‥‥‥‥‥‥‥‥‥‥25
　　→考える力を育てる‥‥‥‥‥‥‥‥46
　　→情報を集める‥‥‥‥‥‥‥‥‥‥62
　　→情報の整理と分析‥‥‥‥‥‥‥ 182
　　→ディベート・ディスカッション‥‥ 230

【や】

洋菓子　→家庭‥‥‥‥‥‥‥‥‥‥ 175

【ら】

落語　→国語‥‥‥‥‥‥‥‥‥‥‥ 107
理科
　　→実験・観察‥‥‥‥‥‥‥‥‥‥‥87
　　→理科‥‥‥‥‥‥‥‥‥‥‥‥‥ 117
リベラルアーツ　→探究活動・課題研究
　　入門‥‥‥‥‥‥‥‥‥‥‥‥‥‥‥ 1
レアメタル　→地学‥‥‥‥‥‥‥‥ 127
歴史　→歴史‥‥‥‥‥‥‥‥‥‥‥ 137
レファレンス・サービス　→図書館の
　　使い方‥‥‥‥‥‥‥‥‥‥‥‥‥‥66
レポート
　　→スタディスキル（大学初年度）‥‥‥‥19
　　→まとめ・表現‥‥‥‥‥‥‥‥‥ 210
　　→レポート・論文を書く‥‥‥‥‥ 217

ロジカル・シンキング
　　→考える力を育てる‥‥‥‥‥‥‥‥46
　　→情報の整理と分析‥‥‥‥‥‥‥ 182
論文
　　→中高生向け‥‥‥‥‥‥‥‥‥‥‥ 2
　　→スタディスキル（大学初年度）‥‥‥‥19
　　→情報を集める‥‥‥‥‥‥‥‥‥‥62
　　→グラフ・統計‥‥‥‥‥‥‥‥‥ 195
　　→まとめ・表現‥‥‥‥‥‥‥‥‥ 210
　　→レポート・論文を書く‥‥‥‥‥ 217
　　→著作権‥‥‥‥‥‥‥‥‥‥‥‥ 232
論文集　→テーマを見つける‥‥‥‥‥34
論理学
　　→中高生向け‥‥‥‥‥‥‥‥‥‥‥ 2
　　→考える力を育てる‥‥‥‥‥‥‥‥46
　　→情報の整理と分析‥‥‥‥‥‥‥ 182
　　→論理的に読む‥‥‥‥‥‥‥‥‥ 191
　　→ディベート・ディスカッション‥‥ 230
論理的思考
　　→スタディスキル（大学初年度）‥‥‥‥19
　　→教員向け‥‥‥‥‥‥‥‥‥‥‥‥25
　　→考える力を育てる‥‥‥‥‥‥‥‥46
　　→情報の整理と分析‥‥‥‥‥‥‥ 182
　　→まとめ・表現‥‥‥‥‥‥‥‥‥ 210
　　→ディベート・ディスカッション‥‥ 230
論理的に読む　→論理的に読む‥‥‥‥ 191

【わ】

和菓子　→家庭‥‥‥‥‥‥‥‥‥‥ 175
和算　→数学‥‥‥‥‥‥‥‥‥‥‥ 113
和食　→家庭‥‥‥‥‥‥‥‥‥‥‥ 175

監修者紹介

佐藤 理絵（さとう・りえ）
茨城キリスト教学園中学校高等学校図書館部長、司書教諭。公共
図書館、大学図書館での勤務経験を活かした学校図書館運営を行
っている。監修に「中高生のためのブックガイド　進路・将来を考え
る」「同　探究活動・課題研究のために」がある。茨城県高等学校
教育研究会図書館部・国語部、学校図書館問題研究会、日本図書
館協会所属。

茨城キリスト教学園中学校高等学校　https://www.icc.ac.jp/ich/

中高生のためのブックガイド
探究活動・課題研究のために

2019 年 6 月 25 日　第 1 刷発行
2023 年 6 月 25 日　第 4 刷発行

監　　　修／佐藤理絵
発 行 者／山下浩
発　　　行／日外アソシエーツ株式会社
　　　　　　〒140-0013 東京都品川区南大井 6-16-16 鈴中ビル大森アネックス
　　　　　　電話 (03)3763-5241 (代表)　FAX(03)3764-0845
　　　　　　URL　https://www.nichigai.co.jp/

　　　　　　組版処理／有限会社デジタル工房
　　　　　　印刷・製本／株式会社 デジタル パブリッシング サービス

©Nichigai Associates, Inc. 2022
不許複製・禁無断転載
＜落丁・乱丁本はお取り替えいたします＞
ISBN978-4-8169-2777-5　　**Printed in Japan,2023**

本書はディジタルデータでご利用いただくことが
できます。詳細はお問い合わせください。

中高生のためのブックガイド
部活動にうちこむ　　佐藤理絵 監修
A5・240頁　定価4,290円（本体3,900円＋税10%）　2022.6刊

入門書・技術書からプロの活躍を描くノンフィクション、小説・エッセイまで、現役の司書教諭が顧問教員の協力のもと"中高生に薦めたい本"541冊を精選。

ヤングアダルト受賞作品総覧
A5・420頁　定価14,960円（本体13,600円＋税10%）　2022.12刊

主に1990年代以降に国内外で実施された主要なヤングアダルト世代向けの文学賞を受賞した作品の目録。青い鳥文庫小説賞、本屋大賞など、YA世代に人気の作家を輩出している大衆文学賞まで75賞の受賞作を受賞者ごとに一覧できる。受賞作品が収録されている図書3,500点の書誌データも併載。

ヤングアダルトの本シリーズ

ヤングアダルト世代向けの図書を分野ごとにガイドするシリーズ。中高生や同世代の若者が何かを知りたいときに役立つ図書、興味をもつ分野の図書を一覧。基本的な書誌事項と内容紹介がわかる。図書館での選書にも。

ヤングアダルトの本
SDGs（持続可能な開発目標）を理解するための3000冊
A5・390頁　定価10,780円（本体9,800円＋税10%）　2021.7刊

「貧困をなくそう」「つくる責任 つかう責任」など SDGs の「17 のゴール」に「SDGs 総合」を加えた18のテーマ別に、2000 年以降に刊行された図書を収録。

ヤングアダルトの本
高校国語入試に出た3000冊
A5・520頁　定価9,900円（本体9,000円＋税10%）　2021.1刊

最近15年間の高校国語入試に出題された作品情報を収録。図書には便利な内容紹介付き。主な出題校と出題年も分かる。公立図書館・学校図書館での本の選定・紹介・購入に最適のガイド。

データベースカンパニー
日外アソシエーツ　〒140-0013 東京都品川区南大井6-16-16
TEL.(03)3763-5241 FAX.(03)3764-0845 https://www.nichigai.co.jp/